REGATAS

TÁCTICAS Y ESTRATEGIAS

Didier Ravon y Christian Dumard

REGATAS

TÁCTICAS Y ESTRATEGIAS

Con la colaboración de
Christophe Auguin, Jean-Yves Bernot, Marc Bouët, Christine Briand, Bertrand Chéret, Franck David, Michel Desjoyeaux, Alain Gautier, Luc Gellusseau, Philippe Gomez, Nicolas Hénard, Maud Herbert, Bertrand Pacé, Thierry Péponnet, Loïck Peyron, Luc Pillot y Philippe Presti.

Ilustraciones
François CHEVALIER

Fotografías
Gilles MARTIN-RAGET, Didier RAVON y François SALLE

EJ

EDITORIAL JUVENTUD, S.A.

Título original: LA RÉGATE / TACTIQUE ET STRATÉGIE
Autores: DIDIER RAVON Y CHRISTIAN DUMARD
Ilustraciones: FRANÇOIS CHEVALIER

Provença, 101 - 08029 Barcelona
info@editorialjuventud.es
www.editorialjuventud.es
Traducción de Albert Bargués

Segunda edición, 2007
Maquetación: Mercedes Romero
Déposito legal: 23.480-2007
ISBN: 978-84-261-3422-6
Núm. de edición de E. J.: 10.980
Printed in Spain
Limpergraf, c/ Mogoda, 29-31 Barberà del Vallès (Barcelona)

Esta obra,* Regatas: tácticas y estrategias, *es el compendio más claro y completo que conozco sobre táctica y estrategia en el campo de la vela. Todas las preguntas que se plantean los regatistas, ya sean debutantes o profesionales de alto nivel, encuentran respuesta en este libro. Didier y Christian han realizado un trabajo de verdaderos profesionales recopilando estas informaciones recogidas de los mejores regatistas de nuestro deporte. ¡Realmente impresionante!

Paul Cayard

Paul Cayard, nacido en San Francisco de madre norteamericana y de padre francés, es uno de los regatistas más eclécticos y talentosos de su generación. Campeón mundial de Star, de maxis, de 50 pies IOR, ganador de la One Ton Cup y de la Admiral's Cup, varias veces elegido «Navegante del año», ha participado en cuatro ediciones de la Copa América en calidad de táctico y de timonel, entre ellas se destaca la disputa de las finales de 1992 y 1995. Ya en su primera participación, ha llevado EF Language a la victoria en la Whitbread 1997-1998, y ha sido finalista de la Copa Louis Vuitton del 2000 en Auckland.

PRÓLOGO

Cuando decidimos escribir esta obra «a cuatro manos», nos pareció a todas luces evidente que la experiencia, los consejos, las anécdotas y el análisis de los regatistas que frecuentamos desde hace tiempo, y de aquellos con quienes hemos tenido la suerte de navegar durante varios años, podían constituir toda una aportación.

Elaboramos entonces un largo cuestionario de 35 páginas, para proponérselo a varios campeones franceses que seleccionamos. Huelga decir que, ante la cantidad y la calidad de regatistas de alto nivel que hay en nuestro país, ¡la elección no fue nada fácil!

Prácticamente todos estuvieron inmediatamente de acuerdo, y realizaron con entusiasmo y precisión un formidable trabajo de reflexión sobre estos complejos aspectos que son la táctica y la estrategia. Apoyados en su experiencia, desvelan aquí multitud de consejos prácticos, indicaciones y anécdotas accesibles a todos los regatistas, ya sean debutantes o veteranos.

Gracias a estas fuentes de información, hemos intentado ilustrar los diferentes capítulos de un tema –hay que reconocerlo– no siempre fácil de digerir, si nos atenemos sólo a sus aspectos teóricos. Reciban aquí nuestro más grande agradecimiento.

Muchos son los que, con su palmarés y experiencia, tendrían también con qué alimentar ampliamente esta obra...

D. R. y C. D.

ÍNDICE

PRÓLOGO 5

1. LA TÁCTICA Y LA ESTRATEGIA
1/ ¿Qué son la táctica y la estrategia? 16
2/ ¿Qué es un táctico? 19

2. EL EQUIPO DEL TÁCTICO
1/ Una lista de material tipo 28
2/ La bandera de reclamación 32
3/ El compás 34
4/ Las alidadas 36

3. EL TERRENO DE JUEGO
1/ La dirección del viento 40
2/ Los tres tipos de viento 41
3/ La izquierda y la derecha del campo de regatas 45
4/ La izquierda y la derecha de la línea de salida 46
5/ Las laylines 46

4. CÓMO OBSERVAR LAS VARIACIONES DEL VIENTO
1/ La fuerza del viento 54
2/ La lectura del viento 56
3/ La dirección del viento 57
4/ La observación de las rachas 59

5. LA INFORMACIÓN A BORDO
1/ Comunicación; totalmente indispensable 66
2/ Información; un trabajo de equipo 69

6. LAS ESTRATEGIAS EN CEÑIDA EN FUNCIÓN DEL TIPO DE VIENTO

1/ Estrategia con viento que rola: el principio de la escalera 74
2/ Estrategia con viento que oscila 77
3/ Estrategia con viento que rola y oscila 80

7. PREPARACIÓN DE LA SALIDA; EN TIERRA

1/ El reglamento y las Instrucciones de Regata 84
2/ La información sobre el campo de regatas 89
3/ La información sobre los competidores 91

8. PREPARACIÓN DE LA SALIDA; EN EL AGUA

1/ Antes de la salida propiamente dicha 94
2/ Evaluar la línea de salida 100
3/ La corriente 107
4/ Definición de la estrategia antes de la salida 108
5/ ¿Con qué velas salir? 113

9. LA SALIDA

1/ Manteneos dentro de la lógica y la regularidad 116
2/ Huid de las posiciones extremas 118
3/ Encontrar el mejor compromiso 119
4/ La confrontación o la espera 122
5/ Conclusiones 138

10. LA CEÑIDA

1/ El compás en ceñida 144
2/ ¿Viento que amaina o viento que se cierra en ceñida? 148
3/ ¿Viento que arrecia o viento que se abre en ceñida? 150
4/ Las laylines en ceñida 152

11. SITUACIONES TÁCTICAS EN CEÑIDA

1/ Aprovechar la colocación y el reglamento 158
2/ Virar debajo 159
3/ Cruzar por popa 161
4/ El «slam-dunk» 163
5/ ¡Atención al cuadro! 164
6/ No perder de vista los objetivos estratégicos 165

12. LA APROXIMACIÓN Y EL PASO DE LA BOYA DE BARLOVENTO

1/ Introducción 168
2/ ¿Por qué lado llegar a la boya? 168
3/ La fuerza del viento sobre las dos laylines 171
4/ La corriente en la boya de barlovento 173
5/ Encontrar su sitio llegando amurados a babor a la boya 174
6/ La maniobra en la boya de barlovento 175
7/ Prever la estrategia para la próxima manga 181
8/ Las reglas de regata aplicables a la boya de barlovento 181

13. LAS ESTRATEGIAS CON VIENTO DE POPA EN FUNCIÓN DEL TIPO DE VIENTO

1/ Los tres tipos de viento 188
2/ Estrategia con viento de popa que rola 190
3/ Estrategia con viento de popa oscilante 196
4/ Estrategia con viento de popa que rola y oscila 201

14. LA TÁCTICA CON VIENTO DE POPA

1/ El compás con viento de popa 206
2/ ¿Viento que amaina o viento que se abre en popa? 210
3/ ¿Viento que arrecia o viento que se cierra en popa? 211
4/ Las laylines con viento de popa 213

15. SITUACIONES TÁCTICAS CON VIENTO PORTANTE

1/ Atacar con viento de popa 218
2/ Defenderse con viento de popa 220
3/ Cómo situarse en un cruce 221
4/ No perder de vista los objetivos estratégicos 223

16. LA APROXIMACIÓN Y EL PASO DE LA BOYA DE SOTAVENTO

1/ Saber adaptarse deprisa 226
2/ ¿Desde qué lado llegar a la boya? 226
3/ La fuerza del viento sobre las dos laylines 229
4/ El compromiso en la boya de sotavento 230
5/ La corriente en la boya de sotavento 231
6/ Definir la estrategia de la manga siguiente 232
7/ La maniobra en la boya de sotavento 232

17. EL MARCAJE Y LA GESTIÓN DEL RIESGO

1/ Asegurar el marcaje 244
2/ Marcaje riguroso de un competidor en ceñida 246
3/ Marcaje laxo de un competidor en ceñida 250
4/ Combinación de técnicas de marcaje en función de la estrategia 251
5/ Marcaje de varios barcos en ceñida 254
6/ Marcaje cerca de las laylines en ceñida 255
7/ Virar a sotavento de un competidor en posición favorable 258
8/ Marcaje con viento de popa 262
9/ La línea de llegada 270

18. EL RECORRIDO COSTERO

1/ Sabed ser pacientes y oportunistas 274
2/ Aprovechar las olas de un competidor más rápido 276
3/ No permanecer en las olas de un competidor más lento 277
4/ ¿Existe una posición favorable a un largo? 277
5/ La estrategia para varios días 278

19. RECLAMACIONES; FRENTE AL JURADO
1/ No menospreciéis el reglamento ni al jurado 284
2/ Frente al jurado 290

20. LA IMPORTANCIA DE LO MENTAL EN REGATA
1/ Preparación mental; un trabajo muy personal 296
2/ La influencia psicológica 302

QUIÉNES HAN COLABORADO 309

GLOSARIO 313

BIBLIOGRAFÍA 317

AGRADECIMIENTOS 320

CAPÍTULO 1 - LA TÁCTICA Y LA ESTRATEGIA

1.1 - ¿Qué son la táctica y la estrategia? 16
1.2 - ¿Qué es un táctico? 19

CAPÍTULO 1:

Antes de entrar en el meollo de la cuestión, es necesario definirlo con precisión. Las palabras «táctica» y «estrategia» se emplean a menudo, y a veces confundidas. De ahí la necesidad de distinguir bien estas dos nociones esenciales de la regata, ya sea disputada alrededor de tres boyas o alrededor del mundo.

DEFINICIÓN

1.1. ¿QUÉ SON LA TÁCTICA Y LA ESTRATEGIA?

Hemos pedido a varios campeones franceses entre los más laureados (clases olímpicas, tabla de windsurf, *match-racing*, monotipo, Admiral's Cup, multicasco oceánico, Figaro, Vendée Globe, Copa América...) que definieran táctica y estrategia. La idea global que se desprende es que la táctica es más una visión a corto plazo que concierne a la situación del barco en relación a sus competidores, en tanto que la estrategia apunta al largo plazo.

La táctica concierne a la situación del barco respecto de la flota, en tanto que la estrategia apunta a definir el mejor camino a seguir en función de la evolución de los acontecimientos (viento, corriente, clasificación, etc.).

Situación clásica de marcaje en ceñida durante una regata de 50 pies. ¡Táctica pura!

PREGUNTA A LOS REGATISTAS

¿Cuál es su definición de táctica y de estrategia?

- **Michel Desjoyeaux**

La táctica. «Es la gestión de la posición del barco en relación a los competidores y al recorrido que se debe hacer.»

La estrategia. «Es la gestión de la posición del barco en relación a todos los parámetros del entorno, sobre todo la navegación (rumbo y distancia a la siguiente baliza, corriente, meteorología, clasificación...). Es la visión más general a largo plazo.»

- **Philippe Gómez**

La táctica. «Es el posicionamiento en relación a los adversarios y la flota.»

La estrategia. «Es el posicionamiento en relación a los acontecimientos (viento, corriente, etc.).»

- **Luc Pillot**

La táctica. «Son las cuestiones y elecciones que se plantean en el momento del contacto con uno o varios adversarios. La táctica también tiene que ver con el lugar, la situación, la fuerza del viento y la estrategia definida en la salida. En cuanto se da una respuesta, surge otra pregunta.»

La estrategia. «Son las grandes orientaciones en la salida de una regata o al principio de un largo bordo. La estrategia hace abstracción de los otros competidores. La podemos comparar con el *routage,* con la regata ideal, sin nadie que importune.»

- **Philippe Presti**

La táctica. «Es la colocación en relación a la flota de barcos y en relación a un proyecto estratégico. Es también la gestión de la urgencia.»

La estrategia. «Es el sistema de viento general (oscilante, brisa térmica, rolada, etc.). En función de los elementos exteriores, nos situamos en un sistema estratégico.»

- **Jean-Yves Bernot**

La táctica. «Es el conjunto de decisiones que permiten gestionar la flota, de forma que la estrategia esté lo menos perturbada posible por la proximidad de los adversarios.»

La estrategia. «Es el conjunto de decisiones que permite encontrar (o aproximar) una ruta óptima -si existe- o, al menos, mejor que la de los competidores.»

- **Luc Gellusseau**

La táctica. «Es la gestión a corto plazo para aplicar la estrategia. Primero, enunciar los problemas, y después, las soluciones.»

La estrategia. «Es la gestión a largo plazo. Es dar unas hipótesis que tenga en cuenta las posibilidades de que se produzcan los acontecimientos.»

- **Bertrand Pacé**

La táctica. «Permite aplicar una estrategia mediante la utilización de las armas de realización (colocación, velocidad, *timing*...). Es también el uso de la información para analizar y tomar una decisión, y después realizarla.»

La estrategia. «En función de hipótesis (sobre el viento, la corriente, la flota), la estrategia permite decidir el mejor camino a seguir. La estrategia precede a la regata o a una etapa, en tanto que la táctica es la gestión de la regata o de una etapa.»

- **Christophe Auguin**

La táctica. «Es el arte de gestionar lo inmediato, o sea el corto plazo, en el que la posición de los adversarios es el elemento preponderante.»

La estrategia. «Es el arte de gestionar el medio y el largo plazo, en el que la evolución meteorológica es el elemento preponderante.»

- **Maud Herbert**

La táctica. «Es lo que elijo hacer en un momento dado durante la regata (adversarios, obstáculos, evolución del viento, acortamiento del recorrido, etc.).»

La estrategia. «Es el plan previsto antes de la regata, por ejemplo ir a la zona de vientos en los campos de regatas característicos. Pero la estrategia puede ser anulada por la táctica. Y si todo el mundo está a la izquierda con un viento que se preveía de la derecha, hay que ir a la izquierda.»

- **Franck David**

La táctica. «Es jugar con los otros regatistas (marcaje, colocación, etc.), lo ideal es armonizar lo mejor posible táctica y estrategia.»

La estrategia. «Es jugar con el viento, el mar, las corrientes... y hacer un esquema de regata en el entorno que se conoce o que se supone.»

- **Nicolas Hénard**

La táctica. «Es adaptar la estrategia, es el avance fino del barco, para ganar aquí o allá algunas plazas, gracias al reglamento, gracias al viento... De hecho es una lucha, un cuerpo a cuerpo para acabar entre los tres primeros.»

La estrategia. «Es determinar con anterioridad la trayectoria global del barco en función de elementos tales como viento, corriente, comité de regata, competidores directos... con una condición: la de no equivocarse demasiado para estar en el ajo.»

- **Christine Briand**

La táctica. «Es la manera de poner en práctica la estrategia. Es también el arte de posicionarse en relación a la flota con el fin de obtener el mejor rendimiento del propio barco, de molestar al máximo a los demás.»

La estrategia. «Es el arte de determinar todos los parámetros vinculados a la regata, analizarlos, jerarquizarlos, hacer la síntesis, para aprovecharlos al máximo, para ir lo más rápidamente posible de un punto a otro.»

- **Marc Bouët**

La táctica. «Es el conjunto de decisiones tomadas durante el desarrollo de la regata, para adaptarse a las condiciones de los adversarios.»

La estrategia. «Es un plan de decisiones preestablecidas antes de cada regata, según las informaciones disponibles y analizadas sobre el campo de regatas, la situación meteorológica y los adversarios.»

• **Bertrand Chéret**

La táctica. «¡Hay que coger el diccionario! "1. Arte de combinar todos los medios militares (tropas, armamento) en el combate, ejecución local, adaptada a las circunstancias de los planes de la estrategia. 2. Fig. Conjunto de medios coordinados que se emplean para llegar al resultado".»

La estrategia. «Aquí también, veamos lo que dice el diccionario! "1. (opuesto a la táctica). Arte de hacer maniobrar un ejército en un teatro de operaciones, hasta el momento en que entra en contacto con el enemigo. 'La táctica arruina la estrategia. La batalla en su conjunto se gana en los mapas y se pierde en las colinas' (Valéry). 2. Fig. Conjunto de acciones coordinadas y maniobras para obtener la victoria".»

RETRATO

1.2. ¿QUÉ ES UN TÁCTICO?

El táctico ocupa un puesto clave a bordo. Es el que observa el campo de regatas y los competidores. Recibe la información procedente del navegante y de la tripulación. Sintetiza esta información y la integra para tomar la mejor decisión posible.

Ser un buen táctico es ante todo una cuestión de experiencia y de millas navegadas. En promedio, los regatistas consultados navegan en competición desde hace casi veinticinco años («sólo» quince años para Michel Desjoyeaux y cincuenta años para Bertrand Chéret) y casi desde el principio se han dedicado a la táctica a bordo. Eso en toda lógica, dado que todos o casi todos han pasado por la escuela de la vela ligera navegando solos (sobre todo Optimist) o con tripulante (420, después 470). Todo esto confirma que uno no se hace táctico de un día para otro, y que hacen falta

Observar el campo de regatas y a los competidores: una de las tareas esenciales del táctico.

miles de horas en todo tipo de campos de regatas, en todas las condiciones de mar y viento, en todo tipo de barco, con todo tipo de tripulantes y de adversarios, para adquirir la experiencia indispensable para tomar las decisiones acertadas.

Del cuestionario se extrae igualmente que el táctico no sólo debe ser muy completo, sino también tener numerosas competencias y cualidades que resultan bastante difíciles de jerarquizar. Como muestra, ocho regatistas diferentes han puesto en primer lugar ocho cualidades distintas (entre catorce posibles). Para un campeón del mundo de match-racing, la primera cualidad de un táctico es sentir el viento. A destacar que este mismo regatista añade en segunda posición la experiencia; por el contrario, un campeón del mundo de regata oceánica considera que la primera cualidad de un buen táctico es tener el sentido de análisis (cualidad clasificada en primer lugar por la mayoría de los consultados) y la segunda, complementar al timonel y al navegante; debe ser tranquilo, lúcido y saber anticipar.

▸▸ PREGUNTAS A LOS REGATISTAS

¿Cuáles son las cualidades de un buen táctico?

Ser buen táctico, para ellos, es: *

1. Tener sentido del análisis
2. Tener espíritu de síntesis
3. Sentir el viento
4. Comunicar bien con la tripulación
5. Ser mentalmente sólido
6. Tener rigor y método
7. Tener una buena visión espacial
8. Conocer al dedillo las reglas de regata de la ISAF
9. Trabajar duro (reglamento, meteorología, inglés...)
10. Tener buena memoria
11. Dirigir el barco sin ser forzosamente el patrón
12. Tener suerte
13. Ser agresivo
14. Ser jugador

(*) La clasificación se realizó utilizando el promedio de respuestas de los regatistas consultados.

¿Cuáles deben ser las cualidades de un táctico en su disciplina?

• **Michel Desjoyeaux** (vencedor del Figaro, del Vendée Globe 2000-2001 y de la Transat en doble, campeón de Francia en solitario).
«Tener una cultura general que permita conciliar la pura teoría con la pura intuición.»

• **Philippe Gómez** (especialista en reglamento de la FFV).
«Saber posicionarse en relación a los adversarios, evitar las situaciones sin salida y saber transmitir sus decisiones a la tripulación.»

• **Luc Pillot** (campeón olímpico de 470, campeón de Europa de mach-racing).
«Hace falta rigor y método, para observar y analizar objetivamente todo lo que puede ayudar a tomar decisiones. Es también evitar los errores y las trampas, de ahí la importancia de la memoria que tiene un papel importante para no volver a caer en ellos. En fin, es sentir las buenas jugadas. Observación, análisis, experiencia e intuición son por ello necesarios.»

• **Philippe Presti** (dos veces campeón mundial de Finn).
«Saber esperar para no jugar más que a la carta segura. Un buen táctico sabe limitar la toma de riesgos en sus elecciones, y puede ganar un gran campeonato sin haberse llevado una sola manga. En fin, sabe adaptarse a varios tipos de campos de regatas y a otras tantas condiciones meteorológicas.»

• **Bertrand Chéret** (50 años de competición de alto nivel, 30 títulos de campeón de Francia, dos participaciones olímpicas).
«La táctica implica mucha experiencia; es ésta la que conduce al buen análisis si se dispone del tiempo, y a los buenos reflejos si el dado no cae del lado bueno y la cosa se pone caliente. En el entorno caótico del velero, rigor e intuición se llevan bien....»

• **Jean-Yves Bernot** (vencedor de la Admiral's Cup, especialista en *routage* y meteorología).
«Un buen táctico es alguien que cuando intenta un golpe dudoso arriesga poco, pero que cuando intenta un buen golpe consigue importantes beneficios. Este criterio es el que distingue a los buenos tácticos. Es también saber pasar en el momento oportuno de estrategias y tácticas agresivas a otras defensivas. En fin, hace falta una mentalidad abierta, es decir, ausencia de cerrazón en los esquemas.»

• **Luc Gellusseau** (vencedor de la Admiral's Cup, campeón del mundo de Mumm 36 y OD 48).
«Como en las partidas de ajedrez, en las que el tiempo para jugar está limitado, el táctico debe

Marcel Van Triest, Pierre Mas y Jean-Yves Bernot: la célula de popa en plena labor.

conocer todos los tipos de juego, adaptar el suyo al adversario y a las condiciones encontradas, elaborar las diferentes soluciones definiendo las futuras cartas a jugar, y tomar la buena opción en el instante decisivo.»

- **Bertrand Pacé** (campeón de Europa y del mundo de match-racing, cuatro participaciones en la Copa América, seis veces vencedor del TFV[1]).
«Además de capacidad de análisis, un buen táctico debe tener experiencia y saber ser paciente.»

- **Christophe Auguin** (doble vencedor de la BOC y de la Vendée Globe).
«En regata oceánica, hacer buena táctica, es tener una gran capacidad de anticipación a corto, mediano y largo plazo en los aspectos de la meteorología, y tomar decisiones estratégicas adaptadas al barco, a la tripulación y a su estado.»

- **Loïck Peyron** (doble vencedor de la Transat inglesa).
«A bordo de multicascos de 60 pies, hacer táctica es conocer bien las posibilidades de adaptación de la máquina a las condiciones encontradas.»

- **Thierry Péponnet** (campeón olímpico de 470, campeón mundial de 50 pies IOR).
«Un buen táctico debe saber gestionar la toma de riesgos en función de su posición y de la del adversario. En fin, debe demostrar anticipación, para saber lo que va a pasar antes que el otro.»

- **Nicolas Hénard** (doble campeón olímpico de Tornado).
«Es alguien que debe elaborar su proyecto estratégico y escoger permanentemente el ataque o la defensa, para adaptarse a las nuevas situaciones.»

- **Christine Briand** (campeona del mundo de 470 y de J.22).
«Un buen táctico debe saber leer el campo de regatas (rachas, etc.) definir claramente una estrategia y mantenerse en ella. Debe también aprehender con anticipación la posición para el paso de las boyas, informar a su tripulación, dialogar con su timonel, conocer sus reglas... y saber mantenerse zen y positivo.»

- **Marc Bouët** (campeón del mundo de FD y Soling, dos participaciones en la Copa América y los JJOO).
«Con tripulación reducida, hace falta saber cumplir su tarea técnica (a menudo en la caña) y estar disponible para hacer táctica y hacer participar a todo el mundo en la recogida de información (hacer las preguntas adecuadas para conseguir la información adecuada). Con tripulación numerosa, hace falta una buena comunicación con el timonel y el navegante.»

- **Maud Herbert** (quíntuple campeona del mundo de tabla de windsurf).
«Dado que la tabla es ante todo un deporte de sensaciones, un buen táctico es aquel que sabe seguir el viento y sus cambios de intensidad y dirección.»

1. Tour de Francia a vela. *(N. del T.)*

• **Alain Gautier** (vencedor de la Vendée Globe y de la Figaro).
«Para un solitario, hacer bien la táctica es ante todo anticipar, a pesar de la multiplicidad de tareas a bordo.»

• **Franck David** (campeón olímpico de tabla de windsurf).
«Hay que conocer (lo que conlleva tener memoria), analizar, sintetizar... todo muy deprisa, ya que la tabla es una disciplina en la que el tiempo de reación es corto, y la velocidad elevada. La táctica es también experiencia y reflexión, y sobre todo confianza en uno mismo, para llevar las cosas hasta el final. A veces la toma de riesgos puede ser grande.»

¿Tenéis un modelo o una referencia?

Los hay que no tienen ningun modelo, como **Maud Herbert, Christine Briand** o **Loïck Peyron. Franck David** habla de respeto por los grandes nombres de la vela, citando al doble campeón olímpico Nicolas Hénard.

• Para **Luc Gellusseau,** «hay tácticos que no sueltan fácilmente la presa y están siempre ahí, como Russell Coutts, Ed Baird, Rod Davis o John Kostecki.»

• Para **Bertrand Chéret** y **Marc Bouët,** son los ingleses Rodney Pattisson y Mac Donald Smith, quienes han reinado en FD desde 1967 hasta 1972. «Los modelos se tienen sobre todo cuando se es joven. El mío era Pattisson, explica Marc Bouët. Ha dominado el FD, acumulando victorias en los campeonatos del mundo y en los JJOO durante seis años. Fue sin duda uno de los primeros que comprendió el interés de la utilización de un compás en un velero ligero; tenía un genio natural de la regata. Sabía llevar el sentido del secreto hasta conseguir barcos absolutamente idénticos, y de esta forma cambiaba sin que sus adversarios se dieran cuenta.»

• Para **Philippe Presti,** es el campeón olímpico 1992 de Finn José María Van der Ploeg. «Cuando está complicado, siempre está en la buena opción. Siente cuándo no va a ser fácil, y asegura mangas honrosas cuando los demás se arrastran.»

• Para los especialistas de Figaro, **Michel Desjoyeaux** y **Alain Gautier** (los dos antiguos vencedores), es Philippe Poupon (triple vencedor de la prueba). «Formado sobre el terreno, ha adquirido los conocimientos teóricos necesarios para progresar y así ganar su autonomía», dice Michel Desjoyeaux, en tanto que para Alain Gautier, Philippe Poupon es un ejemplo «por su manera de ver la regata y la vida en general, y por sus conocimientos meteorológicos.»

• Para **Luc Pillot,** Paul Cayard es un modelo «por la riqueza y la sencillez del diálogo a bordo», así como Jochen Schumann (triple campeón olímpico en Finn y Soling), «que desprende una impresión de calma, método y fluidez».

• **Christophe Auguin** ve a «Chris Dickson para las salidas y la regata al contacto, a Philippe Poupon por sus opciones y a Peter Blake por su palmarés».

• Para **Bertrand Pacé,** «son todos los grandes nombres, al estilo de Rod Davis y Russell Coutts».

• Si bien **Jean-Yves Bernot** no tiene verdadera-

Cayard y Coutts: dos referencias...

mente un modelo, confiesa haber estado a menudo impresionado por Paul Cayard: «Tiene la sencillez de la estrategia, una gestión hábil de la flota y, sobre todo, esa posibilidad de hacer trabajar la tripulación al 120 por ciento con amabilidad. Raro. En cuanto a Jean-Louis Fabry, sencillamente me hizo comprender en 1975 en qué iba a convertirse la navegación-estrategia en los años siguientes».

- Para **Thierry Péponnet,** es Russell Coutts (que es el único campeón del mundo que ha ganado a la vez los Juegos Olímpicos, la Admiral's Cup y la Copa América). «Navega con sencillez, pero siempre acertadamente, y es capaz de imponer un ritmo incluso cuando va detrás.»
- Finalmente, para **Nicolas Hénard,** Peter Blake es un modelo «por sus cualidades de gestor».

En la vela ligera lo más frecuente es que el tripulante –aquí Christine Briand y Claire Fountaine– esté a cargo de la táctica.

¿Sois supersticiosos?

Algunos dicen categóricamente que no son supersticiosos: Luc Gellusseau, Bertrand Pacé, Christophe Auguin, Alain Gautier o Loïck Peyron.

Igual respuesta de Marc Bouët, que considera ante todo la táctica como un trabajo hecho de lógica, análisis y decisión, en el cual lo irracional debe estar limitado al estricto mínimo.

- **Nicolas Hénard** responde igualmente que no, antes de añadir que hay que partir del principio de que todo tiene su explicación.
- Para **Jean-Yves Bernot,** la respuesta es no, «¡eso da mala suerte!».

- **Franck David** no es supersticioso; considera que el éxito forma parte de la táctica.
- **Maud Herbert** ya no lo es, pero reconoce que en ciertos campos de regatas, puede elaborar una buena táctica y que en otros, no lo consigue.
- A **Christine Briand** no le gusta el viento débil no establecido; los encuentra demasiado aleatorios, y piensa que no tiene suerte en la lotería...
- **Thierry Péponnet** «no cree ser supersticioso», en tanto que **Bertrand Chéret** piensa que la experiencia también enseña que hay que saber seguir la propia intuición, incluso si esta sensación no está argumentada: «Lo peor es quedarse sentado entre dos aguas».
- **Philippe Presti** contesta también que no, antes de explicar que «incluso si no entiendo, es física. Hay una explicación que no puedo explicar de momento, pero que quizás un día comprenderé. De ahí el interés de trabajar con fichas para guardar en la memoria los elementos del juego....».
- Igual respuesta para **Luc Pillot,** aunque reconoce que hay semanas «sin suerte», antes de precisar: «Creo en el estar en buena forma o mala forma en este ámbito como en otros».
- Finalmente, **Michel Desjoyeaux** afirma no sin humor: «No hay que ser supersticioso, ¡eso da mala suerte!».

La táctica deja poco lugar a lo irracional sea cual sea la clase.

El Optimist sigue siendo la mejor escuela de táctica y estrategia.

CAPÍTULO 2 - EL EQUIPO DEL TÁCTICO

2.1 - Una lista de material tipo 28
2.2 - La bandera de reclamación 32
2.3 - El compás 34
2.4 - Las alidadas 36

CAPÍTULO 2:

Cada táctico necesita un equipo específico para trabajar a bordo. Veremos que cada uno tiene sus pequeñas manías, pero de todas formas podemos elaborar una lista tipo, con las cosas esenciales que no se deben olvidar.

DEFINICIÓN

2.1. UNA LISTA DE MATERIAL TIPO

La lista mínima comprende:
- un reloj cronómetro con cuenta atrás;
- un compás clásico o uno electrónico;
- una bandera de reclamación (bandera «B» del Código internacional)

Para los tácticos que navegan en barcos de crucero, podemos añadir:
- un compás de marcaciones;
- un bloc de notas y un lápiz;
- las Reglas de regata de la ISAF;
- las Instrucciones de regata;
- una veleta;
- unos prismáticos.

Algunos añaden cosas más personales: crema solar, gafas de sol, gorra, botella de agua, etc.

▸▸ PREGUNTAS A LOS REGATISTAS

¿Qué material embarcáis siempre?

A parte de los windsurfistas, que no tienen derecho a embarcar nada (salvo un reloj de pulsera), el «kit de táctico embarcado» de la mayor parte de regatistas incluye:

• **Un compás de marcaciones.** Alain Gautier ha optado por el Autohelm electrónico, Jean-Yves Bernot por un Datascope monocular muy preciso y Bertrand Pacé por un Suunto.

• **Un bloc de notas y un lápiz.** Jean-Yves Bernot emplea un carnet estanco sobre una ingeniosa tablilla que se fija sobre el muslo y permite tomar notas haciendo banda. Bertrand Chéret lleva siempre consigo un lápiz graso de maquillaje que permite escribir rumbos y velocidades sobre Vileda pegado sobre las cajas.

Jean-Yves Bernot utiliza sistemáticamente una tablilla con un bloc de papel estanco, que se fija sobre el muslo. ¡Ingenioso!

• **El libro de Reglas de regata internacionales de ISAF** (edición de la FFV en francés con traducción en inglés).

• **Un Compucourse.** Philippe Presti tiene uno de lectura directa, que incluye una tabla en la que constan los 360 grados del viento, el rumbo teórico en ceñida y al largo en ambas amuras: «Soy malo para el cálculo mental y, solo, no se puede manipular un Compucourse tradicional cuando hay un cambio de recorrido en mitad de una manga.» Luc Gellusseau y Jean-Yves Bernot tienen un reloj Memotime.

¿Tenéis un equipo específico?

Aparte de este mínimo, cada uno, en función de sus costumbres y del tipo de barco en el que navega, lleva a bordo siempre un equipo específico:

- **Unos prismáticos** (Bertrand Pacé y Luc Pillot).
- **Un compás de cubierta;** el más grande y más legible posible, con un rosa de lectura vertical, y una veleta de pluma a proa del palo (Philippe Presti).
- **Una lista de comprobación de estrategia** (Luc Gellusseau y Jean-Yves Bernot).
- **Ábacos de corriente,** para tener una idea de las laylines en presencia de corriente, así como los ábacos de alargamiento y polares del barco (Jean-Yves Bernot).
- **Una navaja multiusos Leatherman** (Luc Gellusseau: «En realidad no es necesaria para un táctico, ¡pero siempre llevo una!»).
- **Una veleta Windex** (Bertrand Pacé: «¡Es primordial!»).
- **Una VHF portátil** (Thierry Péponnet).
- **Una bandera de reclamación y un pequeño flotador para medir la corriente** (Nicolas Hénard: «A menudo, el objeto flotante es de material biodegradable, ¡ya que los entrenadores no están siempre por ahí para recogerlos después!»).
- **Un pequeño bloc** para anotar las polares del barco, los ángulos de virada y algunas tablas de «Bernot»[1] para recordar (Christine Briand).
- **Un reloj cronómetro** para verificar los tiempos (Marc Bouët y Nicolas Hénard).
- **Gafas de sol** (Loïck Peyron y Michel Desjoyeaux).

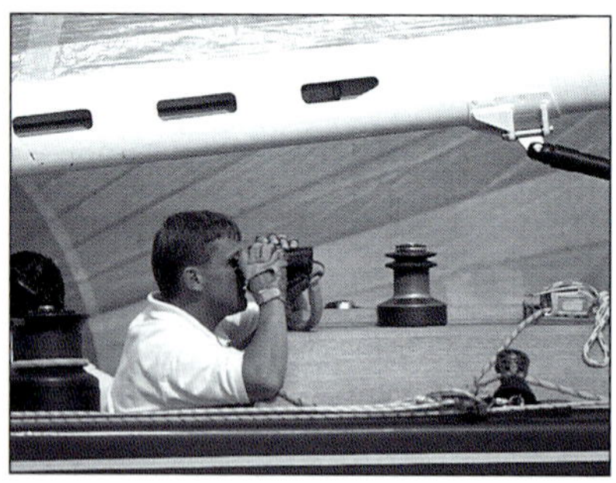

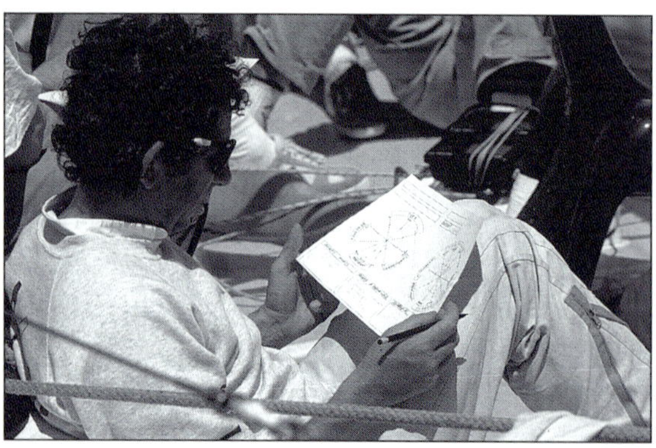

Los prismáticos son un instrumento indispensable, así como las polares de velocidad del barco y los ábacos de corriente.

1. Jean-Yves Bernot fue profesor y formó a gran número de navegantes y regatistas en temas de estrategia, táctica y meteorología. Muchos de ellos siguen métodos, sistemas y tablas concebidos por él.

CONSEJOS DE CAMPEONES

El material que no se debe olvidar

► **Bertrand Chéret.** «Tomad un pequeño carnet en el que figuren los puntos esenciales (Instrucciones de regata, estrategia definida con sus alarmas, ábacos de las posibilidades del barco). Por lo que se refiere a las corrientes, es muy cómodo llevarlas en una hoja traslúcida para cada hora y a la escala de una carta colocada detrás....»

► **Philippe Presti.** «A un principiante en vela ligera en solitario, me inclinaría a aconsejarle no llevar nada, salvo una veleta. En un primer momento, hay que aprender a localizarse mirando los otros barcos. Con un compás, se tiene tendencia a jugar con el viento y, en solitario, hay que privilegiar la flota, aprendiendo a mirar para posicionarse en relación a ella.»

► **Michel Desjoyeaux.** «En crucero, daría tres consejos. Uno, no dejéis una radio o un objeto metálico (asa de un cubo, gafas...) cerca del compás. Dos, no utilicéis las informaciones de la electrónica más que cuando la central está correctamente calibrada. Tres, fijad una pequeña bolsa en los candeleros en la que pondréis todo el material necesario, pero vigilad bien de cerrarla después de usarla: ¡si nos vamos de trasluchada se vaciaría de todo su contenido!»

► **Luc Pillot.** «¡Simplificad! Lo más estresante es el olvido. Preparad pues la vigilia de la regata una pequeña bolsa con lápiz, compás de marcaciones, prismáticos, Instrucciones y Reglas de regata, carta del campo de regatas, y pensad en un sitio seguro donde la pondréis.»

► **Bertrand Pacé.** «Tened siempre, en la zona de popa del barco, una pequeña bolsa dedicada únicamente a la táctica, en la que tendréis a mano rotulador, Instrucciones de regata, compás de marcaciones, etc.»

► **Luc Gellusseau.** «Discutid bien con el timonel las informaciones que necesita, los términos que se emplearán para dar el grado de urgencia o las prioridades (lo mismo con el navegante). Preparad una lista de comprobación de las cosas que se deben hacer o de las informaciones de las que se debe disponer antes, durante y después de la salida. Y tomad el material con el cual os sintáis a gusto... ¡y que sirva! Finalmente, escuchad atentamente la VHF.»

► **Jean-Yves Bernot.** «¡Evitad los documentos complejos! Prefiero resumir los puntos importantes en mi carnet, y de forma sintetizada, por ejemplo: "11.00h – corriente que lleva hacia el sur – contracorriente en tierra. Inicio de brisa que se establece alrededor del 120. 12.00 h – contracorriente (+ fuerte en tierra). Brisa de 140 – frente de brisa hacia punta, etc.".»

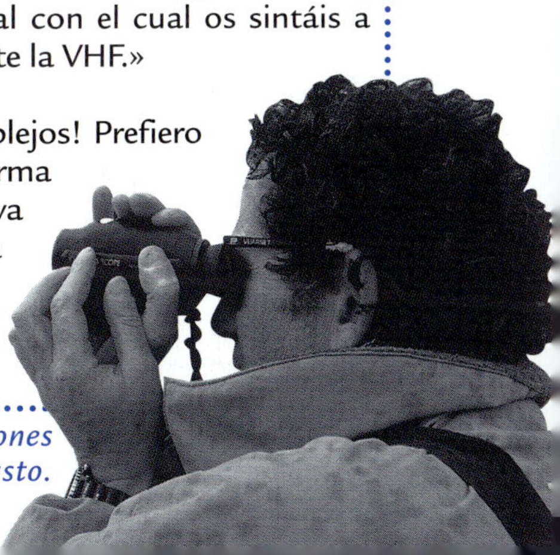

Escoged un compás de marcaciones con el que os sintáis a gusto.

► **Christine Briand.** «¡Sistematizad! En mi ordenador, tengo una ficha para el material en First Class 8 y otra para el del JOD 35. Estoy segura de que no olvido nada. Estad pronto en el campo de regatas, e intentad anotar y trabajar siempre de la misma forma.»

► **Nicolas Hénard.** «¡No llevéis nada! ¡Observad a los otros y competid contra ellos!»

► **Thierry Péponnet.** «Confeccionaos una lista de comprobación de las tareas que debéis realizar antes de la salida, así como una ficha de ayuda a la síntesis, para no olvidar nada en la toma de decisiones estratégicas.»

► **Franck David.** «No olvidéis las cosas básicas, como las condiciones meteorológicas anunciadas, y las corrientes y ¡horas de las mareas!»

► **Marc Bouët.** «Coged un material simple y definido, ya que lo más importante es crear una rutina de análisis de la regata que haréis, primero en tierra, en el agua posteriormente, y respetadla. Es inaceptable tomar una salida sin un análisis meteorológico, una previsión de corrientes, los rumbos de babor y estribor en ceñida, un análisis de la línea de salida y una estrategia para la primera ceñida.»

¡No dudéis en decir lo que marcáis!

LA BANDERA DE RECLAMACIÓN

2.2. ¡TAN INDISPENSABLE COMO UNA BUENA VELA!

La bandera de reclamación es indispensable a bordo. Permite notificar a los otros participantes nuestra intención de reclamar a consecuencia de lo que estimamos es una infracción del reglamento. La utilizada es la bandera «B» del Código internacional, es decir una bandera rectangular roja, escotada en su extremo. Hay que izarla en cuanto sea posible, con la finalidad de que el rival tenga la oportunidad de reconocer o de enmendar su falta. Cada campeón lleva consigo generalmente su bandera de reclamación personal. Hay algunos procedimientos ingeniosos para tener la bandera enrollada y desplegarla rápidamente. En match-racing, las banderas utilizadas son a menudo de color distinto. Están instaladas en el extremo de una pértiga que el táctico puede enarbolar en todo momento a fin de mostrar al jurado sobre el agua que reclama.

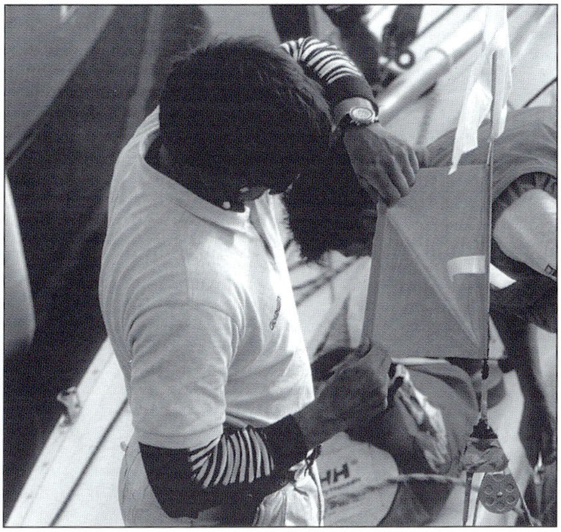

Si fija bien la bandera de reclamación, podrá estar seguro que se desplegará muy deprisa cuando tenga que reclamar contra un adversario.

CONSEJOS DE CAMPEONES

Fijar bien la bandera B

La mayoría de tácticos fijan la bandera B de reclamación en el estay de popa (cruceros grandes) o un obenque (cruceros pequeños), enrollada, y sujeta en el sitio con una cinta adhesiva cuyo extremo está pegado sobre sí mismo (ver foto adjunta). Sólo hace faltar tirar de esta lengüeta para desplegar inmediatamente la bandera. Algunos prefieren fijar una pequeña pata de Velcro, después una lengüeta adhesiva, en tanto que **Christophe Auguin** ha optado por un pequeño cabo acabado con una gaza, que basta con tirar para desplegar la bandera. **Bertrand Chéret** la dobla en acordeón. Desde ahora, las Reglas de regata de la ISAF 2001-2004 estipulan que ya no es necesario tener una bandera B a bordo de un velero de menos de 6 metros. Una buena noticia, ¡sobre todo para los solitarios! **Michel Desjoyeaux** utiliza pequeñas abrazaderas plásticas de electricista para sujetar la bandera. **Luc Gellusseau,** por su parte, la coloca lo más abajo posible para evitar la resistencia al viento. En cuanto al experimentado **Marc Bouët,** lleva sistemáticamente banderas de recambio en un bolsillo o en el bolsillo de algún tripulante. Finalmente, como anécdota y para demostrar que siempre hay una solución a todo, durante los Juegos Olímpicos de Seúl, en 1988, la tripulación francesa de Soling había olvidado la bandera B. Fabricaron rápidamente una bandera de fortuna... ¡recortada de los calzoncillos -rojos, evidentemente- de uno de los tripulantes!

Banderas «B» e «I» cuidadosamente fijadas en el estay de popa.

EL COMPÁS

2.3. ¡OPTAD POR LA FACILIDAD!

El compás es la herramienta fundamental del táctico. Da lógicamente el rumbo del barco y permite ver las variaciones de dirección del viento, uno de los datos principales en el proceso de decisión del táctico. Existen varios tipos de compás, clásicos o electrónicos. Cada uno tiene sus preferencias. Podemos no obstante afirmar que, en todos los casos, la lectura debe ser fácil. Las cifras deberán ser visibles y el amortiguamiento del compás suficiente.

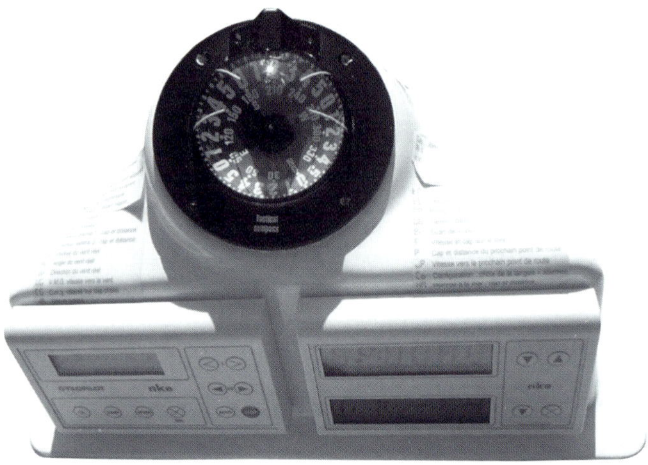

El compás táctico (aquí un Plastimo) está concebido para visualizar bien las variaciones del viento.

» PREGUNTA A LOS REGATISTAS

¿Qué compás utilizas?

Todo depende evidentemente del barco en el que se navegue pero, incluso en pequeños monotipos (First Class 8, Melges 24, Surprise, etc.) o en vela ligera (470 principalmente), el compás electrónico con repetidor es utilizado cada vez más. Dejando de lado los windsurfistas, que sólo disponen de sus sensaciones para descubrir los buenos bordos, los demás regatistas dan una gran importancia al compás. El 69% prefiere el compás electrónico con repetidor, el 38% el compás táctico, el 15% el compás de mamparo clásico y el 8% el compás bajo la botavara.

• **Marc Bouët** justifica su preferencia por el compás electrónico por el hecho de que no hace falta utilizar un compás en cada bordo; por tanto se evitan las frecuentes diferencias entre ambos. En lo que concierne a los compases bajo la botavara, Marc Bouët, en su Soling, pidió especialmente un líquido más viscoso para tener un mejor amortiguamiento.

• **Bertrand Pacé** y **Michel Desjoyeaux** regulan el amortiguamiento en 3 segundos para mar llana y respectivamente en 5 y 6 segundos para marejada, en tanto que Marc Bouët preconiza un amortiguamiento bastante importante, para evitar las variaciones parásitas debidas al movimiento del barco.

• **Luc Gellusseau** sigue siendo un adepto al compás de marcaciones y aún no ha encontrado nada mejor que el Silva (con pequeña bombilla incorporada), que tiene un muy buen amortiguamiento y ofrece buena visibilidad.

• **Alain Gautier** prefiere el Autohelm electrónico, mientras que Jean-Yves Bernot opta por el compás electrónico monocular Datascope, que permite igualmente medir la distancia a un objeto cuya altura conocemos.

Los compases electrónicos sobre repetidor, fijados bajo la botavara, se han generalizado, incluso en los barcos pequeños. Es cierto que su lectura es extraordinariamente fácil.

El compás táctico clásico de bola, fijado en la cara popel del palo, es muy apreciado en la mayoría de los barcos de vela ligera.

LAS ALIDADAS

2.4 ¡CUESTIÓN DE ELECCIÓN!

Las alidadas situadas sobre cubierta permiten medir los ángulos de virada (ver foto más abajo). No se adaptan a todos los tipos de veleros. Cuanto más grande, más fácil es su utilización. Las encontramos en casi todos los Clase América, pero en un velero pequeño no es posible utilizarlas. Tienen la ventaja de dar una información fiable. Dicho esto, algunos regatistas prefieren el compás de marcaciones...

Las alidadas o «patas de araña», trazadas con rotulador en cubierta, son utilizadas sobre todo en los grandes barcos.

▸▸ PREGUNTA A LOS REGATISTAS

¿Cómo mides los ángulos de virada?

Apenas un tercio de los regatistas preguntados utilizan una tabla con los ángulos de virada, mientras que el 68 por ciento confiesan que no lo hacen.

Loïck Peyron, por ejemplo, no la utiliza. «En un multicasco, esto depende de demasiados parámetros.»

Luc Gellusseau prefiere, por su parte, el compás de marcaciones.

Referente a las alidadas marcadas sobre cubierta –también llamadas «patas de araña»–, el 44% de los regatistas las utilizan mientras que el 56% no lo hacen. Entre quienes utilizan estas alidadas, el 87% las dibuja con rotulador sobre la cubierta (el 50% con la ayuda de una regla de navegación, el 37% con un transportador y el 12%, con un rotulador y una plantilla).

En cuanto a **Luc Pillot** y **Philippe Presti,** disponen de alidadas dibujadas sobre un trozo de Mylar transparente. El primero la pega sobre la cubierta, y el segundo la fija mediante cinta adhesiva.

Bertrand Chéret no dibuja directamente sobre la cubierta si no tiene la autorización del propietario del velero en el que regatea, pero **Luc Gellusseau** no utiliza alidadas marcadas sobre cubierta. Intenta tomar una referencia de ángulo medio de virada, como «la alineación del borde del winche de burda con una base de candelero».

Casi siempre es el mismo táctico el que traza sus aliadas sobre cubierta... ¡Probablemente porque nunca se está mejor servido que por uno mismo!

Sea cual sea el tamaño del velero, el equipo del táctico debe ser ligero, fácil de usar y ocupar poco espacio.

¡NO OLVIDÉIS NADA!

El pequeño material es muy importante. Debe ser controlado periódicamente y estar en perfecto estado de funcionamiento. Es esencial no olvidar nada. Aparte de la molestia que produce el olvido, el táctico se ve condicionado si no utiliza su material habitual. Algunos tienen una pequeña bolsa en la que guardan el material. Una lista de control permite verificar antes de la salida de puerto que todo ha sido debidamente embarcado. En un barco de crucero, frecuentemente es el navegante el que se encarga de verificar que no falte nada.

CAPÍTULO 3 - EL TERRENO DE JUEGO

3.1 - La dirección del viento 40
3.2 - Los tres tipos de viento 41
3.3 - La izquierda y la derecha del campo de regatas 45
3.4 - La izquierda y la derecha de la línea de salida 46
3.5 - Las laylines 46

CAPÍTULO 3:

En materia de táctica y estrategia es esencial hablar un lenguaje común a la hora de definir los términos utilizados para describir el viento y su evolución, la posición del velero en el campo de regatas o la línea de salida. Los términos que utilizaremos en esta obra son los que se emplean corrientemente. Definiciones simples...

DEFINICIÓN

3.1. LA DIRECCIÓN DEL VIENTO

La dirección del viento se expresa por el sector geográfico de donde sopla. Por ejemplo, decimos que un viento sopla del oeste o del norte cuando viene de esa dirección.

❶ *Este viento sopla regularmente del norte. El barco en ceñida decide hacer un primer bordo amurado a babor y un segundo amurado* *a estribor.*

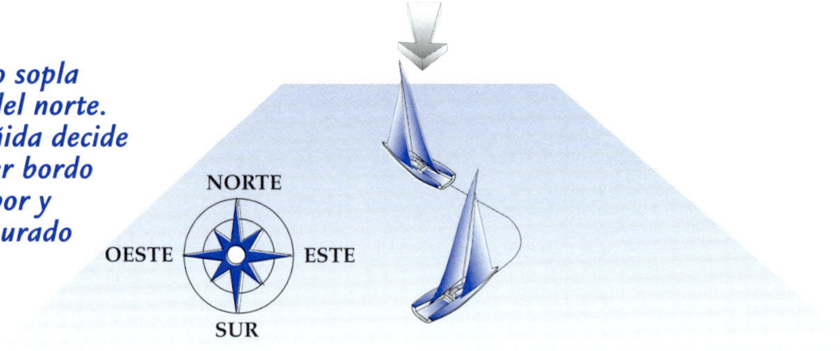

► *La evolución de la dirección del viento*

• Un viento rola a la izquierda cuando un observador que está de cara al viento debe girar hacia su izquierda para mantenerse cara al viento.

• De la misma manera, el viento rola a la derecha cuando un observador que está de cara al viento, debe girar hacia su derecha para mantenerse de cara al viento.

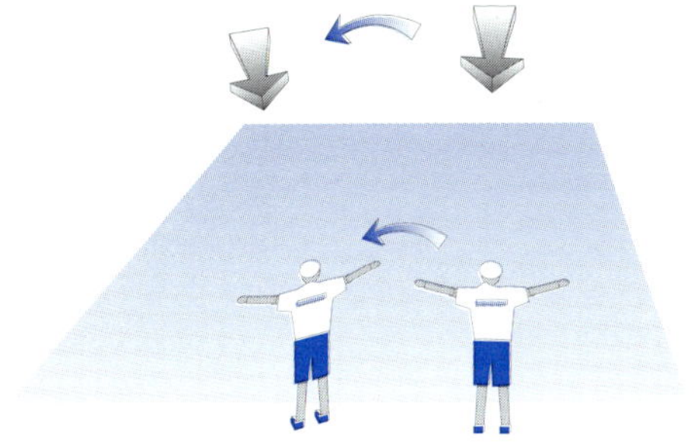

❷ Un viento rola a la izquierda cuando un observador que está de cara al viento debe girar a su izquierda para continuar de cara al viento.

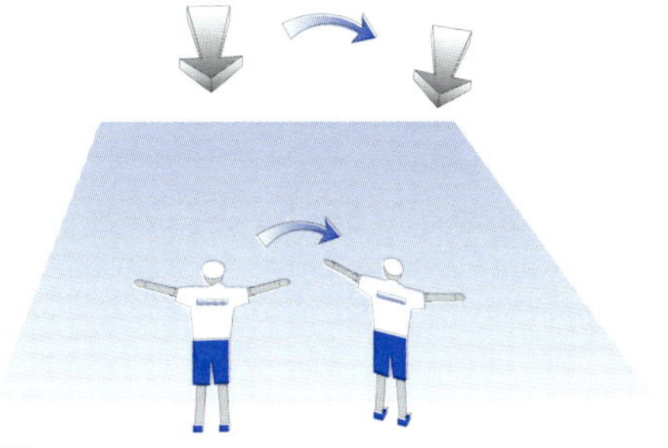

❸ Un viento bornea a la derecha cuando un observador que está de cara al viento debe girar a su derecha para continuar de cara al viento.

CLASIFICACIÓN

3.2. LOS TRES TIPOS DE VIENTO

Lo hemos visto ya: el viento es inestable. Podemos no obstante determinar tres tipos de viento principales: el que rola «girando» poco a poco hacia otra dirección, el que oscila alrededor de una dirección media, y el que rola oscilando. Cada uno exige una estrategia particular.

► *El viento que rola*

Una rolada persistente de viento corresponde a un viento que rola siempre en la misma dirección durante todo el bordo. Por ejemplo es un viento del norte que rola al noreste, y después al este.

❹ En este borneo de viento, el barco amurado a babor debe modificar su derrota 90°, según la rolada del viento del norte al este, para permanecer en ceñida cerrada.

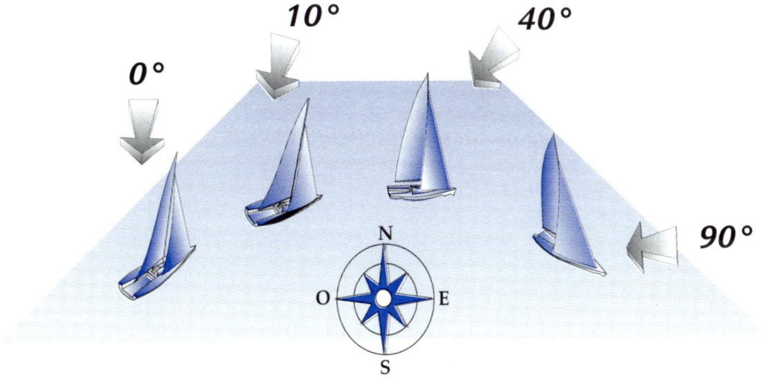

► *El viento que oscila*

Un viento oscila cuando evoluciona a un lado y a otro de una dirección media. Ejemplo: el viento viene del norte (0). Pasa sucesivamente al 10, al 0, al 350, al 0 otra vez, etc. Se habla entonces de un viento que oscila alrededor del 0.

5 ***En este viento que oscila alrededor de una dirección media del norte (0°), el barco amurado a babor sigue cada oscilación de viento (entre 350° y 10°) y debe modificar su ruta para permanecer en ceñida*** *cerrada.*

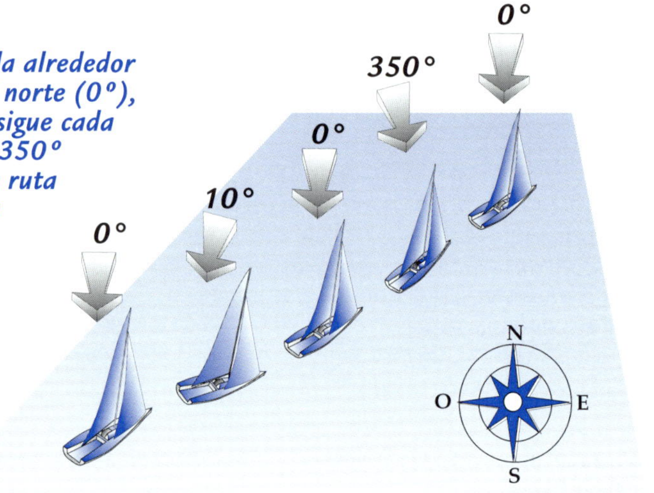

► *El viento que rola y oscila*

Pasa a menudo que el viento rola y oscila a la vez. Esto significa que la tendencia general es una rotación de viento que tiene lugar siempre en el mismo sentido, del norte al noreste, posteriormente al este, por ejemplo. Esta rotación está no obstante marcada por retornos ocasionales a la dirección inicial del viento.

Tomemos un ejemplo... el viento sopla del norte, gira al 20, vuelve al 0, antes de girar al 50. Después de un breve retorno al 20, gira aún más a la derecha, al 100. Hablamos entonces de un viento que rola y oscila a la vez.

6 ***El viento del norte (0°) rola a la derecha y oscila alrededor de su dirección*** *inicial.*

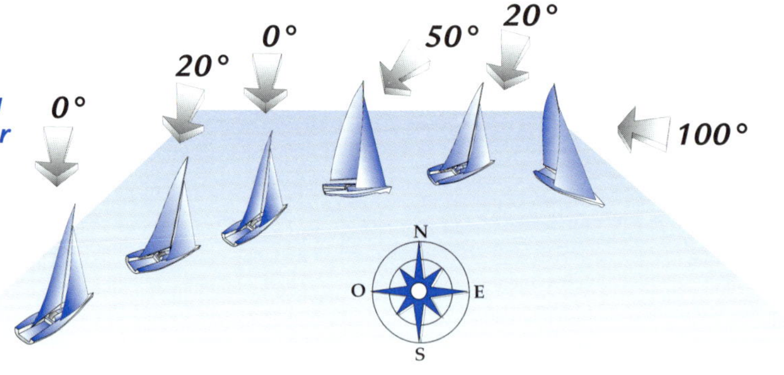

Veamos ahora cuál es la estrategia más adecuada a cada tipo de viento.

» PREGUNTAS A LOS REGATISTAS

¿Cómo defines las categorías de viento?

- Vientos oscilantes, con roladas de viento y combinación de los dos para el 81%
- Vientos de tierra, de mar y brisa térmica, para el 62%
- Vientos de los cuatro cuadrantes (Houghton-Bernot), para el 19%
- Otro sistema de clasificar los vientos, para el 6%
- Vientos «mierditas», para el 6%
- Calma, para el 6%
- Calma blanca, para el 6%

Así como la mayoría de regatistas ponen los vientos oscilantes y los vientos de tierra o de mar claramente a la cabeza, **Jean-Yves Bernot** –experto en la materia– opta por otro sistema de clasificación, con dos selecciones.

La primera selección hace referencia a los vientos de tierra, de mar y a las brisas para tener una idea de la estructura «fina» del viento: ráfagas, oscilaciones cortas, agujeros, etc.

La segunda selección hace referencia a los diferentes tipos de borneos. Si hay brisa, son los cuadrantes; si hay relieve, son los efectos del lugar; si hay chubascos, son modelos de chubasco; y si hay oscilaciones, son las ondas que permiten visualizar el campo de regatas, y los cambios en el tiempo y el espacio.

Luc Gellusseau ve tres tipos principales de viento: el que gira por efecto de costa o rotación sinóptica, el viento oscilante en fuerza y dirección, y la combinación de los dos anteriores.

Los vientos de tierra tienen a menudo la preferencia de los campeones, ya que les permite intentar jugadas, recuperar posiciones o ampliar ventajas.

¿Cuáles son vuestras condiciones de viento preferidas?

Tantos regatistas, tantas opiniones, aunque se puede apreciar que los regatistas más puros tienen el placer malévolo de marcar las diferencias en cuanto el viento oscila.

- Tomad por ejemplo a **Luc Gellusseau:** adora Florida (Key West y Miami), «porque hace buen tiempo y el terreno de juego es muy abierto. Nunca hay nada evidente y siempre hay con qué rehacerse... ¡o deshacerse!».
- **Philippe Presti** aprendió a navegar a vela en los lagos, y su campo de regatas preferido sigue siendo Maubuisson, así como los vientos oscilantes del estilo de los de tierra.
- **Franck David** detesta estos vientos de tierra. Él siente cariño «por unos buenos 20 nudos», con la condición de que el barco esté bien trimado, y por «el viento muy débil con fuerte oleaje, porque es una situación ideal para la técnica».

• **Luc Pillot** confiesa que se siente más cómodo cuando aprovecha los vientos oscilantes. «Siempre debo desconfiar de las roladas, sobre todo de las lentas, ya que tengo muchos ejemplos en los que he dudado en dar la vuelta esperando un cambio que no ha llegado...»
• **Thierry Péponnet** prefiere un viento medio, ya que hay poca pérdida en la virada. Su preferencia se decanta por los vientos oscilantes debidos a la presencia de nubes: «No hay bordos obligados, se puede sacar partido de las nubes, existe la posibilidad de recentrarse, y la táctica está continuamente en construcción».
• **Christine Briand** tiene la misma preferencia; añade que son los vientos que le parecen menos aleatorios y los que se aprovechan con más facilidad.
• **Bertrand Chéret,** si se encuentra a la defensiva, prefiere un viento medio estable, en el que muchos barcos van rápido y se requiere concentración, pero da menos posibilidades al atacante. En contrapartida, cuando está a la ofensiva le gustan los cielos en los que la observación de la inestabilidad debida al paso de las nubes permite multiplicar los ataques.
• En cuanto a **Marc Bouët,** sus condiciones preferidas son sin lugar a dudas los vientos oscilantes, «porque la búsqueda del mejor bordo, de la mejor racha, se convierte en el factor prioritario, y el azar me parece excluido. No se puede escoger un lado del campo de regatas a fondo y esperar haber escogido el bueno....».
• No es una sorpresa para aquellos que lo han visto llevar la táctica con este tipo de tiempo: **Bertrand Pacé** tiene particular cariño por los vientos de tierra oscilantes con mar llana, antes de precisar que «el control es difícil y que ¡uno puede siempre rehacerse si va mal!».
• En cuanto a **Nicolas Hénard** nunca está más a gusto que cuando las condiciones están torcidas –viento de tierra o débil–, «ya que la regata es interesante y se tiene la posibilidad de regresar al match».
• **Alain Gautier** es muy aficionado al viento medio entre 10 y 15 nudos, «menos aleatorio», mientras que a **Maud Herbert** le gusta un viento de mar de unos 12 nudos, que levanta marejada: «Son condiciones bastante difíciles, pero a menudo se encuentran en Saint-Malo».
• A **Loïck Peyron** nada le gusta tanto como el viento fuerte que sopla sobre mar llana, en tanto que Christophe Auguin prefiere poco viento y situaciones complejas: «Es en ese momento cuando se deciden las regatas».
• Finalmente, **Jean-Yves Bernot** aprecia los extremos, poco viento o viento fuerte. «Es entonces cuando las ventajas son espectaculares, si hemos jugado bien», antes de confesar, no sin cierto cinismo, el placer que le produce dejar una flota fuera de tiempo...

Situación clásica de brisa térmica, durante un campeonato del mundo de Star ganado por Paul Cayard y Steve Eriksson en Buenos Aires.

DEFINICIÓN

3.3. LA IZQUIERDA Y LA DERECHA DEL CAMPO DE REGATAS

El campo de regatas está definido por su lado izquierdo y su lado derecho. Un observador de pie y de cara al viento tiene la izquierda del campo de regatas a su izquierda y la derecha del campo de regatas a su derecha. Esto es así sea cual sea el ángulo en el que naveguemos: definiremos en esta obra el lado del campo de regatas poniéndonos en la piel de una persona situada de cara al viento *(figura 7)*.

Si esta definición es lógica para un velero que navega en ceñida, lo es menos en viento de popa, cuando damos la espalda al viento. Recordaremos pues en todo momento colocarnos de cara al viento cuando se habla de izquierda y de derecha del campo de regatas.

7 ***En general, la izquierda y la derecha de un campo*** *de regatas se* ***distinguen estando de cara al viento. Si esto parece lógico en ceñida, atención*** *en portante: la* ***izquierda del campo de regatas está a vuestra derecha,*** *¡y viceversa!*

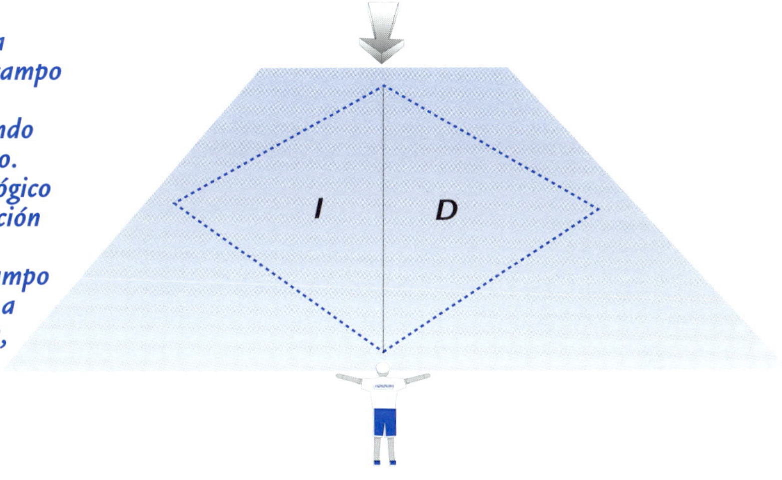

En portante –aquí varios clase 49–, la derecha y la izquierda del campo de regatas están siempre definidos en relación a un observador que está situado cara al viento. Esto necesita una pequeña gimnasia mental: a bordo, la derecha y la izquierda del campo de regatas están invertidas cuando encaramos la boya de sotavento.

» PREGUNTA A LOS REGATISTAS

En viento portante, ¿de qué forma defines la derecha y la izquierda del campo de regatas?

Cuando hablamos de la izquierda del campo de regatas con viento portante, ¿se trata del lado izquierdo estando de cara al viento o del lado izquierdo mirando la siguiente baliza de sotavento? La mayoría de regatistas hablan de izquierda del campo de regatas con viento portante refiriéndose a la izquierda cuando están de cara al viento; en portante, la izquierda del campo de regatas pasa pues a la derecha. Dicho esto, Maud Herbert, Franck David, Loïck Peyron y Christophe Auguin consideran la izquierda del campo de regatas en relación a la baliza de sotavento que está frente a ellos. Finalmente, Nicolas Hénard es el único de los regatistas consultados que afirma que la elección poco importa; para él, lo más importante es que el táctico y el caña hablen el mismo lenguaje. En resumen, lo esencial es acordar algo para evitar las incomprensiones, o sea los errores...

SITUACIÓN

3.4. LA IZQUIERDA Y LA DERECHA DE LA LÍNEA DE SALIDA

Para un observador situado de cara al viento la izquierda de la línea de salida es el lado izquierdo. Casi siempre tenemos una boya que delimita el lado izquierdo. Es por eso que los regatistas hablan del lado «boya» de la línea.

Para un observador situado de cara al viento la derecha de la línea es el lado derecho. En ese lado, casi siempre tenemos el barco-comité. Es por eso que hablamos del lado «barco-comité» de la línea *(figura 8)*.

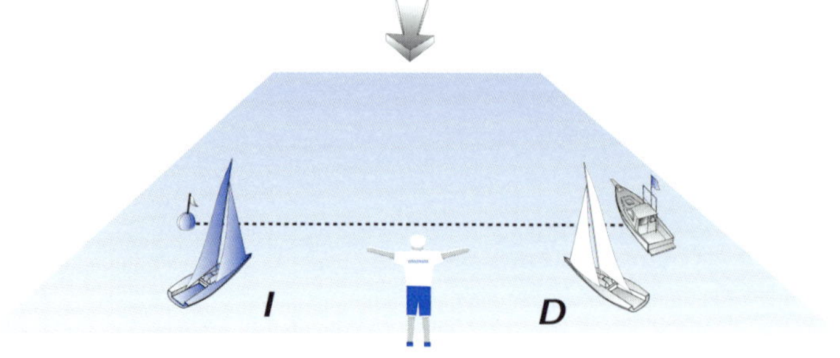

8 *El lado izquierdo de la línea a menudo se llama «lado boya», mientras que el lado derecho a menudo se llama «lado barco-comité».*

COLOCACIÓN

3.5. LAS LAYLINES

• **En ceñida,** las laylines (o bordes del cuadro) son los límites en el interior de los cuales debemos permanecer para no tener que abatir al llegar a la boya de barlovento.

- Un velero que navega sobre la layline toma la boya con un solo bordo en ceñida cerrada *(2)*.
- Un velero situado por debajo de la layline debe hacer bordos para tomar la boya de barlovento *(1)*.
- Un velero que está por encima de la layline debe abatir para tomar la boya *(3)* (figura 9).

Por ello, en un largo de ceñida, nunca se debe ir más allá de las laylines para no alargar el recorrido.

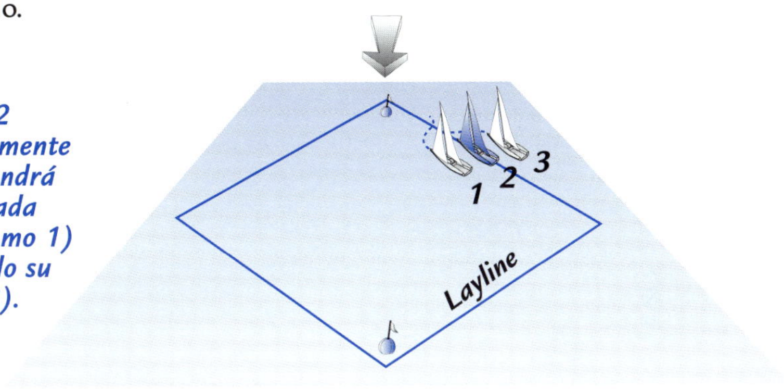

9 Sólo el velero 2 ha fijado correctamente las laylines. No tendrá que hacer una virada suplementaria (como 1) ni abatir alargando su recorrido (como 3).

• **En portante,** las laylines son los límites en el interior de los cuales debemos permanecer para no tener que orzar al llegar a la boya de sotavento.
- Un velero que navega sobre la layline toma la boya en un solo largo *(2)*.
- Un velero situado por debajo de la layline debe trasluchar para tomar la boya de sotavento *(1)*.
- Un velero por encima de la layline debe orzar para tomar la boya *(3)* (figura 10).

Por eso, en un largo de viento portante, nunca se debe ir más allá de las laylines para no prolongar el recorrido.

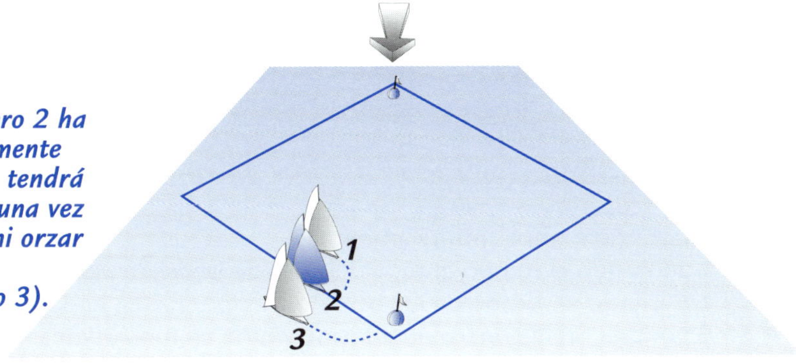

10 Sólo el velero 2 ha fijado correctamente las laylines. No tendrá que trasluchar una vez más (como 1) ni orzar prolongando su recorrido (como 3).

Saber dónde están estas famosas laylines nunca es sencillo: son líneas abstractas, ¡al contrario que las boyas! Por eso, el táctico debe conocer el ángulo que hace su barco de un bordo a otro, en ceñida y en viento de popa. Este ángulo varía según las condiciones de mar y de viento. La corriente puede igualmente influir en la posición de las laylines. Viraremos más o menos pronto según que la corriente nos eche una mano o, al contrario, nos «saque»... Veamos cómo proceden los campeones.

⏩ PREGUNTAS A LOS REGATISTAS

En ceñida, ¿cómo trazas las laylines?

- el 78% las traza a ojo;
- el 42% las traza con el compás de marcaciones;
- el 36% las traza con las alidadas;
- el 21% las traza en relación a referencias precisas en la cubierta del barco.

(Los regatistas podían escoger varias respuestas.)

Es interesante observar que la gran mayoría de los regatistas consultados trazan las laylines a ojo de buen cubero, sobre todo cuando corren en barcos pequeños o en match-racing, y/o llevan la caña. El compás de marcaciones es utilizado por el táctico cuando éste no lleva el timón, lo que presupone un barco más grande.

No dudéis en desplazaros a sotavento, como lo hace aquí Bertrand Pacé durante la Admiral's Cup, para cerciorarse mejor de la posición de la boya.

En ceñida, ¿cómo conoces el ángulo de remontada bordo a bordo?

- el 64% por costumbre, intuitivamente;
- el 50% anotando el rumbo antes y después de la virada para recalcular el ángulo;
- el 42% mirando el rumbo de los otros participantes en el bordo opuesto;
- el 35% por una tabla con los ángulos de virada en función de la fuerza del viento.

(Los regatistas podían escoger varias respuestas.)

El conocimiento del ángulo de remontada bordo a bordo se hace intuitivamente o por costumbre, bien cuando los regatistas navegan siempre en el mismo barco, bien cuando llevan la caña. Eso no quita que la mitad de ellos recalcula el ángulo después del cambio de bordo. Finalmente, los que navegan siempre en el mismo barco utilizan una tabla, para un mejor control de su impresión visual.

Con viento de popa, ¿cómo conoces el ángulo de descenso de un bordo a otro?

- el 66 % por costumbre, intuitivamente;
- el 58 % mirando el rumbo de los otros participantes en el bordo opuesto;
- el 50 % por una tabla con los ángulos de trasluchada en función del viento;
- el 41 % anotando el rumbo antes y después de la trasluchada para recalcular el ángulo;
- el 28 % teniendo algunas referencias para ciertas fuerzas de viento.

(Los regatistas podían escoger varias respuestas.)

Como en ceñida, el conocimiento del ángulo de descenso de un bordo a otro se consigue mayormente con la intuición o la costumbre, sobre todo aquellos que regatean siempre con el mismo barco (equipo de Francia olímpico, Figaro Bénéteau, multicascos de 60 pies...). Debe destacarse que son muchos los que observan el rumbo de los rivales en el bordo opuesto. Dado que el conocimiento de estos ángulos de descenso no es algo ovbio, los regatistas limitan los riesgos de error de interpretación y no dudan en multiplicar las observaciones (tabla con ángulos, anotación del rumbo antes y después de la trasluchada, y referencias conocidas según la fuerza del viento...).

Con viento fuerte (aquí vemos unos Surprise), podemos permitirnos el descender hacia la baliza en popa redonda, al límite de la trasluchada.

En ceñida, ¿cómo integras la corriente en tu definición de las laylines?

- el 50% una enfilación a tierra;
- el 42% con el rumbo sobre el fondo que marca el GPS,
- el 42% intuitivamente;
- el 28% preguntando al navegante;
- el 7% con una regla de navegación;
- el 7% con el consenso de los tripulantes del barco;
- el 7% mirando los otros barcos.

(Los regatistas podían escoger varias respuestas.)

Aquí otra vez, se nota que la intuición sigue siendo importante, sobre todo en los barcos pequeños o en tabla de windsurf. La mitad de los regatistas utilizan una enfilación a tierra para integrar la corriente en su cálculo, mientras que, en los barcos equipados con un GPS (o, mejor, de un GPS diferencial), el rumbo sobre el fondo dado por el instrumento es utilizado casi siempre para confirmar su impresión.

Si en el barco de crucero el GPS se ha convertido en indispensable, en vela ligera, la intuición prevalece en la definición de las laylines.

Con viento de popa, ¿cómo integras la corriente en tu definición de las laylines?

- el 61 % con el rumbo sobre el fondo que marca el GPS,
- el 61 % intuitivamente;
- el 54% con una enfilación a tierra;
- el 38% preguntando al navegante;
- el 15% con una regla de navegación;
- el 7% con el consenso de los tripulantes del barco;
- el 7% con ábacos personales.

(Los regatistas podían escoger varias respuestas.)

El Solent, que baña la costa norte de la isla de Wight, famoso por sus fuertes corrientes, ha permitido siempre que los navegantes y los estrategas marquen la diferencia.

Antes de salir del puerto es indispensable un buen calibrado de los instrumentos electrónicos.

¡Gracias al GPS, estaríamos tentados de decir! Todos aquellos (salvo los windsurfistas y los regatistas de vela ligera) que tienen uno a bordo lo utilizan para integrar la corriente en la definición de las laylines.

Dicho esto, el GPS permite confirmar la observación ya que, aquí también, se nota que el componente de intuición sigue siendo importante, sea cual sea el tamaño del barco.

Por último, más de la mitad de los regatistas utilizan una enfilación a tierra para integrar la corriente en su cálculo mientras que en los barcos más grandes, en los que hay un navegante, éste tiene a su cargo la integración de la corriente en la determinación de la layline.

CAPÍTULO 4 - CÓMO OBSERVAR EL VIENTO

4.1 - La fuerza del viento 54
4.2 - La lectura del viento 56
4.3 - La dirección del viento 57
4.4 - La observación de las rachas 59

CAPÍTULO 4:

El viento es un fluido inestable, cambiante, en movimiento; ¡incluso cuando decimos de él que está bien establecido! Se abre, se cierra, amaina, arrecia... En regata evidentemente es primordial encuadrarlo lo mejor posible, seguirlo, y mejor aún, preverlo. He aquí cómo hacerlo.

SENSACIONES

4.1. LA FUERZA DEL VIENTO

Un buen táctico sabe adivinar las variaciones de fuerza y dirección del viento. Ésta es una cuestión fundamental. Oímos a menudo que determinado regatista siempre sale airoso en condiciones de viento un poco complicadas. Generalmente esto no es suerte, sino más bien una mejor observación del campo de regatas y de todos los índices que permiten saber dónde se encuentra el viento más fuerte y cómo evoluciona en dirección. Cada uno tiene sus trucos. Generalmente es la suma de índices que permite al táctico confirmarse en su toma de decisión.

A bordo de un barco grande como un Clase América, las variaciones de viento en fuerza y en dirección son siempre más difíciles de apreciar que en un barco de desplazamiento ligero.

Es muy importante detectar bien el hecho de que el viento acaba de cambiar. Estos índices pueden variar según el tipo de barco con el que se navega: si la tensión de la escota en la mano tiene un significado en un barco pequeño, lo tiene menos en un Clase América cuando hay seis vueltas de escota en el winche. Efectivamente, hace falta reaccionar y adaptar la táctica a esta nueva situación.

Es aún más importante anticipar estos cambios de viento con el fin de tomar las buenas opciones tácticas en tiempo y en hora. En una prueba de match-racing, el mayor envite para el táctico es prever la primera oscilación del viento para saber a qué lado situarse. En pruebas como la Copa América, por ejemplo, se ponen en marcha considerables medios para ello: lanchas meteorológicas, helicóptero, etc. Un buen táctico debe pues saber observar los indicios que muestran la llegada de un cambio de viento.

Finalmente, un previsión meteorológica y un buen conocimiento teórico de los fenómenos locales aportan un dato incontestable al táctico, sobre todo en un campo de regatas que no conoce. Es así como se pueden explicar ciertos fenómenos, por ejemplo una variación de dirección del viento debida al relieve. Más tarde, este análisis servirá para anticipar mejor una situación análoga.

PREGUNTA A LOS REGATISTAS

¿Cómo detectas las variaciones de intensidad del viento?

- el 81 % por las sensaciones que dan las velas, el barco (o la tabla), la caña;
- el 68 % mirando la superficie del agua;
- el 61 % por la velocidad del viento real indicada en la electrónica;
- el 18 % por la velocidad del viento aparente indicada en la electrónica;
- el 18 % por la escora del barco;
- el 12 % por la sensación en la cara;
- el 6 % por el rumbo de compás.

(Los regatistas podían escoger varias respuestas.)

Franck David, campeón olímpico de tabla de windsurf 1992, detecta las variaciones de viento con la nariz, los ojos y las orejas... ¡Confiad en vuestras sensaciones!

Incluso la electrónica de más prestaciones (en la que el 61 por ciento de los regatistas tienen una gran confianza) no sustituye a las sensaciones, ya sean en las manos, los pies o las nalgas... Podemos añadir que **Nicolas Hénard** y **Luc Gellusseau,** concretamente, también detectan las variaciones de intensidad del viento mediante las sensaciones en el rostro. **Marc Bouët** precisa que en un barco grande, confía más fácilmente en la velocidad del viento real indicada por la electrónica, mientras que en un barco pequeño, son sus sensaciones las que prevalecen. No había que dudarlo, la observación de la superficie del agua es esencial para casi el 70 por ciento de los regatistas. Finalmente, la escora del barco es también un factor que ayuda a percibir la intensidad del viento más cierto cuanto más ligero es el barco.

OBSERVACIÓN

4.2. LA LECTURA DEL VIENTO

➤ PREGUNTA A LOS REGATISTAS

¿Qué método utilizas para observar el viento?

Cada uno tiene su método. Los hay que se fían de sus propias sensaciones (los solitarios no tienen otra elección), están los adeptos a la electrónica y aquellos que delegan.

• **Maud Herbert** observa las variaciones de intensidad del viento por medio de las sensaciones que le brinda la vela, así como por la evolución de la superficie del agua. Para las variaciones de dirección, emplea referencias en tierra y el agua. Con viento flojo, en portante, **Michel Desjoyeaux** no duda en emplear el ángulo de viento aparente (AWA) y a «jugar» con él.

Cuando el timonel participa también en la táctica –aquí Thierry Péponnet durante los Internacionales de Francia de match-racing en Sète–, debe estar al acecho de la mínima información que le aporte el campo de regatas y sus alrededores (humos, banderas, barcos con velas, etc.) a fin de confirmar sus propias sensaciones.

• Aparte de la observación del campo de regatas y de la electrónica, **Christine Briand** utiliza sus sensaciones y la información comunicada por los *trimers.*[1]
• **Philippe Presti** observa el campo de regatas a barlovento, lo más lejos posible, los humos en la costa, el desplazamiento de las nubes y los barcos. Como lo ha hecho siempre Paul Elvström en vela ligera, recomienda incorporarse para ver mejor el campo de regatas.
• **Franck David** se sirve de la nariz, los ojos y las orejas.
• **Luc Gellusseau** delega esta tarea al trimador de la mayor, con la velocidad del viento real, y al tripulante en el piano con la dirección del viento real.
• **Bertrand Pacé** sigue siendo un incondicional de la observación de la superficie del agua, allí donde hay mayor presión, y no duda en comentarlo con su navegante.
• **Nicolas Hénard** mira los otros barcos (rumbo y escora), y el campo de regatas y los humos, si los demás están detrás.
• **Thierry Péponnet** y **Luc Pillot** integra toda la información existente en el campo de regatas (banderas, humos, adversarios, barcos con velas...), y siguen el estado de la superficie del agua y el aspecto del cielo.
• **Jean-Yves Bernot,** finalmente, añade la diferencia del viento entre el tope del palo y la superficie del agua, para anticipar las roladas y afinar los reglajes.

SENSACIONES

4.3. LA DIRECCIÓN DEL VIENTO

CONSEJOS DE CAMPEONES

¡Analizad bien las variaciones del viento!

► **Jean-Yves Bernot.** «¡Abrid bien los ojos! La flota es un excelente indicador de lo que pasa en el campo de regatas. De tanto en tanto, levantaos para ver más lejos. Es muy importante, ¡incluso en vela ligera! El objetivo es saber bien si hay que jugar con las roladas o la intensidad del viento.»

► **Bertrand Chéret.** «No se aprende a conocer el viento más que midiéndose con él, provocándole. ¡Evitad sufrir! El aprendizaje de la lectura de los signos lejanos (nubes) y de los signos cercanos (rachas) se hace actuando, yendo a ver, analizando, después midiendo las ganancias y las pérdidas. ¡Incluso los mejores se equivocan de vez en cuando! Pero a menudo son los más emprendedores.»

► **Luc Pillot.** «La concentración de toda la tripulación es esencial. Si hay electrónica a bordo, alguien puede dar periódicamente la intensidad del viento. En combinación con el aviso de rachas que llegan, da buenas indicaciones, y mantiene un alto nivel de concentración.»

1. En francés se emplea el vocablo «régleur» cuyo significado es «ajustador». No obstante en el argot náutico español no existen «ajustadores de velas» sino más bien «trimers» o trimadores de velas». *(N. del T.)*

► **Thierry Péponnet.** «Desgraciadamente no hay método. ¡Sólo valen la experiencia y la intuición!»

► **Nicolas Hénard.** «Para analizar bien, hace falta información pertinente y saber anticipar. ¡Mirad lejos!»

► **Bertrand Pacé.** «Observad la superficie del agua. Generalmente, el lugar donde el agua está más marcada a menudo es ¡el lugar donde hay más viento!»

► **Luc Gellusseau.** «Repartid bien los roles a bordo.»

► **Franck David.** «Aprended a conocer vuestro soporte a la perfección y, en pequeños recorridos, tomad referencias con otros participantes.»

► **Christine Briand.** «Calibrad bien la electrónica y dialogad con la tripulación, los trimers dan información muy buena sobre el viento.»

Como se ve aquí en los 470 durante los Juegos de Atlanta, ¡anticipad y mirad lejos!

ANÉCDOTAS REGATISTAS

El viento: ¡un elemento inestable!

► **Bertrand Chéret.** «Es más frecuente de lo que nos imaginamos que veleros cercanos se crucen con spi y, entre dos vientos opuestos, siempre hay una zona de calma. Si tenéis que atravesarla, decidíos rápido y tomad el bordo más corto, incluso si en primera instancia os hunde en la calma. En lagos de montaña, el aire frío se estanca sobre la superficie del agua, lo que no impide que el aire más cálido circule por encima. Se puede navegar con una parte alta del spi bien hinchada y tirando fuerte, mientras que la base estaba a la contra. Recuerdo un largo y extraordinario planeo en Versoix, en el lago Léman, a bordo de un Fórmula 30; mientras tanto, la superficie del agua no tenía absolutamente ninguna marca...»

► **Jean-Yves Bernot.** «Durante una regata en La Rochelle, un participante observa a la derecha un gran barco bien escorado. "¡Seguramente hay viento allí!" exclama. ¡De hecho era Isabelle Autissier probando su quilla pendular "al revés", o sea inclinada a sotavento, a bordo de su 60 pies Open PRB! Seguro que escoraba bien... Pero viento, ¡allí no había!»

► **Nicolas Hénard.** «¡Recuerdo de una pesadilla! En cabeza en Antibes, durante el Ski Voile 1990, con un medio largo de ventaja, llegamos encalmados a la boya. Trasluchamos, ya que hacemos el rumbo a la boya de sotavento. Después de 200 metros en calma, los perseguidores llegan con una fuerte racha, que no dejarán hasta la boya siguiente. ¡Y nosotros nos quedamos plantados 200 metros a sotavento de la boya del largo!»

► **Luc Pillot.** «Semana Preolímpica de Hyères en 470. Viento del este con marejada. En el primer largo de ceñida, el viento rola a noroeste y se pone a soplar a 25 nudos. Los 80 barcos de vela ligera hacen la última remontada con viento portante, ¡haciendo saltos sobre las olas! Después grupos de veinte barcos cruzan la línea al mismo tiempo... ¡Un bonito ejemplo de variación de dirección del viento!»

Luc Pillot:
«Sabed adaptaros a todas las variaciones de viento, incluso las más inesperadas...»

LA INTUICIÓN

4.4. LA OBSERVACIÓN DE LAS RACHAS

» PREGUNTAS A LOS REGATISTAS

¿Cómo haces para determinar que una racha es viento que se abre o viento que se cierra?

• **Jean-Yves Bernot.** «Miro los barcos cercanos y hago una "lectura directa" sobre el agua. A menudo, el sentido de la racha está dada por las marcas más claras que serpentean sobre el agua.»

• **Maud Herbert.** «Bien puede ser que tome una referencia a tierra, o que vea la baliza más próxima y aquella a la que me dirijo, y miro la evolución de mi tabla.»

- **Christine Briand.** «Observo los otros barcos y el desplazamiento de la racha.»

- **Loïck Peyron.** «Intento leer sobre el agua, ¡pero no es fácil!»

- **Philippe Presti.** «Intento dar pruebas de anticipación sobre su desplazamiento, miro el barco a barlovento y el compás.»

- **Franck David.** «Siento el comportamiento de mi flotador y de mi vela. En un viento que se cierra, es una cuestión de apoyo sobre la pierna de delante. Para un viento que se abre, sobre la pierna de atrás.»

- **Alain Gautier.** «Observo la superficie del agua.»

- **Luc Gellusseau.** «Me fío de mis sensaciones y, después, hago una síntesis de los instrumentos.»

- **Bertrand Pacé.** «¡Por su progresión! Por ejemplo, con viento medio del nordeste, si hay progresión, el viento está más bien a la izquierda. Si no hay progresión, el viento está más bien a la derecha.»

- **Nicolas Hénard.** «Miro la alineación o el amontonamiento de los barcos, después verifico en el compás.»

- **Thierry Péponnet.** «En el viento que se abre, el barco se apoya y sólo pide mejorar en rumbo. En el viento que se cierra, la tripulación tiene la desagradable sensación de que el barco se les cae encima.»

- **Luc Pillot.** «Las rachas intensas tienen un sentido de desplazamiento bien marcado, que permite determinar su efecto. Por ejemplo: en estribor, una racha que viene más bien de cara amenaza con ser un viento que se cierra. Por el contrario, si viene por la derecha, con toda probabilidad será un viento que se abre.»

Observad la superficie del agua a barlovento... ¡y a los participantes!

• **Bertrand Chéret.** «Para mí, lo mejor es observar la racha aguas arriba. En un frente en el que el viento arrecia –un cambio duradero–, si la línea del frente parece llegar rápidamente sobre vosotros, el viento que viene detrás tiene muchas posibilidades de ser perpendicular a la línea del frente. Si, por el contrario, la línea llega suavemente a pesar de la claridad de la marca sobre el agua, es probable que detrás el viento llegue en oblicuo, más o menos marcado en el frente. Si se trata de una racha de inestabilidad, leéis bastante bien el contorno. En ceñida, si esta racha parece principalmente delante del barco, hay muchas probabilidades de que el viento se cierre. Si, por el contrario, parece principalmente que pasa detrás, amenaza con abrirse. En portante es casi lo mismo. Si pasa más bien a barlovento, amenaza con cerrarse. Si pasa más bien a sotavento, amenaza con abrirse.»

¿Quién observa las rachas y las variaciones de viento sobre el campo de regatas?

Con poco viento, aquí el triple campeón olímpico Jochen Schumenn en Soling, los tripulantes disponibles no paran de observar el campo de regatas para vigilar la presencia de rachas.

• **Jean-Yves Bernot.** «El tripulante del medio.»

• **Bertrand Chéret.** «Alguien dotado para sentir el viento, frecuentemente el que trabaja con las escotas, lo que no impide que el táctico y el caña vigilen la importancia del fenómeno y juzguen el partido que pueden sacar de la situación.»

• **Luc Pillot.** «El tripulante de proa observa las variaciones próximas al barco, lo que va a obligar a una reacción inmediata para mantener el equilibrio o el buen trimado. El aviso regular permite mantener la concentración. Cabe destacar que, la mayor parte de las veces, la racha es sinónimo de cambio de dirección.»

• **Thierry Péponnet.** «Para las rachas, son los tripulantes que estén disponibles: en ceñida, el número uno; en portante, el trimer de mayor, aunque pueden turnarse según sus obligaciones momentáneas. El timonel echa una ojeada para confirmar lo que le dicen los tripulantes y mantener el hilo conductor. Para las variaciones de intensidad, el que está con la escota generalmente expresa las intensidades instantáneas. En ceñida, es más bien el trimer de mayor. En portante, los trimers de spi.»

• **Nicolas Hénard.** «El que no tiene la carga de la velocidad, o el que puede sin que le cueste demasiado a su rendimiento. Esto depende verdaderamente de los ángulos y de las condiciones meteorológicas.»

• **Bertrand Pacé.** «¡El táctico! En match-racing el tripulante que está al pie del palo.»

• **Luc Gellusseau.** «El táctico y el tripulante de proa, ¡cuando no está ocupado!»

• **Marc Bouët.** «Todo el mundo en lo que se refiere a los indicios lejanos que pueden ser interesantes (humo, nubes, barcos...), los tipulantes "libres" según el ángulo de viento y los barcos (trimer de foque de barlovento en ceñida, trimer de mayor o número uno en portante). Finalmente, el táctico y el navegante, sobre todo en los barcos grandes.»

• **Loïck Peyron.** «Con tripulación, el que esté más disponible para observar...»

¿Conservas los datos recogidos en el campo de regatas?

¿Archivan los regatistas sus notas de los campos de regatas en los que vuelven regularmente a regatear: ensenada de Hyeres, bahía de Quiberon, inmediaciones de Cowes? No todos, a tenor de sus respuestas. Pero también observamos que los «locales», que son sistemáticos en sus «bordos estadísticos» a veces olvidan la observación de fenómenos que con todo son importantes...

Algunos campos de regatas como el Solent (isla de Wight, al sur de Inglaterra) son muy específicos y acogen un gran número de campeonatos. Razón de más para anotar las grandes tendencias...

• **Christophe Auguin, Michel Desjoyeaux, Franck David** y **Luc Pillot** no guardan ningún registro escrito de los campos de regatas ni de las regatas precedentes. «Me ocurre a menudo que tengo que lamentarlo», afirma Franck David, mientras que Luc Gellusseau confiesa que es inútil para eso, «¡y que algunos de sus tripulantes lo hacen muy bien!».
• **Thierry Péponnet, Alain Gautier, Jean-Yves Bernot** y **Maud Herbert** conservan sistemáticamente el registro de sus campos de regatas o de las regatas y los utilizan con regularidad.
• **Christine Briand** toma notas en su ordenador, pero no es sistemática. «Antes de un campeonato, recojo toda la información del campo de regatas», explica. Riguroso, **Philippe Presti** almacena su información en un ordenador por medio de un banco de datos y la utiliza continuamente.
• **Loïck Peyron** anota todo en su ordenador portátil, pero reconoce que no lo emplea sistemáticamente para una nueva regata, al igual que **Bertrand Pacé,** que utiliza una libreta de notas.

Christine Briand anota en su ordenador portátil las especificaciones y la información importante de un campo de regatas... Son raros aquellos y aquellas que lo hacen sistemáticamente.

• **Nicolas Hénard** guarda únicamente un registro de los campos de regatas importantes.
• **Marc Bouët** lo confiesa: «A menudo me reprocho no haber guardado un registro preciso y escrito de los campos de regatas en los que he podido regatear. A pesar de las buenas intenciones, no lo he logrado, sea por falta de ánimo, sea por falta de motivación real». Y se justifica por el hecho de que «la ventaja de la experiencia de un campo de regatas está permanentemente contrarrestada por el riesgo de quedar atrapado en situaciones supuestamente conocidas».
• Finalmente, **Bertrand Chéret,** con cincuenta años de experiencia en regata, observa a menudo que hasta los grandes vuelven a cometer los mismos errores: «El hecho de anotar favorece la memoria de los hechos observados y la importancia del recuerdo de ciertas evidencias».

CAPÍTULO 5 - LA INFORMACIÓN A BORDO

5.1 - Comunicación; totalmente indispensable 66
5.2 - Información; un trabajo de equipo 69

CAPÍTULO 5:

*La buena marcha del barco, el campo de regatas,
los adversarios, el viento, las rachas, las boyas...
En regata, ¡hace falta verlo todo, saberlo todo,
hacerlo todo! Solo, es difícil. Con tripulación,
es algo más sencillo. Para ello, hace falta
información y comunicación.
Pero no de cualquier forma...*

TRIPULACIÓN

5.1. COMUNICACIÓN; ¡TOTALMENTE INDISPENSABLE!

Un buen táctico es también un comunicador. Tiene que saber dar información a la tripulación, explicar la situación y anticipar las que vendrán, a fin que puedan prepararse las buenas maniobras con la antelación deseada.

El táctico recibe igualmente información que tiene origen en el mismo barco. Puede ser un tripulante que avisa de las rachas u otro que avisa que el rival directo ha virado.

Es importante crear esta red de información, a fin de que ningún dato valioso se pierda, que todas las observaciones sean aprovechadas y, sobre todo, que el lenguaje empleado sea bien entendido por todos y siempre interpretado de la misma manera.

Es también deseable que el táctico hable con voz alta. Si mira el compás, por ejemplo, avisa a toda la tripulación cuándo se abre el viento y cuándo se cierra, lo que permite que cada uno comprenda mejor por qué uno ha ganado terreno mientras que otro lo ha perdido. La reciprocidad de información será tanto más pertinente...

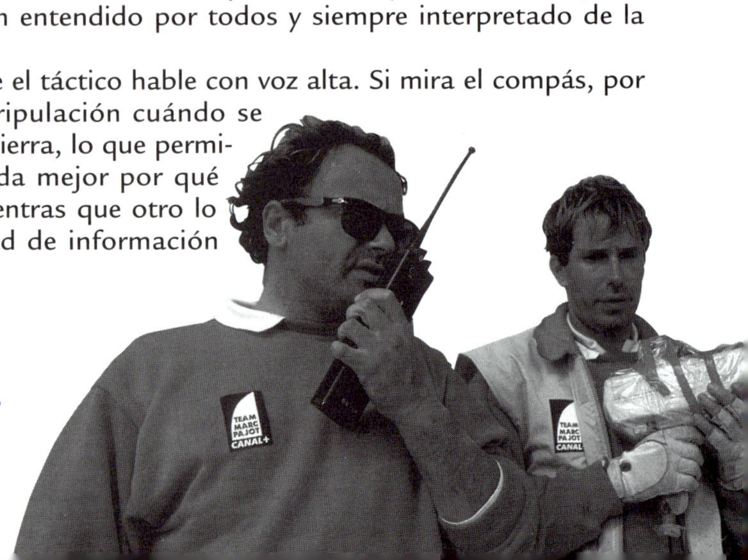

*Bertrand Pacé
y Christian Dumard durante
la Copa América 1995.*

CONSEJOS DE CAMPEONES

Qué se espera de los tripulantes en cuanto a información

► De la tripulación, **Bertrand Pacé** espera objetividad, precisión y regularidad de información. Para él, una buena distribución de las tareas es esencial para que no haya cacofonía a bordo. Además, la organización de la recogida de información permite que no se olvide nada. «Al principio, toda la tripulación se concentraba en el adversario, ¡y nos olvidábamos de mirar el viento o las laylines!»

► **Nicolas Hénard** desea que su tripulante le dé información pertinente y utilizable. «Aquel de los dos que tiene el tiempo de tomar la información la transmite al otro. Al principio, es mejor recoger mucha (demasiada) información y darla toda al otro: con la experiencia, la selección se hará sola.» Pero la comunicación no lo es todo. Y Nicolas Hénard cita esta anécdota para meditar: «Después de dos años de alto nivel con un timonel, hubo un conflicto antes del Mundial de Tornado de 1991. No intercambiamos una sola palabra a bordo durante las seis mangas... y sin embargo acabamos sextos en la clasificación final. De esto se deduce ¡que no es necesario hablar mucho!»

► **Jean-Yves Bernot** considera que lo mejor es la información sencilla y breve. Ejemplo: «Va más rápido» no es una buena información. Sería preferible: «Más viento a barlovento, va más rápido». Esto permite saber si estamos mal trimados o si el viento amaina temporalmente o incluso si hay algas... Por lo que a la recogida de esta información se refiere, «hace falta que haya repetidores a bordo que la seleccionen. Hay que evitar que lleguen juntas demasiadas fuentes al timonel y al táctico. Estos dos deben tener uno o dos interlocutores experimentados que han sabido pescar, y después seleccionar, la buena información. Finalmente, no hay que dudar en dejar flexibilidad, para que puedan surgir las buenas ideas. El tono de la observación es fundamental: nada de pánico, sed constructivos y ¡evitad la observación tipo latigazo!»

► **Marc Bouët** piensa que debe haber ciclos de información en los que estén presentes el rumbo, la posición del barco respecto al recorrido y la flota, y la de los adversarios cercanos (más o menos rumbo, más o menos velocidad). «Cuando se navega al contacto, la información debe ser permanente. Después de la salida hace falta una valoración general –hemos ganado o perdido en separación, en profundidad–, que se dé la posición de los adversarios lejanos (toma de ventaja) y que se prevea el largo siguiente al acercarse a las marcas. La información debe ser precisa y rigurosa (nada de galimatías; palabras simples, y siempre las mismas). En ciertos casos puede ser falsa, pero es más interesante llamar la atención de la tripulación sobre un elemento y suscitar un nuevo análisis diciendo una tontería que callarse por miedo a decirla.»

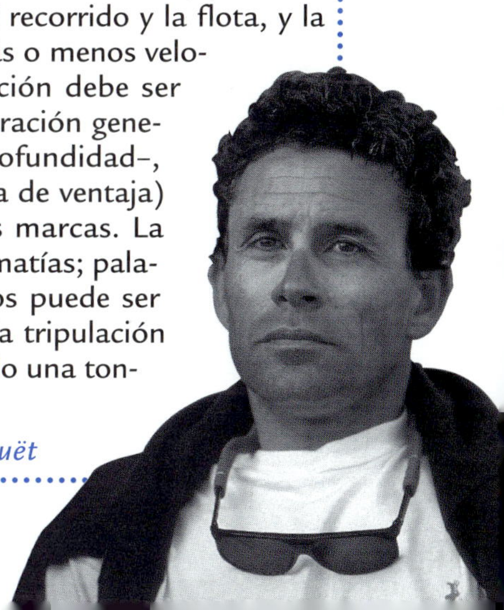

Marc Bouët

► **Luc Pillot** preconiza que a bordo se asignen responsabilidades: «No hay que dudar en implicar a cada uno (por ejemplo, el proel responsable de las maniobras, el encargado de la escota responsable de la comunicación...)».

► **Christine Briand** considera que es importante que la tripulación se habitúe a dar siempre el mismo tipo de información. «Al principio, el error es dejarse inundar de información. Hace falta pues saber limitarse.»

► **Thierry Péponnet** desea de sus tripulantes una información breve, clara y precisa, antes de añadir que debe ser lo más continua y completa posible. «La recogida de la información a bordo se organiza en tres fases: a corto, mediano y largo plazo. A corto plazo, en primer lugar se trata de conocer el viento que afecta al barco, con la lectura del compás, de la veleta y del anemómetro y, en el exterior, el viento inmediato (rachas y caídas), las olas, la velocidad instantánea en relación a los rivales más cercanos (expresado en + y - ángulo y velocidad). A medio plazo, es el viento que vendrá desde la situación actual hasta la boya de barlovento y la colocación con relación al recorrido y a los adversarios. Finalmente, a largo plazo, son los signos de aparición de cambios (nubes, barcos fuera de regata, etc.).»

Para Thierry, lo importante es distribuir un campo de observación y de atención a cada uno, organizar un ciclo, un bucle de información, para que circule bien y signifique un complemento de información o de precisiones. Finalmente, es agradable obtener un «acuse de recibo» del tripulante al que va destinada la información.

Thierry Péponnet y Luc Pillot, campeones olímpicos de 470 en Seúl en 1988: un modelo de rigor en materia de comunicación concisa.

Una cosa es segura, todos los expertos rompen los estereotipos sobre la «soledad» del táctico. Con tripulación, una buena táctica pasa por el compromiso de todo el mundo en la recogida de información y su adecuada difusión. A este respecto, algunos se acordarán quizá del libro de John Bertrand, *«Y el Kanguro derribó al Aguila»*, en el que el patrón australiano, vencedor de la Copa América en 1983 a bordo del *Australia II*, no dice otra cosa...

En los cruces apretados, evitad inundar de informaciones al timonel y al táctico. ¡Seleccionad la información y no guardéis más que lo esencial!

RECOLECCIÓN

5.2. INFORMACIÓN; ¡UN TRABAJO DE EQUIPO!

CONSEJOS DE REGATISTA

Luc Gellusseau y la información a bordo

Campeón del mundo 1995 de Mumm 36 con el *Corum Watches*, patroneado y timoneado por Luc Gellusseau (con el táctico Sébastien Destremeau), es un buen ejemplo de organización de las tareas a bordo, organización optimizada en diez años de regatas de altura al más alto nivel. Esa organización define la persona encargada de cada función y cómo funciona la recogida de información necesaria para la toma de decisiones tácticas y estratégicas. Ese esquema puede ser adaptado a todos los tipos de veleros (Mumm 30, First Class 8, J.24, barcos de cruceros en regatas IRC, HN u ORC Club, etc.).

Luc Gellusseau

Qué anuncian los tripulantes

1 En ceñida

- Nº 1 (proel): olas, rachas y presencia de algas.
- Nº 2 (pie de palo y navegación): posición del barco respecto de las laylines y estrategia.
- Nº 3 (piano): dirección del viento real cada 30 segundos (+ 5° o – 2° en relación al viento medio, definido previamente con el táctico).
- Nº 4 y 5 (trimers de génova): el de barlovento indica los rendimientos en relación a los barcos de barlovento, y el de sotavento, escota en la mano, da el tipo de reglaje.
- Nº 6 (trimer de mayor): intensidad del viento, ayuda al timonel, síntesis de los reglajes y escora del barco.
- Nº 7 (timonel): avance del barco, indicaciones sobre las sensaciones de trimado y sobre la tendencia del viento en intensidad y dirección.
- Nº 8 (táctico): elaboración de esquemas y tipo de elección táctica que aportan grados de riesgo con los términos siguientes (hace falta, se quiere, se desea), por ejemplo, la derecha del campo de regatas en el momento de un cruce.

2 En portante

- Nº 1: situación del desvente de los otros barcos y rendimientos.
- Nº 2: lo mismo que en ceñida, además análisis del largo precedente.
- Nº 3: lo mismo que en ceñida.
- Nº 4 y 5: tensión en las escotas (¡son ellos los que gobiernan el barco!).
- Nº 6: intensidad del viento y asiento.
- Nº 7: indicaciones sobre la tendencia del viento en intensidad y dirección.
- Nº 8: lo mismo que en ceñida.

También es gracias a la perfecta distribución de los roles a bordo que la tripulación mandada por Cedric Pouligny obtuvo la tercera plaza en el Mundial Melges 24 en 2000.

CONCLUSIÓN

La recogida de información no se improvisa. Debe estar bien estructurada, cada tripulante debe tener un rol preciso en la cadena. El lenguaje utilizado es igualmente determinante. Se utiliza siempre la misma palabra para decir la misma cosa. Esto permite estar seguro de que la información está bien entendida por todos. Si bien cada tripulación tiene sus hábitos, podemos citar algunas reglas básicas que en general se adoptan en todos los barcos:

Philippe Presti, Pascal Rambeau y Jean-Marie Dauris en portante con viento fuerte en Soling. A bordo, la cohesión y la comunicación son complementarias e indispensables.

1. Se anuncia la llegada de rachas en largos de barco: «Racha a 5 largos, racha a 3 largos», etc.

2. Si es posible, se anuncia si la racha se abre o se cierra (observando su desplazamiento o su efecto sobre los barcos participantes).

3. Un tripulante anuncia las olas grandes en ceñida gritando: «¡Ola!» No tiene sentido gritar cada ola: hay que saber reconocer aquellas que tienen importancia.

4. Siempre se habla de la velocidad o del rumbo del barco en relación a los barcos rivales. «Menos ángulo, más velocidad» significa que se hace menos ángulo y más velocidad que el barco rival.

5. El táctico anuncia la distancia a la marca en largos de barco a medida que el barco se acerca a ella: «Boya a 5 largos...».

CAPÍTULO 6 - LAS ESTRATEGIAS EN CEÑIDA EN FUNCIÓN DEL VIENTO

6.1 - Estrategia con viento que rola: el principio de la escalera 74
6.2 - Estrategia con viento que oscila 77
6.3 - Estrategia con viento que rola y oscila 80

CAPÍTULO 6:

En ceñida, cada tipo de viento implica la adopción de una estrategia diferente. Por tanto la ruta más rápida no será la misma según que el viento oscile, role, o role y oscile. Es esencial analizar bien la situación antes de la salida y definir la estrategia correspondiente para la primera manga de ceñida.

TÉCNICA

6.1. ESTRATEGIA CON VIENTO QUE ROLA: EL PRINCIPIO DE LA ESCALERA

Para comprender mejor las ganancias y las pérdidas de los veleros en ceñida cuando el viento varía de dirección, imaginemos una escalera cuyos peldaños son perpendiculares al eje del viento. Esta escalera está colgada de la boya de barlovento por el peldaño superior (4). Todos los veleros situados en el mismo peldaño tienen que recorrer una distancia idéntica para alcanzar la boya de barlovento. Esto es cierto sea cual sea el recorrido que se haga. El vencedor será por tanto quien suba lo más rápidamente posible estos peldaños *(figuras 1 y 1 bis).*

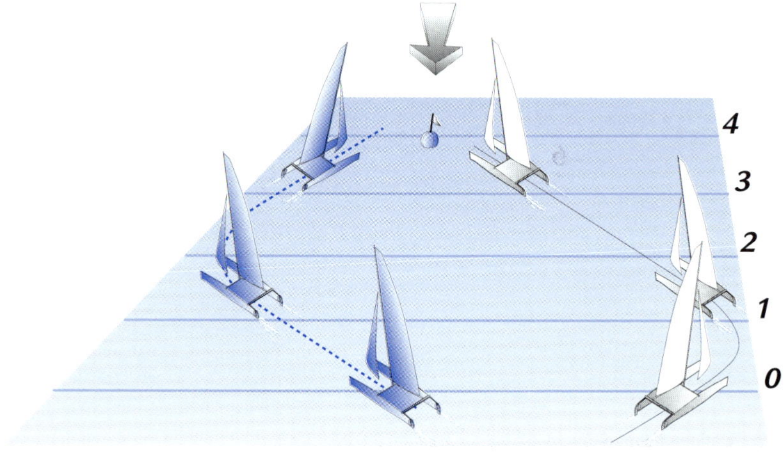

1 *Estos dos catamaranes están situados en el mismo peldaño.*

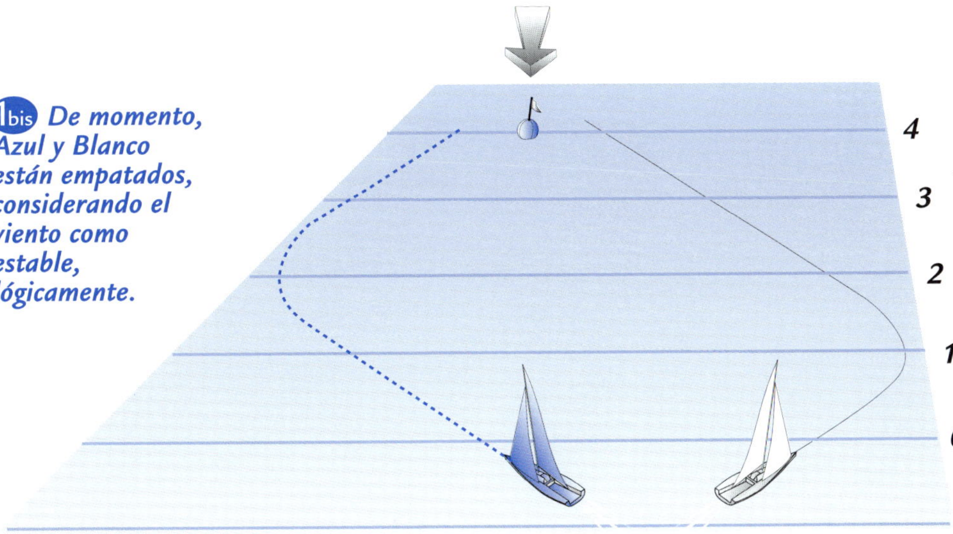

1bis ***De momento, Azul y Blanco están empatados, considerando el viento como estable, lógicamente.***

• Si el viento rola a un lado o a otro, la escalera pivota en consecuencia. El objetivo es entonces sacar provecho de esta rolada con el fin de subir más rápidamente los peldaños. De ahí la importancia de seguir atentamente la dirección del viento.

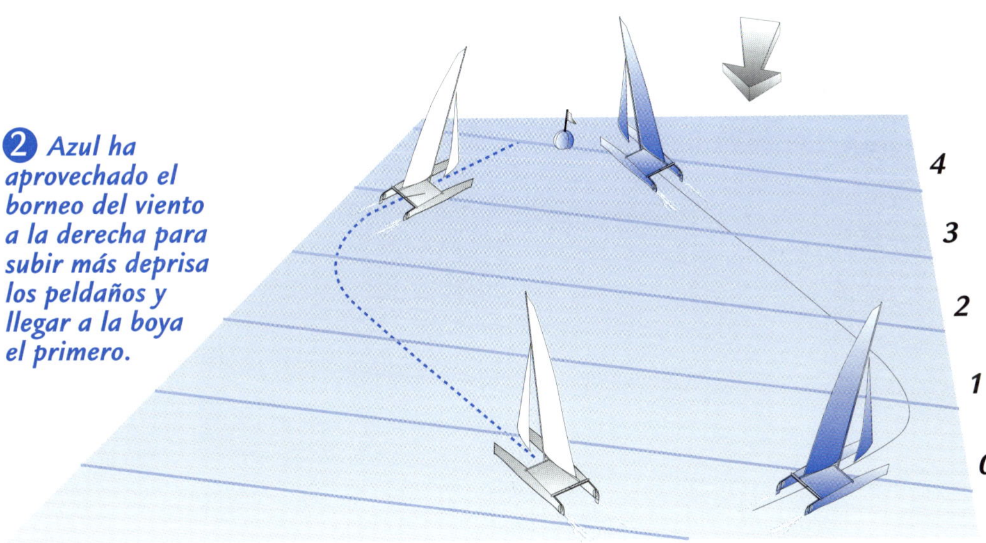

2 ***Azul ha aprovechado el borneo del viento a la derecha para subir más deprisa los peldaños y llegar a la boya el primero.***

• Si el viento rola a la derecha, la escalera, siempre en el eje del viento, se inclina hacia la derecha. El velero azul, que está en la derecha del campo de regatas, o sea del lado de la rolada, ahora tiene que subir menos peldaños para llegar a la boya de barlovento que el barco blanco, que está a la izquierda *(figura 2)*.

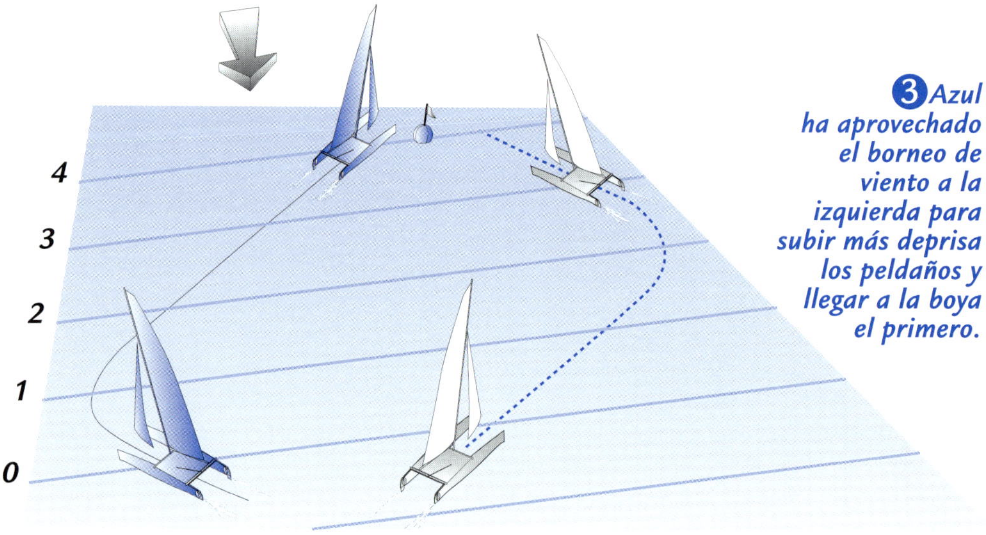

③ Azul ha aprovechado el borneo de viento a la izquierda para subir más deprisa los peldaños y llegar a la boya el primero.

• Inversamente, si el viento rola a la izquierda, el velero azul, que está en la izquierda del campo de regatas, tiene ahora menos escalones por subir para alcanzar la boya de barlovento que su rival blanco que está en la derecha del campo de regatas *(figura 3)*.

► *Podemos pues enunciar la siguiente regla:*

- **En una rolada de viento en ceñida, vamos a la derecha del campo de regatas si el viento bornea a la derecha. Vamos a la izquierda del campo de regatas si el viento rola a la izquierda.**
- **Entonces, en un borneo de viento, la remontada ideal en ceñida se realiza en dos bordos con una sola virada.**

En una rolada de viento a la izquierda, los barcos amurados a babor tocarán los primeros el nuevo viento.

Además, navegando en ceñida en el lado bueno del campo de regatas, o sea del lado de la rolada, se toca el nuevo viento antes que los barcos mal posicionados, lo que no hace más que ampliar la ventaja. Por eso, es aún más interesante estar situado en el lado bueno.

TÉCNICA

6.2. ESTRATEGIA CON UN VIENTO QUE OSCILA

Con régimen de viento oscilante, ya no se trata de apostar por un gran golpe optando por un lado del campo de regatas. Debemos adoptar un comportamiento más laborioso, que consiste en aprovechar cada oscilación para ganar un poco de terreno.

Retomemos la escalera descrita anteriormente. Sigue suspendida de la boya de barlovento por el peldaño superior y permanece perpendicular al viento. Cuando el viento oscila, la escalera se mueve en consecuencia. El objetivo es alcanzar lo más rápidamente el peldaño superior aprovechando las oscilaciones del viento.

La posición vertical de la escalera representa la dirección media del viento en nuestro ejemplo. Debemos navegar siempre sobre el borde que permite ascender lo más rápidamente posible estos peldaños.

Con viento oscilante, no hay que dudar en aprovechar cada oscilación para estar en el bordo que permita subir los peldaños lo más pronto posible.

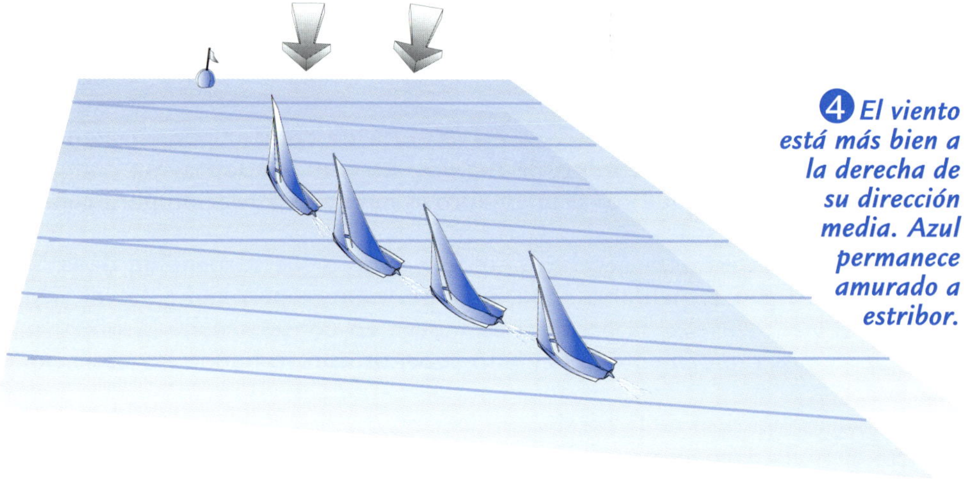

4 ***El viento está más bien a la derecha de su dirección media. Azul permanece amurado a estribor.***

De esta forma, cuando el viento está a la derecha de la dirección media, navegamos amurados a estribor *(figura 4)*.

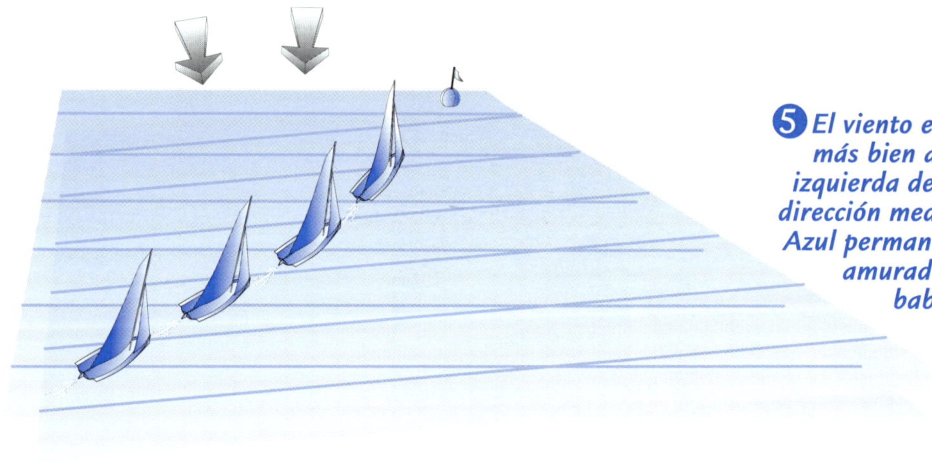

5 ***El viento está más bien a la izquierda de su dirección media. Azul permanece amurado a babor.***

Cuando el viento está más a la izquierda de la dirección media, navegamos amurados a babor con el fin de subir más rápidamente los peldaños *(figura 5)*.

Todo ello nos lleva a navegar siempre con un viento que se abre más que el viento medio. Es así como subimos la escalera lo más rápidamente.

Entonces podemos enunciar la regla siguiente:

- **Cuando el viento está a la derecha de la dirección media, se navega amurado a estribor.**
- **Cuando el viento está a la izquierda de la dirección media, se navega amurado a babor.**

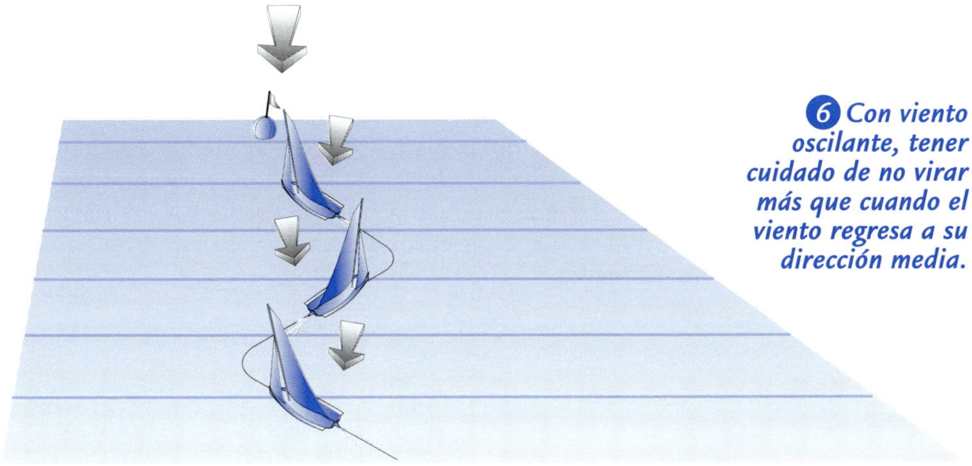

6 ***Con viento oscilante, tener cuidado de no virar más que cuando el viento regresa a su dirección media.***

Por lo tanto, con viento oscilante, **la remontada al viento se realiza con tantos bordos como oscilaciones.** Viramos de bordo a partir del momento en que el viento regresa a su dirección media *(figura 6).*

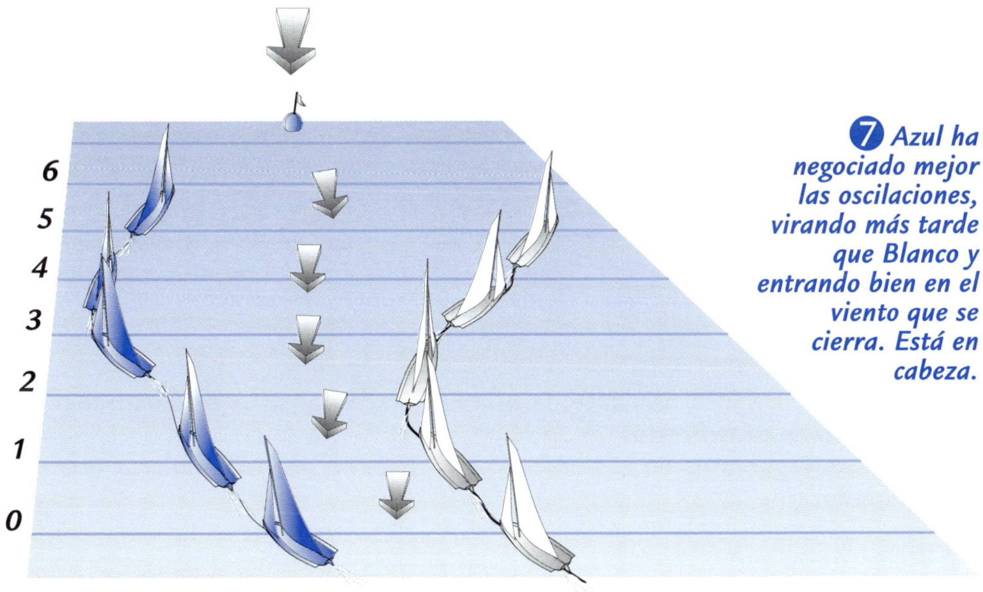

7 ***Azul ha negociado mejor las oscilaciones, virando más tarde que Blanco y entrando bien en el viento que se cierra. Está en cabeza.***

Tener cuidado de no cometer un error frecuente, **que consiste en virar en cuanto el viento empieza a cerrarse.** Antes de virar debemos esperar a que el viento haya regresado a la dirección media. Después de haber virado, en un primer momento el viento se abre. Llega entonces el momento en el que la oscilación está en su máximo. El viento inicia su regreso hacia el viento medio. Percibimos que el viento se cierra. No obstante no hay que virar, ya que el viento es aún más abierto que el viento medio. En la figura 7, en un primer momento el viento se abre para el barco azul, después de nuevo se cierra. Por tanto el azul asciende siempre más deprisa que el blanco.

Hay que aprender a ser paciente y saber esperar a que el viento vuelva a su dirección media -o sea la escalera en su posición vertical-, antes de virar. Navegamos la mitad del tiempo con viento que se abre y la otra mitad con viento que se cierra.

La clave del éxito radica en determinar bien la dirección media del viento, lo que no siempre es fácil. Navegar en ceñida antes de la salida, anotando bien los rumbos de compás medios y extremos en cada bordo, ayudará a definir mejor esta dirección media. En regata, no cesaremos de anotar los rumbos en cada bordo para validar el viento medio.

Sea cual sea el barco –aquí Pierre Pennec y Yann Guichard, cuartos en los juegos Olímpicos de Sydney en Tornado–, determinad bien el rumbo medio en cada bordo.

- **En ceñida, con viento oscilante, la primera etapa consiste en determinar un rumbo medio en cada bordo.**
- **Después navegaremos en el bordo donde el viento sea más abierto que ese viento medio.**

TÉCNICA

6.3. ESTRATEGIA CON VIENTO QUE ROLA Y OSCILA

Navegar con un viento que rola y oscila es muy frecuente. Las referencias que constituyen los rumbos medios en cada bordo con viento oscilante no son de ninguna ayuda, ya que evolucionan permanentemente; de ahí la dificultad de la situación. No se pueden despreciar las oscilaciones. Adoptamos pues una estrategia que busca limitar los riesgos: aprovechamos el borneo jugando a la vez con las oscilaciones.

8 Si el viento rola a la derecha, debemos ir hacia la derecha del campo de regatas. Cuando el viento se cierra mucho, viramos para volver a centrarnos.

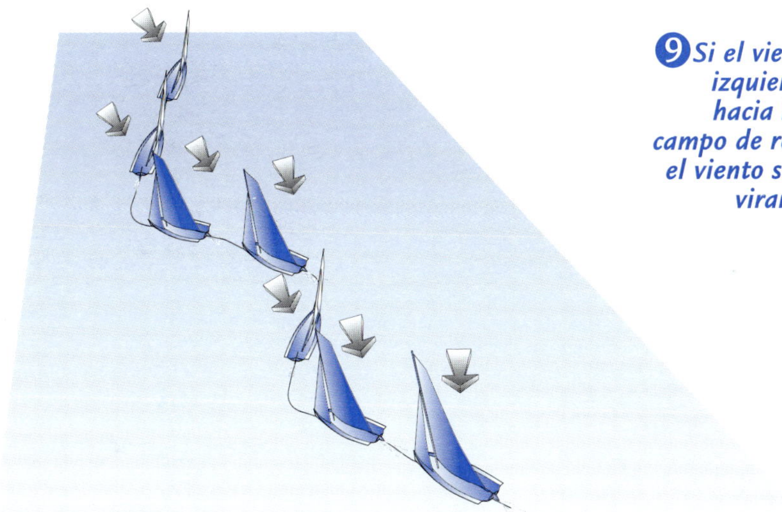

9 Si el viento bornea a la izquierda, debemos ir hacia la izquierda del campo de regatas. Cuando el viento se cierra mucho, viramos para volver a centrarnos.

La ceñida con viento que rola y oscila (aquí los JOD 35 frente a los acantilados de Dieppe) es algo muy delicado, dado que los rumbos medios en cada bordo evolucionan permanentemente. Se pueden ganar puestos... ¡pero también es posible perderlos!

CAPÍTULO 7 - PREPARACIÓN DE LA SALIDA; EN TIERRA

7.1 - El Reglamento y las Instrucciones de regata *84*

7.2 - Las informaciones sobre el campo de regatas *89*

7.3 - Las informaciones sobre los competidores *91*

CAPÍTULO 7:

Una regata no se gana sólo en el agua.
Antes del cañonazo, existe todo un trabajo
preparatorio fundamental que es para el táctico.
Éste debe estudiar y desmenuzar las reglas
e Instrucciones de regata, las previsiones
meteorológicas y sus rivales.

La preparación en tierra es un factor clave del éxito. Un buen táctico debe recoger toda la información que esté a su disposición con el objeto de salir con las ideas claras. Esta información concierne esencialmente a tres ámbitos:
- el Reglamento y las Instrucciones de regata;
- el campo de regatas;
- los participantes (clasificación y, si es el caso, los *ratings* para las regatas con tiempo compensado).

LAS REGLAS DEL JUEGO

7.1. REGLAMENTO E INSTRUCCIONES DE REGATA

El Reglamento y las Instrucciones de regata (las «IR» en la jerga) definen las reglas y los procedimientos a los que estará sujeto el desarrollo de la prueba. Son las reglas del juego. Es pues esencial leerlas atentamente, memorizarlas bien y, llegado el caso, comunicar bien el contenido a los otros miembros de la tripulación. Hemos visto que en barcos de crucero, los campeones las guardan a bordo. En vela ligera, algunos anotan sobre la cubierta o la botavara las partes esenciales (procedimiento de salida, cambios de recorrido, llegada, números de vela de los rivales peligrosos, etc.).

⏩ PREGUNTA A LOS REGATISTAS

¿Cómo lees las Instrucciones de regata?

Salvo **Loïck Peyron,** que confiesa no hacerlo sistemáticamente (eso le jugó una mala pasada en la Fastnet 1997, ya que *Fujicolor II* no cruzó correctamente la línea de salida y fue descalificado...), todos los regatistas preguntados leen las Instrucciones de regata (o «IR») y las subrayan, ya sea con un lápiz, ya sea con un rotulador fosforito. **Bertrand Pacé** no duda en releerlas dos o tres veces. Una cuarta parte de los regatistas preguntados anotan además los puntos esenciales en un pequeño cuaderno, y **Michel Desjoyeaux** dibuja las banderas. Para localizar los puntos clave de las Instrucciones de regata durante la manga, una cuarta parte las memorizan, los windsurfistas **Franck David** y **Maud Herbert** lo hacen «*por necesidad*». La gran mayoría las guarda en un clasificador estanco que permanece dentro del barco o en cubierta, mientras que una cuarta parte escribe los puntos esenciales sobre cubierta o la botavara (vela ligera), incluso sobre la vela (tabla). Finalmente la mayoría memoriza los puntos esenciales.

Todos, sin excepción, comunican la IR a la tripulación la vigilia de la regata, para que pueda ser leída por todos. Todo depende del tipo y el tamaño del barco, por tanto del número de tripulantes. **Luc Gellusseau** (regata de altura) confiesa que los tripulantes raramente las leen, excepto el timonel y el táctico, pero **Nicolas Hénard** (Tornado) no duda en leerlas con su timonel con bastante anticipación a la vigilia de un gran campeonato. Igualmente todos organizan un pequeño *briefing*, una sesión informativa, antes de la prueba, para exponer los puntos esenciales de las Instrucciones de regata, ya sea con la tripulación, ya sea con los otros miembros del equipo francés, sobre todo los solitarios (Laser, Europa, Finn y tabla de windsurf).

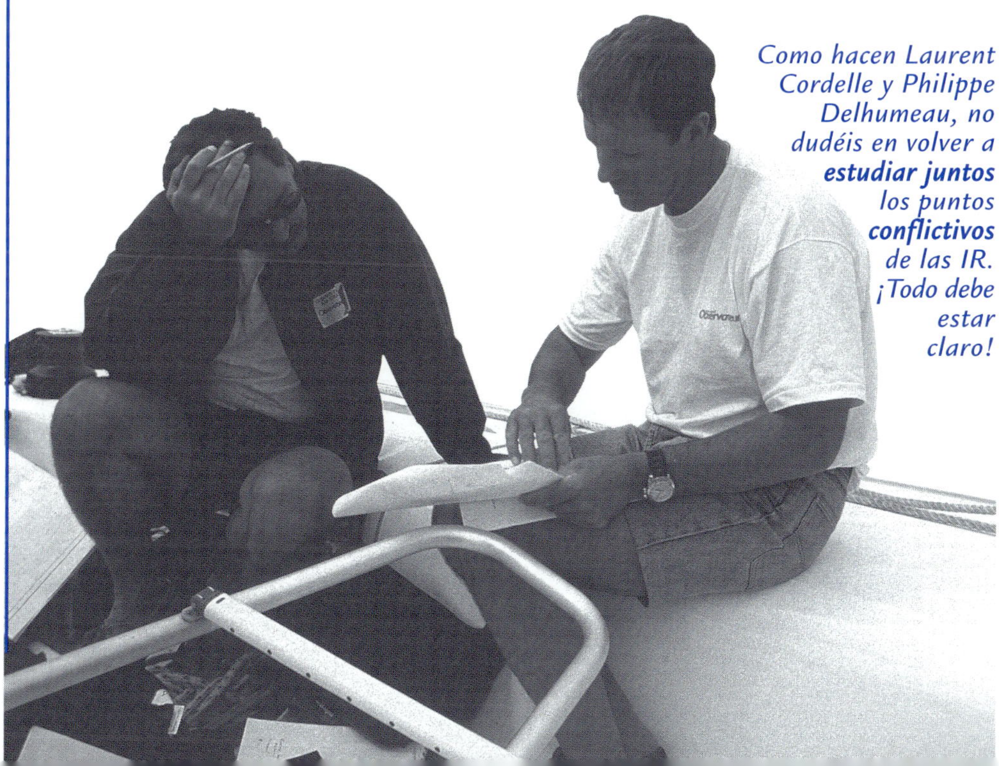

Como hacen Laurent Cordelle y Philippe Delhumeau, no dudéis en volver a ***estudiar juntos*** *los puntos* ***conflictivos*** *de las IR. ¡Todo debe estar claro!*

CONSEJOS DE LOS CAMPEONES

Cómo asimilar y utilizar las Instrucciones de regata

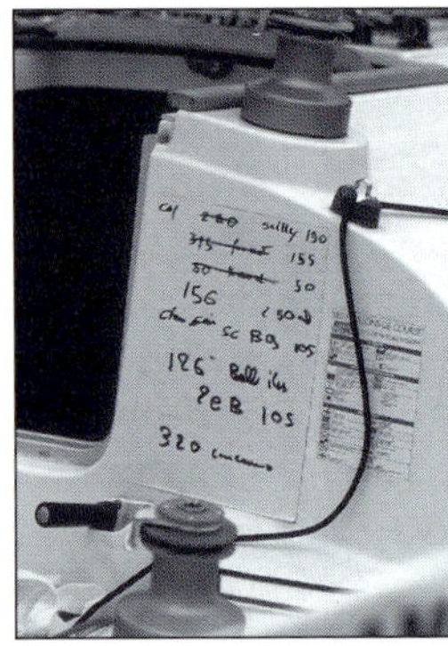

► **Luc Gellusseau.** «Retened lo principal (regla del minuto, banderas, procedimiento de cambio de recorrido, hora de salida, línea de salida y de llegada, y color de las boyas). Procurad memorizar los tipos de recorrido con sus banderas y los procedimientos de control antes de salir del puerto, ¡sobre todo en pruebas como la Spi Ouest-France![1]»

► **Franck David.** «Obligaos a leerlas y asimilad bien todo antes de salir a navegar... ¡Un regatista no puede permitirse un error por no conocer las IR!»

► **Bertrand Chéret.** «No dudéis en preguntar al comité de regata, pero no durante la salida: en los cinco minutos antes puede ser considerado como una ayuda exterior, y el comité no os puede responder. Y si preguntáis a otro participante, ¡no os equivoquéis de persona! Finalmente, no os fiéis a priori de la flota ni de los "campeones", si a vosotros os parece que se equivocan... ¡verificadlo todo vosotros mismos!»

► **Michel Desjoyeaux.** «Leed rigurosamente las IR y no olvidéis las modificaciones de las Instrucciones que a veces cambian completamente las cosas. A menudo, son estas instrucciones las que hay que seguir atentamente (cambio de horario, nuevo recorrido, etc.).»

1. Regata en la que participan más de 500 barcos de regatas oceánicas. *(N. del T.)*

A Bertrand de Broc le gusta aislarse bien para leer las IR.

► **Luc Pillot.** «A veces tenemos la impresión de que leemos cien veces la misma cosa, hasta que un día hay un punto que difiere. ¡No hay que dejarlo escapar!»

► **Bertrand Pacé.** «¡No dudéis en preguntar al comité o a otros participantes sobre los puntos que os parecen confusos!»

► **Marc Bouët.** «Sed muy precisos con el procedimiento de salida, de llamada, las penalizaciones, los recorridos y cambios... y sobre todo con aquello que se escapa de las IR tipo.»

► **Christine Briand.** «Nueves veces de cada diez, son las mismas de siempre. ¡Cuidado con la décima! ¡Leedlas pues atentamente!»

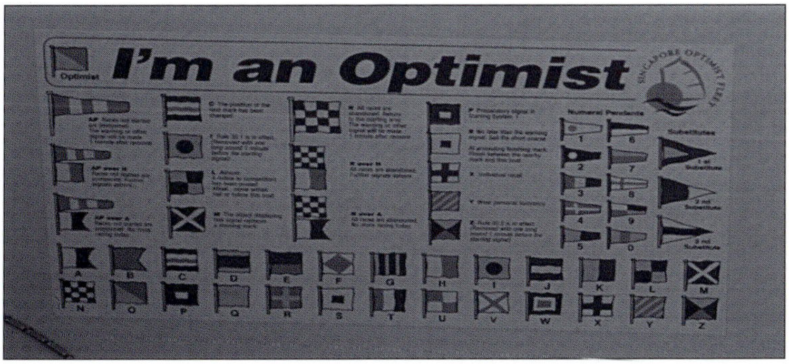

Pegar a bordo el Código internacional de banderas de regata es absolutamente necesario, pero en ningún caso reemplaza una lectura atenta y profunda de las Instrucciones de regata. ¡Aunque no sean apasionantes!

► **Nicolas Hénard.** «Leedlas individualmente, después hablad con los demás, a fin de aclarar todas las incomprensiones.»

► **Thierry Péponnet.** «Nunca dejéis zonas oscuras; todo debe estar perfectamente claro.»

► **Jean-Yves Bernot.** «Cread distintos escenarios entre dos o tres, para ayudar a memorizarlos. Por ejemplo, ¿qué bandera para un recorrido costero con boya de desmarque a estribor? ¿Cuándo presentamos reclamación? etc.»

No olvidéis consultar el tablón de anuncios oficial y las modificaciones de las instrucciones (nuevo horarios, cambio de recorrido, boyas modificadas, etc.).

▸▸ ANÉCDOTAS

¡Instrucciones que se deberán seguir al pie de la letra!

► **Luc Gellusseau** (Japanese Cup 1995, en Mumm 36).
«Las instrucciones estaban enteramente en japonés, ¡e incluso nuestros tripulantes locales no entendían cómo estaba fondeada la llegada de un recorrido costero! Entonces, nos acercamos al barco-comité, que nos indicó en qué sentido había que cruzar la línea; en este caso, en sentido contrario a las reglas de la ISAF, pero bueno...»

► **Luc Pillot** (circuito mundial de match-racing 1996).
«En ocasión de una reciente prueba, había leído atentamente las IR. El fin de semana, el comité, para ganar tiempo, nos envió a hacer un recorrido acortado (una vuelta en lugar de dos). Nadie a bordo vio la bandera e hicimos las dos vueltas... ¡como hizo nuestro adversario, por cierto! La costumbre juega estas pasadas; habíamos obviado el control de las banderas del barco de comité.»

► **Bertrand Pacé** (Internacionales de Francia de match-racing, 1996).
«Contra Ed Baird, el comité de regatas izó la bandera «S» (una sola vuelta). El americano no la vio y partió de nuevo en cabeza para una segunda vuelta. Le seguimos y, en el último momento, abatimos a fondo hacia la línea, ¡y ganamos la manga!»

► **Marc Bouët** (Brut Cup 1996 en Sète).
«Es una anécdota dolorosa. Durante la final de la prueba, primera manga contra Russell Coutts: después de dos vueltas, mandamos, pasamos la línea de llegada y arriamos el spi. Russell vira la baliza de sotavento que inicia una tercera vuelta, y una victoria fácil. Indicado antes de la salida por una bandera «A», la tripulación y yo habíamos ignorado magníficamente esta tercera vuelta, ciertamente poco habitual. Este error se explica por una concentración demasiado grande en la regata venidera por parte del timonel y una falta de asignación de tareas a bordo. Un tripulante debe al menos plantear la cuestión: «¿Qué es esa bandera?» o, mejor aún, anunciar a la tripulación: «Atención, ¡está regata es a tres vueltas!».

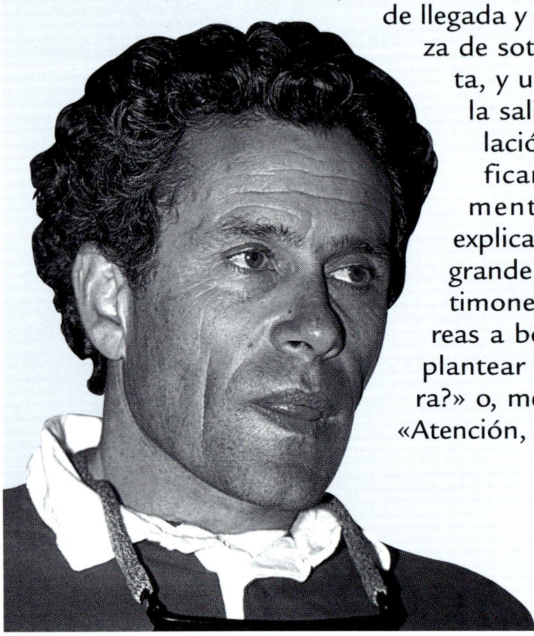

Hasta los regatistas de alto nivel pueden ser sorprendidos, si por ejemplo no verifican una bandera durante la salida.

► **Christine Briand** (campeonato de Europa de J.24 en Medemblick, 1994). «En el transcurso de este campeonato, las IR precisaban que, en el primer paso a barlovento, la boya de desmarque del pequeño largo debía ser rodeada, ¡pero en el segundo paso, no! Poco habitual, esta configuración había pasado inadvertida a la mayoría de los participantes a la hora de leer las IR. Sólo algunos barcos hicieron el buen recorrido, el resto alargó la ruta de forma significativa.»

► **Jean-Yves Bernot** (Admiral's Cup y regatas del RORC en general). «Las regatas del RORC, empezando por la Admiral's Cup, generan una abundante literatura para las IR. Estas últimas están en un dosier con el escudo del club, e incluye literatura que nadie lee... Pero sucedió que, durante mucho tiempo, estaban escondidas en el texto las zonas prohibidas del Solent, en particular la boya amarilla Trap ¡que se debe dejar al sur frente al fondeadero de Cowes! ¡Muchos franceses se han equivocado aquí! Conclusión: no dejar nada al azar.»

METEOROLOGÍA

7.2. LA INFORMACIÓN SOBRE EL CAMPO DE REGATAS

El lugar donde se desarrolla la regata proporciona preciosas indicaciones sobre el tipo de viento que es probable encontrar.

La información meteorológica que se pueden obtener antes de la salida de la prueba ayudará al táctico a definir mejor su estrategia y a comprender mejor el tipo de situación en la que se encuentra (viento que rola, viento que oscila o que rola y oscila). Esta información es de dos tipos: las tendencias generales en el campo de regatas, como la intensidad y la dirección del viento térmico o los fenómenos debidos al relieve (ver la obra de Jean-Yves Bernot, *Vent et régates, les stratégies*, Ediciones FFV-Chiron), y la información sobre la situación meteorológica del momento con la evolución prevista a corto plazo.

Esta información meteorológica será completada enseguida con la que tiene que ver con las corrientes: fuerza y dirección, evolución en el tiempo y el espacio.

▸▸ PREGUNTA A LOS REGATISTAS

¿Cómo obtienes las previsiones meteorológicas?

- el 93 % por el parte expuesto en el club o la capitanía;
- el 93 % mirando las condiciones en el campo de regatas cuando salgo;
- el 50 % mediante una asistencia personalizada;
- el 43 % en un contestador automático por la mañana;
- el 29 % preguntando al navegante (cuando hay tripulación);
- el 22 % mediante un sistema «on line» (Internet, Minitel...);
- el 22 % preguntando al entrenador;
- el 7 % mediante el teléfono móvil.

(Los regatistas podían escoger varias respuestas.)

El briefing de patrones, como lo vemos aquí durante el Tour de Francia a vela, implica siempre un boletín meteorológico a cargo de un profesional, lo que permite precisar la propia previsión.

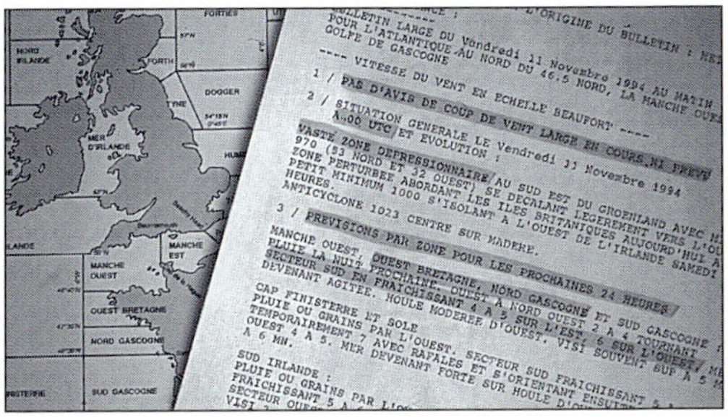

Aparte del boletín local «costero», no está de más conocer la situación general referente a un entorno marino más amplio, incluso para un recorrido costero.

ARITMÉTICA

7.3. LA INFORMACIÓN SOBRE LOS COMPETIDORES

El táctico o el timonel siempre debe tener en la cabeza la clasificación general de la prueba en curso. Esta clasificación será a menudo determinante en las decisiones tácticas. Podremos escoger de marcar un rival u otro en función de la separación en puntos con este último.

En las pruebas que se disputan con tiempo compensado (IRC, HN...), el táctico no olvidará la lista de ratings o handicaps con la equivalencia en tiempos.

Esto permite saber cómo nos situamos con respecto al resto de la flota. De nada sirve hacer viradas inútiles para marcar un competidor al que se le da un minuto por hora. Inversamente, es interesante ser paciente y saber terminar justo detrás de un barco que tiene un rating más grande.

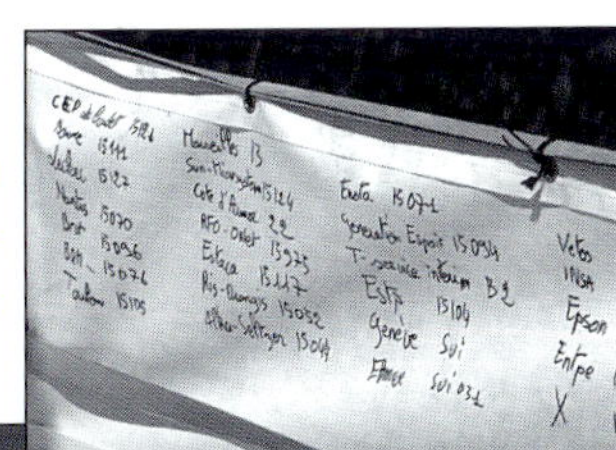

Las lonas laterales del numeral también sirven a menudo para anotar los números de vela de los rivales cuya clasificación debe ser vigilada.

CAPÍTULO 8 - PREPARACIÓN DE LA SALIDA; EN EL AGUA

8.1 - Antes de la salida propiamente dicha 94
8.2 - Evaluar la línea de salida 100
8.3 - La corriente 107
8.4 - Definición de la estrategia antes de la salida 108
8.5 - ¿Con qué velas salir? 113

CAPÍTULO 8:

En pruebas en las que se miden regatistas profesionales y amateurs (Spi Ouest France, Tour de Francia a vela), impresiona ver que los primeros parece que ya estén en regata bastante tiempo antes de la señal de atención. Toda la fase anterior a la salida es esencial. Permite llegar a los diez minutos calentado, habiendo hecho una primera selección de la información sobre el viento, la corriente, el recorrido...

PROCEDIMIENTO

8.1. ANTES DE LA SALIDA PROPIAMENTE DICHA

Cada uno tiene su método para prepararse antes de la señal de atención. Esta preparación es primordial. Vamos a ver que los campeones entran en el juego bastante antes del cañonazo.

Las fases básicas de esta preparación son el calentamiento de la tripulación, la medida de la línea de salida, la observación del campo de regatas, la elaboración de la estrategia y, para algunos, los timings en la línea de salida. No existe procedimiento ideal. Cada campeón tiene sus trucos. No obstante hay un punto en común: un método que siguen sistemáticamente antes de la salida. Esto presenta numerosas ventajas: eliminar una parte de la tensión aplicando siempre el mismo procedimiento, eliminar lo imprevisto, no olvidar los puntos importantes, calentarse física e intelectualmente.

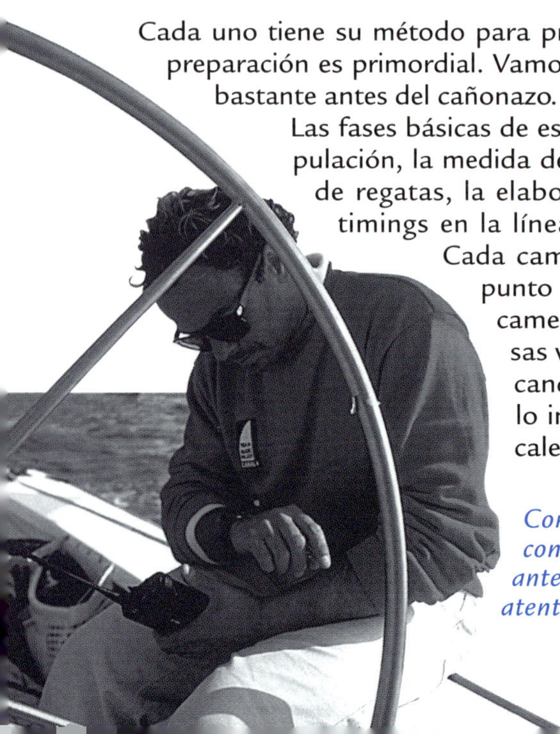

Como hace Bertrand Pacé, controlad regularmente la hora antes de la salida. Y permaneced atentos en el canal VHF de la regata.

CONSEJOS DE CAMPEONES

Qué hay que hacer antes de la salida

► **Thierry Péponnet.** «Hay que estar en la zona de 30 a 40 minutos antes de la salida. Organizo el calentamiento de la forma siguiente: bordos de ceñida, viradas, calibración de la electrónica y características del viento. Una maniobra de izado de spi permite «despertar», reconcentrar toda la tripulación y bajar hacia la línea de salida. Finalmente, acabamos sistemáticamente con timings de salida.»

► **Luc Pillot.** «Navego en ceñida y en portante para tomar referencias con el compás. Eventualmente, para un recorrido costero, me pongo en el rumbo de la baliza tras la boya de desmarque. Tomo la línea y determino para qué rumbo es neutra. Finalmente, efectúo siempre una marcha atrás para liberar la hélice de eventuales algas, observo la corriente y hago un ensayo de timing.»

► **Christine Briand.** «Además de determinar los rumbos, navegar sobre los dos bordos tanto de ceñida como de portante, efectúo siempre una marcha atrás y observo las banderas en el barco-comité, antes de hacer una pasada de prueba de velocidad, si es posible con otro barco. Finalmente controlo los reglajes con la tripulación.»

► **Marc Bouët.** «No tengo un procedimiento sistemático... pero todas las tareas definidas anteriormente (bordos de ceñida y de viento portante y anotación de los rumbos, concretar meteorología, medición de la corriente, marcación de la línea, del viento, comer...) deben realizarse. Para mí, el orden poco importa.»

► **Nicolas Hénard.** «Después del procedimiento clásico (bordos de ceñida y de viento portante, anotación de los rumbos, concretar meteorología, medición de la corriente, marcación de la línea y del viento, beber y comer), elaboro la estrategia con precisión para la salida, después la primera ceñida... y con menos precisión para la continuación de la manga.»

► **Maud Herbert.** «En la tabla de windsurf, como no se dispone de compás ni de otras posibilidades de hacer marcaciones, trato de identificar las rachas en el agua, para saber su procedencia, a fin de hacerme una idea del lugar donde hay que partir.»

► **Bertrand Chéret.** «Siempre que es posible (¡lo que es raro!), me gusta salir pronto al campo de regatas; eso me permite olvidarme de la excitación de los parkings y los pantalanes, de impregnarme y medir el viento, de verificar la meteorología... Tras el procedimiento clásico (marcaciones, reglajes del barco,

Maud Herbert antes de la salida.

determinación de los ángulos de ruta óptimos, límites de ruta con spi, preparación de los diferentes escenarios estratégicos en función de la posible evolución del viento y de las reacciones de la flota), anoto de nuevo los puntos que habrá que supervisar de forma particular. Finalmente, regreso a la línea de salida para observar tranquilamente a los participantes, su material, su evolución, y no dudo en arriar las velas para no cansarlas inútilmente.»

► **Philippe Presti.** «Me caliento en los dos bordos de ceñida anotando los rumbos límite, después establezco mi estrategia según el sistema de viento del día. Me acerco a la zona de salida con viento en popa, para ver la amura en que se baja mejor con las olas. Sobre la línea de salida, simulo timings en los distintos extremos, después sigo la línea en toda su longitud para sentir y ver bien su límite. Después, justo antes de la señal de atención, efectúo un período dinámico, con cinco viradas seguidas de cinco trasluchadas, antes de ir a colocarme cerca del barco-comité para controlar el tiempo que queda.»

► **Michel Desjoyeaux:** «Levanto la nariz para mirar las nubes y confirmar el velamen adecuado para el tiempo, y mido la corriente. Marco la línea con el compás del mamparo y miro cómo cruzan la línea uno o dos barcos, o me pongo proa al viento en medio de la línea. En Figaro Bénéteau, observo también las prolongaciones de la barra de escota para ver quién, entre el barco-comité o la boya, está más avanzado, antes de determinar el viento. Paso finalmente cerca del barco-comité, anoto el recorrido, su rumbo o el de la boya de desmarque. En el caso de un recorrido barlovento-sotavento, siempre «fijo» en el GPS la boya del extremo de la línea, que me servirá para el viento portante.»

▸▸ PREGUNTA A LOS REGATISTAS

¿Cómo organizas el calentamiento?

- el 100% navega en los dos bordos de ceñida;
- el 88% marca la línea;
- el 80% mide la corriente;
- el 80% determina el viento;

Al igual que estos Optimist durante el Campeonato del mundo de 1999, no dudéis en ceñir en los dos bordos, con uno o varios contrincantes durante el calentamiento.

- el 80% alcanza la zona de salida a vela;
- el 80% anota los rumbos de ceñida;
- el 75% hace una recapitulación de la meteorología;
- el 68% navega con viento de popa en ambas amuras;
- el 50% anota los rumbos en viento de popa;
- el 50% come antes de la salida;
- el 18% bebe antes de la salida;
- el 6% satisface una necesidad natural.

(Los regatistas podían escoger varias respuestas.)

Cuando sea posible, llegad a la zona de salida a vela y anotad bien los rumbos de ceñida. ¡Ocho campeones sobre diez lo hacen!

La lista de control

Casi todos los regatistas de alto nivel tienen un procedimiento sistematizado que respetan antes de tomar la salida de una prueba, ya sea una manga de 30 minutos o una regata de altura.

Son muchos los que todavía tienen a bordo una lista de control o *check-list* para estar seguros de que no olvidan nada.

En pruebas como la Copa América, en la que los procedimientos son los mismos cada día, esta lista puede ser muy completa. Arranca a menudo tres horas antes de la salida, con la lista del material que se debe embarcar, y acaba cuando suena el cañonazo con la reinicialización de ciertos parámetros en el ordenador de a bordo.

CONSEJOS DE LOS CAMPEONES

La «check-list» del Corum Sailing Team

He aquí, palabra por palabra, la lista de control utilizada sistemáticamente durante una docena de años por el Corum Sailing Team, para todo tipo de campeonatos, tanto antes de un recorrido olímpico como una gran regata. Luc Gellusseau nos la revela a continuación.

- **Organizar el calentamiento:** ceñida, virada, bare-away, trasluchada, arriada clásica, gybe set, «famosa», timing.
- **A 5 minutos de la salida:** orientación línea, estrategia primer bordo, situación línea, laylines, posición boya de barlovento, prueba VHF, verificación del calibrado de la electrónica.
- **A 2,5 minutos de la salida:** confirmar la estrategia de salida, dirección del viento, evaluar el tiempo que separa el barco de la salida.
- **Salida:** viento.

No hay secreto para prepararse bien a la salida. Las diferentes tripulaciones de los barcos Corum han utilizado sistemáticamente durante todos los campeonatos una lista de control precisa y completa, que han aplicado al pie de la letra. Esto permite que no se olvide nada y que se pueda estar concentrado en el objectivo de ganar.

Prepararse bien a la salida

► **Marc Bouët.** «Nunca seáis el último que va al agua. Hace falta tiempo para rebuscar toda la información útil antes de una regata. Navegad, sobre todo en ceñida, para notar bien el viento del día y sus variaciones. Concentraos muy pronto, ya que la regata empieza bastante antes de la señal de atención.»

► **Luc Pillot.** «Acercaos al barco-comité para tomar bien el timing y tomar nota del rumbo a la boya de barlovento. Verificad bien las banderas en función de las Instrucciones de regata y haced un balance de la estrategia. Dad entonces información en consecuencia a la tripulación (o al tripulante). Esto obliga a tener las ideas muy claras.»

► **Thierry Péponnet.** «No os preocupéis demasiado de la meteorología a gran escala si navegáis en un recorrido olímpico en una bahía.»

► **Franck David.** «Verificad lo verificable, sobre todo el material. Comed y respetad el tiempo de digestión. Mirad bien las banderas en tierra y el tablon oficial. Navegad por lo menos 30 minutos antes de la salida, para calentaros físicamente y probar tanto vuestros ajustes como el viento.»

En disciplinas tan físicas como la tabla olímpica –aquí Alexandre Guyader–, y de forma más general en regatas en solitario, alimentaos suficientemente, respetad el tiempo de digestión y ¡calentaos correctamente!

► **Jean-Yves Bernot.** «Llegad pronto al campo de regatas, por lo menos una hora antes de la salida, y navegad en ceñida. Encontrad si es posible un contrincante para hacer bordos de pruebas de velocidad y probad el campo de regatas. Todo el mundo gana con ello.»

► **Bertrand Chéret.** «Estableced vuestro propio razonamiento. Anotadlo, así como el de vuestros tripulantes más competentes (la estrategia puede ser la síntesis de un colectivo), si es posible por escrito, con las razones de vuestra elección. Después de la regata, retomad esas notas y comparad. Evitad copiar a los mejores sin saber el porqué de sus acciones.»

► **Philippe Presti.** «Siempre se llega demasiado tarde a la línea de salida. La regata es una historia que vamos a vivir. Es la historia del viento. Si os habéis perdido el episodio precedente, tendréis dificultad para entender la intriga. Así pues, hace falta situarse bien en una dinámica: no porque se haya constatado algo antes de la salida va a reproducirse una hora más tarde, con una marea diferente o con más sol...»

► **Michel Desjoyeaux.** «Estad suficientemente pronto en la zona de salida para poder estar sosegados. En condiciones poco claras o a caballo entre dos "rangos" de vela, esperad los diez minutos antes de la salida para escoger vuestra vela de proa. Preparad el máximo de cosas antes y procurad seguir vuestro propio ritual, desde la ropa hasta la marcación de la línea.»

Una buena salida pasa por la implicación total de toda la tripulación.

MEDICIÓN

8.2. EVALUAD LA LÍNEA DE SALIDA

En la práctica, es raro que la línea de salida sea equilibrada. Pero entonces, ¿cómo conocer el lado favorable?

Para una salida «clásica» en ceñida, la orientación del viento respecto a la línea es lo que nos indicará el mejor lado. Cuando la línea está perfectamente equilibrada, el viento viene de una dirección perpendicular a la línea. Un participante que sale desde el barco-comité está en igualdad de condiciones con un participante que sale junto a la boya *(ver figura 1)*.

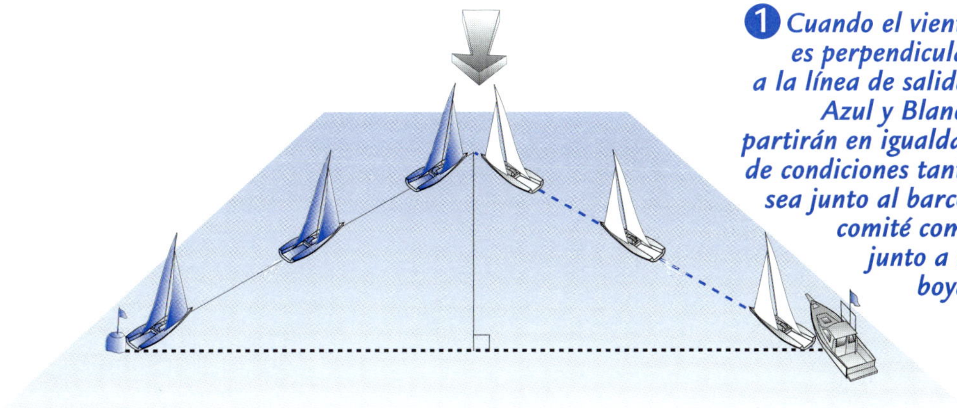

1 Cuando el viento es perpendicular a la línea de salida, Azul y Blanco partirán en igualdad de condiciones tanto sea junto al barco-comité como junto a la boya.

• **Si el viento está a la izquierda de la perpendicular,** el lado izquierdo de la línea es el que está favorecido. El barco que salga a la izquierda cruzará delante del que parta a la derecha *(figura 2).*

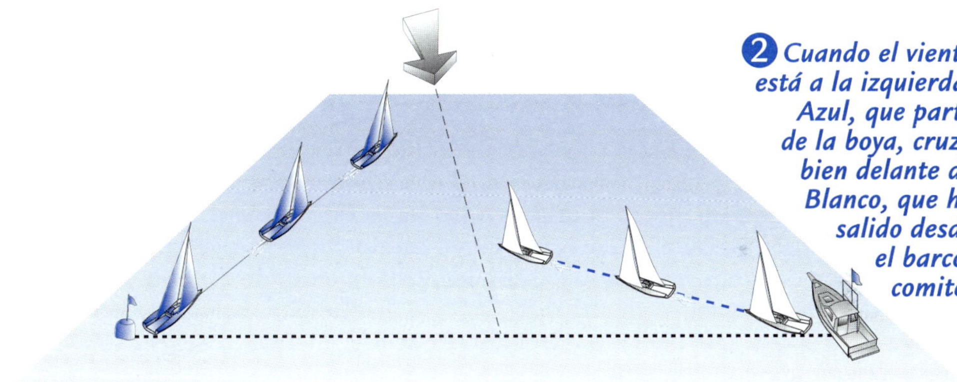

2 Cuando el viento está a la izquierda, Azul, que parte de la boya, cruza bien delante de Blanco, que ha salido desde el barco-comité.

• **Si el viento está a la derecha de la perpendicular,** el lado derecho de la línea es el que está favorecido. El barco que salga a la derecha cruzará delante del que parta a la izquierda *(figura 3).*

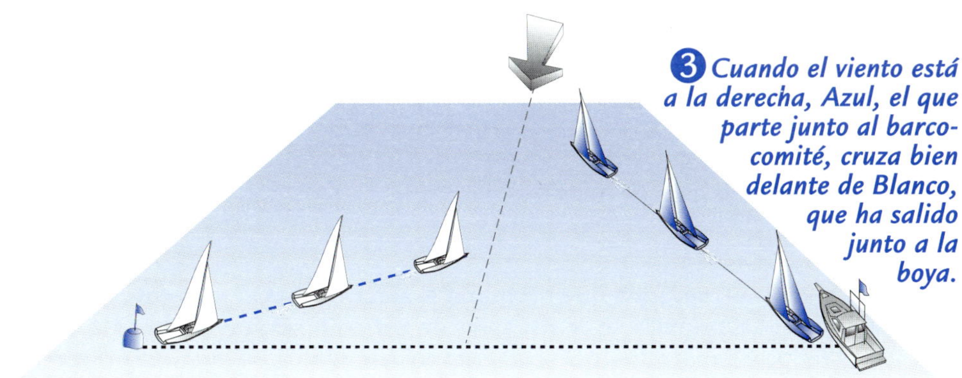

3 Cuando el viento está a la derecha, Azul, el que parte junto al barco-comité, cruza bien delante de Blanco, que ha salido junto a la boya.

Una línea de salida desfasada produce pérdidas y ganancias importantes. De ahí la necesidad de determinar bien esta línea, y por tanto la dirección del viento antes de la salida.

Un pequeño desfase entre la orientación de la perpendicular a la línea y la dirección del viento puede engendrar pérdidas o ganancias considerables. Una salida desde el lado bueno es el primer paso hacia la victoria. La tabla que aparece más abajo da la ganancia o la pérdida para dos barcos que parten de extremos distintos de la línea de salida. Así pues, si la línea mide 500 metros (salida de una flota de 35 barcos de 10 metros), y el viento está desfasado de 10°, la ventaja para el que sale del lado adecuado es de 121 metros, o sea 12 esloras en nuestro ejemplo; ¡considerable!

Longitud de la línea	Viento desfasado de 5°	Viento desfasado de 10°	Viento desfasado de 15°
100 metros	12 metros	24 metros	36 metros
200 metros	24 metros	48 metros	72 metros
300 metros	36 metros	72 metros	108 metros
400 metros	48 metros	97 metros	145 metros
500 metros	60 metros	121 metros	181 metros

Vamos a ver tres métodos que permiten evaluar cuál es el lado favorable de la línea de salida. La primera, que necesita de un compás, generalmente es más rigurosa. Los otros métodos no requieren instrumentos. A menudo podremos utilizar dos métodos, para confirmar correctamente la información.

¿Cómo determinar el lado favorable de la línea con un compás?

Nos situamos fuera de la línea *(figura 4)* y determinamos con un compás la orientación exacta de la línea cuando la boya de salida está alineada con el mástil del barco-comité. El tripulante de proa puede aprovechar para tomar una enfilación a tierra, que le será útil más tarde.

4 Para determinar bien la línea de salida, conviene alinear la boya de la línea con el mástil de banderas del barco-comité.

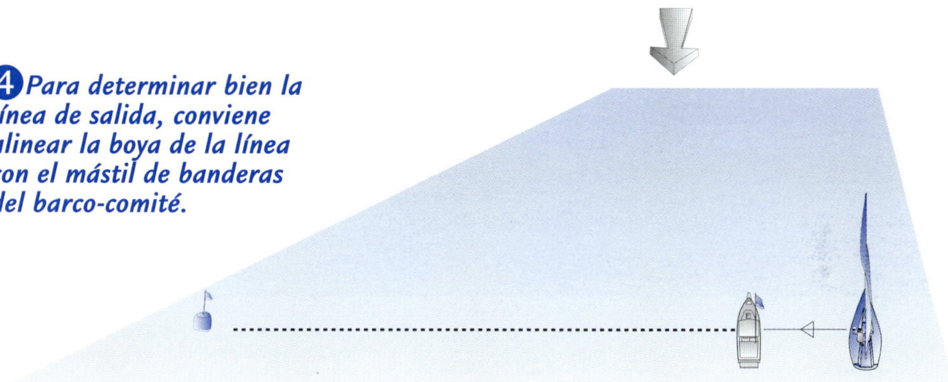

Restamos o sumamos 90° para conseguir la perpendicular a la línea. Esa perpendicular representa la dirección del viento teórica con la cual la línea estaría equilibrada *(figura 5)*.

5 Con una línea establecida en el 270, si añadimos 90°, esto da una dirección del viento del 360 (o 0), es decir, el viento sopla del norte.

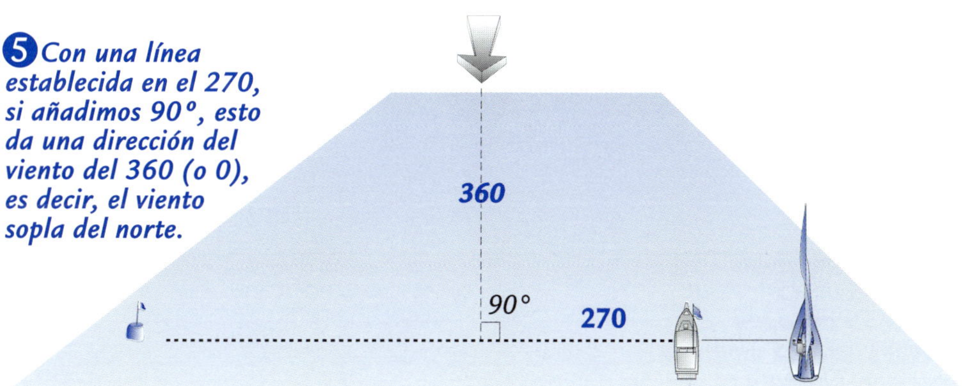

- **Si el viento está más a la izquierda, la línea es favorable a la izquierda.**
- **Si el viento está más a la derecha, la línea es favorable a la derecha.**

Tomemos un ejemplo. Determinamos la línea en el 270. Añadimos 90, lo que nos da 360°. La línea está pues equilibrada para un viento del 0 (norte). Si el viento sopla desde el 350, la línea es favorable de 10° a la izquierda. Si sopla desde el 10, la línea es favorable de 10° a la derecha.

Línea de salida vista desde el barco de control junto a la boya.

- Si la dirección del viento es inferior a la perpendicular a la línea, ésta será ventajosa junto a la boya.
- Si la dirección del viento es superior a la perpendicular a la línea, ésta será ventajosa junto al barco-comité.
- Si la dirección del viento coincide con la perpendicular a la línea, ésta será neutra.

A menudo la dificultad consiste en medir con precisión la dirección del viento. Un primer método consiste en hacer la media de rumbos de cada bordo en ceñida. Si hacemos un 55 amurados a babor y un 325 amurados a estribor (para un ángulo de remontada de 45°), el viento viene del 10 *(figura 6)*. Un segundo método consiste en ponerse proa al viento y mirar la dirección que marca el compás.

6 *Para un ángulo de remontada de 45°, Azul hace un 55 amurado a babor y un 325 amurado a estribor. El viento es por tanto del 10, del nornoreste.*

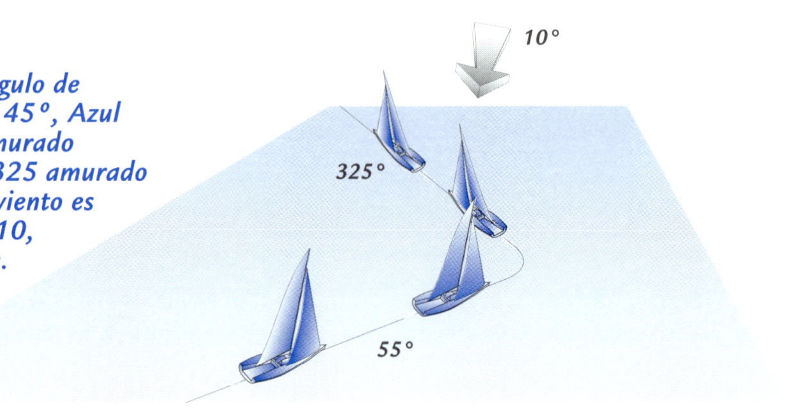

Desconfiaremos siempre de las indicaciones dadas por la electrónica de a bordo. Cuando los instrumentos están bien calibrados (lo que no siempre es el caso), llegamos a disponer de una dirección del viento relativamente fiable en ceñida. En cambio, por lo general es errónea con viento del través, por ejemplo cuando recorremos la línea. A menudo los errores llegan a 10 o 15 grados.

¿Cómo conocer el lado ventajoso de la línea de salida poniéndose proa al viento?

Este método es el más sencillo para determinar el lado favorable de la línea. También es menos preciso.

Consiste en ponerse proa al viento en la línea de salida *(figuras 7 y 8)*. Miramos entonces hacia qué lado está orientada la proa del barco. Si mira hacia el barco-comité, ese extremo de la línea es el favorable. Si mira hacia la boya, hay que salir desde ese lado.

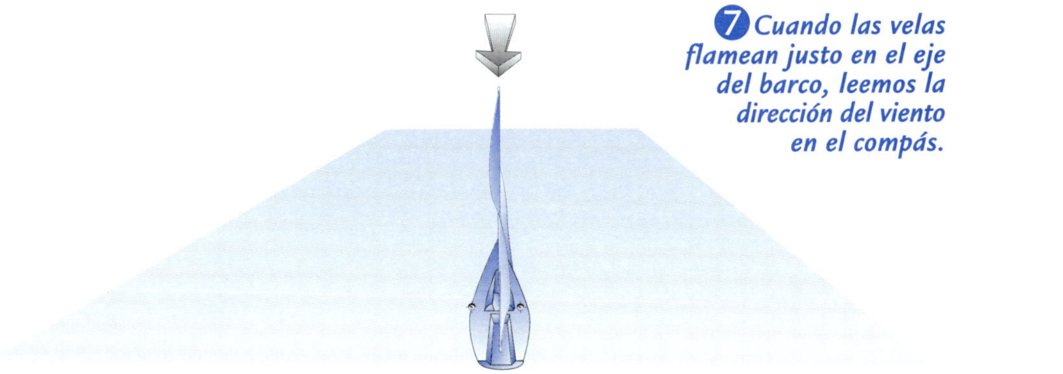

***7** Cuando las velas flamean justo en el eje del barco, leemos la dirección del viento en el compás.*

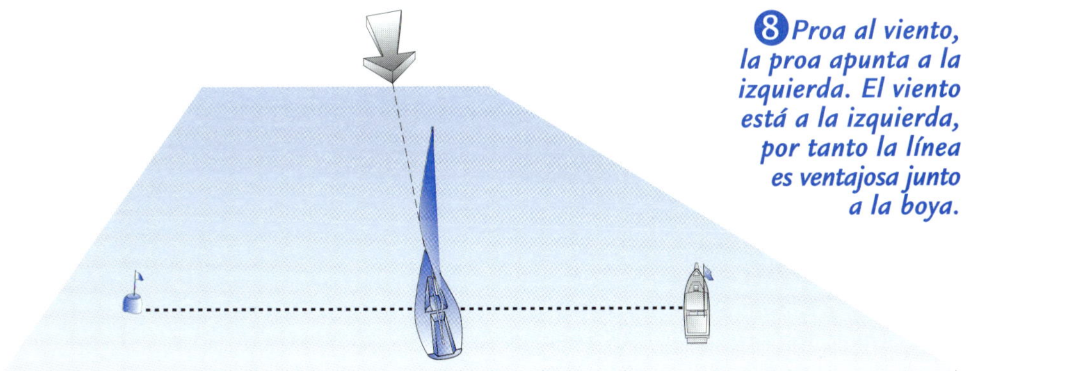

***8** Proa al viento, la proa apunta a la izquierda. El viento está a la izquierda, por tanto la línea es ventajosa junto a la boya.*

¿Cómo conocer el lado ventajoso de la línea de salida navegando a lo largo de ella?

Navegamos sobre la línea de salida desde la boya hacia el barco-comité trimando bien las velas. Durante el recorrido miramos el ángulo de viento aparente en el cataviento. Viramos sin tocar los reglajes. A continuación navegamos en el otro bordo sobre la línea.

- Si las velas están demasiado filadas, es el extremo hacia el cual nos dirigimos el favorable *(figura 9)*.

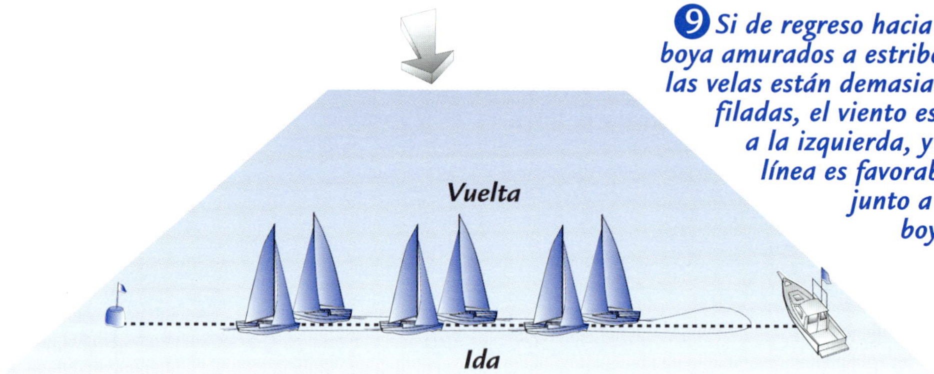

***9** Si de regreso hacia la boya amurados a estribor, las velas están demasiado filadas, el viento está a la izquierda, y la línea es favorable junto a la boya.*

- Si, por el contrario, las velas están demasiado cazadas, el extremo bueno de la línea es aquel de donde venimos *(figura 10)*.

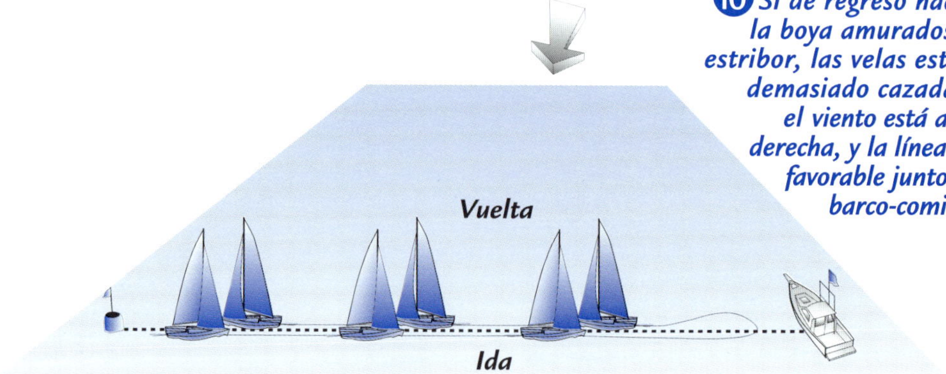

***10** Si de regreso hacia la boya amurados a estribor, las velas están demasiado cazadas, el viento está a la derecha, y la línea es favorable junto al barco-comité.*

Este procedimiento no es muy preciso.
Por tanto preferiremos los dos primeros.

PREGUNTAS A LOS REGATISTAS

¿Cómo determinas la línea de salida?

- el 71 % con un compás de marcaciones;
- el 71 % con el compás del barco navegando sobre la línea;
- el 71 % mirando los barcos que cruzan la línea;
- el 57 % poniéndose proa al viento sobre la línea;
- el 21 % haciendo un espejo con un barco que parte desde el extremo opuesto.

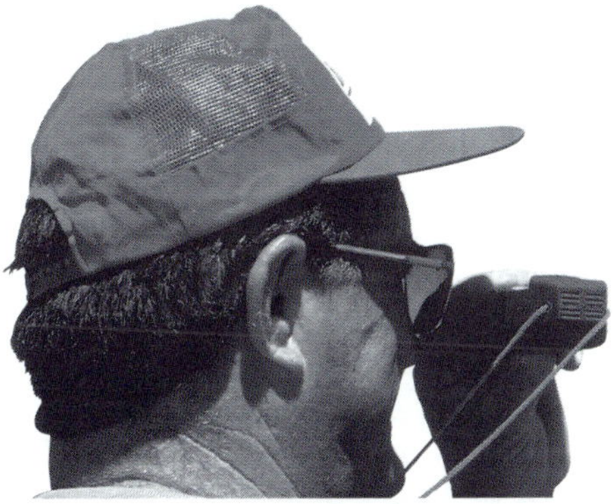

Cuidado con las gafas de montura metálica cuando utilicéis el compás de marcaciones. ¡Vuestras lecturas pueden ser erróneas!

Cabe destacar que, si existe la posibilidad, el 78 % de los regatistas toman una alineación a tierra para confirmar la determinación de la línea. Los windsurfistas, que no llevan compás en su flotador, reciben la ayuda del entrenador, que determina por ellos la línea y el viento.

¿Cómo determinas la dirección del viento antes de la salida?

- el 78 % poniéndose proa al viento;
- el 50 % haciendo la media de los rumbos sobre los dos bordos;
- el 43 % con la electrónica de a bordo;
- el 14 % «con enfilaciones a tierra.*

(Los regatistas podían escoger varias respuestas.)

MEDICIÓN

8.3. LA CORRIENTE

La corriente es un elemento de fundamental importancia en la línea de salida. Si es contraria, la mayoría de participantes cruzan la línea con retraso. Si es favorable, no es extraño ver un número considerable de barcos a los que se les llama para que vuelvan a salir. Es pues esencial estimar bien la intensidad y la dirección de la corriente antes de la salida para integrarla en la maniobra.

* Si no hay compás a bordo.

Un buen método, para medir o evaluar la fuerza y dirección de la corriente, consiste en acercarse a una boya o a una baliza, a fin de observar su base y ver lo que pasa allí. ¡Pero no os acerquéis demasiado si no tenéis capacidad de maniobra!

» PREGUNTA A LOS REGATISTAS

¿Cómo mides la corriente?

- el 86% poniéndose proa al viento;
- el 72% mirando las cartas de corrientes;
- el 43% preguntando a su entrenador;
- el 36% con la electrónica de a bordo;
- el 36% con un flotador que llevan para evaluar la corriente en superficie;
- el 22% evaluándola intuitivamente.

(Los regatistas podían escoger varias respuestas.)

REFLEXIÓN

8.4. DEFINICIÓN DE LA ESTRATEGIA ANTES DE LA SALIDA

Antes de definir la estrategia, es importante comprender bien cuáles son los diferentes tipos de viento que podemos encontrar y cuáles son sus implicaciones. La pregunta crucial que se plantea el táctico es saber cómo aprovechar al máximo las variaciones de la dirección y la intensidad del viento.

Recordemos que en materia de táctica y estrategia, es esencial hablar un lenguaje común, de definir por tanto con sencillez los términos utilizados para describir el viento y su evolución, así como la posición de un velero en el campo de regatas. Utilizamos aquí las convenciones definidas en el Capítulo 4.

Como hace Thierry Péponnet en el IC 45 Faster K-Yote, no dudéis en anunciar a la tripulación lo que pensáis hacer «estratégicamente hablando».

La estrategia tendrá en cuenta los siguientes elementos:

- el viento actual y su evolución prevista;
- la corriente actual y su evolución prevista;
- la forma como está fondeada la línea de salida;
- la clasificación del barco y los objetivos fijados.

Después habrá que combinar estos factores para determinar la estrategia. Hemos visto la forma de obtener las informaciones necesarias. Vamos ahora a ver cómo se analizan más detalladamente y, sobre todo, cómo se combinan.

⏩ PREGUNTAS A LOS REGATISTAS

¿Qué elementos tienes en cuenta para elaborar tu estrategia antes de la salida?

- La ventaja de la línea de salida para el 100% de los regatistas;
- la evolución prevista del viento para el 86%;
- la corriente y su evolución prevista para el 86%;
- su clasificación en ese momento para el 71%;
- la elección de los adversarios directos para el 14%, el potencial del barco y la tripulación para el 7% y la extensión del recorrido y la posición de la primera baliza para el 7%.

Para Luc Gellusseau, el lado del campo de regatas que en función de la evolución del viento y la corriente, así como la orientación de la línea, van a guiar su elección para aplicar la estrategia, mientras que la clasificación o el resultado deseado van a indicar el riesgo que es posible tomar en la salida.

¿Formalizas tu estrategia antes de la salida?

Solamente el 37% de los regatistas de alto nivel preguntados afirma que formaliza su estrategia de forma muy estructurada; es interesante hacer notar que son casi todos los especialistas de match-racing o de vela olímpica. El 44% de los regatistas reconoce que la prepara de forma medianamente estructurada. El 19%, de forma poco o nada estructurada... pero tiene conciencia de que debe mejorar en ese sentido, y se aplica en ello. El 93% anuncia a viva voz su estrategia a la tripulación antes de la salida, pero, en cuanto a la discusión tras el cañonazo, el 39% la comparte con la tripulación, mientras que el 61% se limita a hablarlo con una o dos personas a bordo; generalmente el timonel y el navegante, o incluso los trimadores cuando se trata de la elección de una vela.

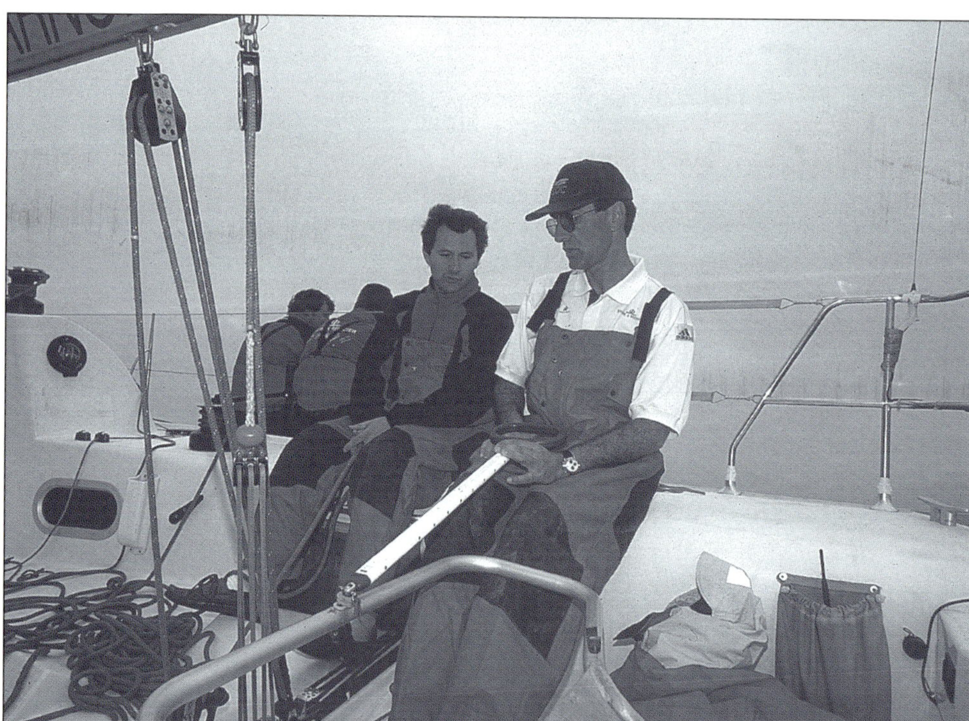

Como hace aquí Bernard Mallaret durante el Tour de Francia a vela, es esencial formalizar la estrategia y anunciarla a la tripulación antes de la salida... e igualmente importante compartirla después del cañonazo de salida. En resumen, ¡comunicad!

CONSEJOS DE LOS CAMPEONES

Definir bien su estrategia antes de la salida

► **Luc Pillot.** «¡Cuidado con las trampas! En primer lugar, desconfiad de los tripulantes que conocen el campo de regatas, que llegan con ideas preconcebidas y van a haceros olvidar de efectuar las observaciones del momento. Seguidamente, no preparéis soluciones de recambio (por ejemplo, en caso de una mala salida). Finalmente, haced un pequeño balance en los dos minutos anteriores a la salida.»

► **Luc Gellusseau.** «Cuidad la síntesis de la información meteorológica y ponderad los riesgos que tomaríais para poder aplicar una posible buena estrategia. En todo caso, hay que saber si el viento es oscilante o si podemos esperar un borneo, una evolución sinóptica o incluso un efecto de costa. Además, la importancia de la corriente varía según la velocidad del barco.»

► **Michel Desjoyeaux.** «Minimizad la toma de riesgos y no dudéis en mirar lo que hacen los mejores.»

► **Jean-Yves Bernot.** «Definid vuestra estrategia sobre criterios sencillos. Nada de sutilezas al tercer o cuarto grado. No cambiéis de estrategia si no tenéis muy buenas razones para hacerlo.»

► **Marc Bouët.** «Partid de los elementos conocidos hasta la boya de barlovento. El viento ¿es estable u oscila? La corriente: ¿hay que tenerla en cuenta o no? La línea de salida y el nivel de riesgo deseado. Si todos los elementos van en el mismo sentido, es fácil. Si hay una incertidumbre, integrad una estimación de la evolución que será tanto más importante cuanto más largo sea el bordo. Finalmente, evaluad la importancia relativa de cada elemento: la calidad de la estrategia depende de la calidad de dicha evaluación.»

► **Maud Herbert.** «No toméis ninguna opción extrema; es peligroso. Mi estrategia personal se efectúa esencialmente en función de mi clasificación. Vigilad a vuestros principales adversarios y ¡nunca os vayáis solos!»

► **Franck David.** «Armonizad táctica y estrategia, sed observadores y tomad distancia de vuestro barco o tabla para analizar lo que hacen los demás.»

► **Bertrand Chéret.** «Poned en práctica y aplicad procedimientos de calentamiento y de control. Son útiles en sí mismas, sobre todo, por su capacidad para aliviar tensiones. Si, por culpa de un retraso, sentís la presión (o la torpeza) de agobiar a la tripulación, id a hacer algunos bordos y encadenad maniobras.»

► **Philippe Presti.** «No os pongáis en una situación tal que, si la opción es mala, la regata se os haya acabado. Cuando las cosas no están perfectamente claras, optad por situaciones de espera y apostad por ganar poco. En Finn o en Laser, he observado que la clasificación se establece a menudo por eliminación. Poco a poco, algunos se descuelgan del ritmo del grupo y retroceden. Permaneced en línea y escalaréis puestos por eliminación.»

► **Bertrand Pacé.** «Definid vuestra estrategia claramente e intentad tener un análisis preciso de lo que pasa después de la salida, de manera que vuestra estrategia pueda evolucionar si es necesario.»

ANÉCDOTAS

Una salida... ¡estratégica!

► **Thierry Péponnet.** «Cuando navegaba en Optimist, me acuerdo de un consejo de mi entrenador, Claude Harlé: me había dicho que apuntara siempre al bordo que más me aproximara a la boya. Yo tenía 13 años y acababa de comprender qué quería decir eso. Por fin era capaz de salirme del barco, de situarme en un espacio de dos dimensiones y de tomar altura para representarme, allá arriba, el bordo que me acercara más... En ese momento, empecé a progresar.»

► **Nicolas Hénard.** «Barcelona 1992. Ultima manga de los JJOO en Tornado. Yves Loday y yo habíamos aplicado al detalle lo que habíamos decidido antes de la salida. ¡Funcionó como en un sueño!»

► **Bertrand Chéret.** «En su Dragon, Michel Briand llevaba una lista de control de estrategia grabada en un magnetófono, que difundía durante las maniobras de salida, a medida que los minutos pasaban. A priori era una buena idea pero, con el sucederse de las regatas, se hizo tan repetitivo ¡que acabó poniendo nerviosos a los tripulantes!»

► **Luc Pillot.** «En match-racing, la estrategia es primordial, ya que hace falta definir de qué lado del adversario queremos partir. Ser el táctico de Paul Cayard es un verdadero placer. Hacíamos todas las observaciones necesarias antes de la salida, después, a dos minutos del cañonazo, y mientras dábamos vueltas, Paul me preguntaba en francés, con su acento norteamericano: "¿Qué quieres Luc?".»

► **Christine Briand.** «En La Rochelle, durante la primera manga del Mundial IYRU 1994 en J.22, salimos muy mal. La orden era de no tomar ningún riesgo; en la general teníamos suficiente ventaja como para tomarnos las cosas con calma. En J.24, los suecos estaban en una situación casi igual a la nuestra. Tuvieron un OCS (salida prematura), y perdieron el título.»

Christine Briand, campeona del mundo de 470 y J.22.

DILEMA

8.5 ¿CON QUÉ VELAS SALIR?

La elección del mejor velamen es un elemento esencial. Generalmente, el cambio de velas en el primer bordo de ceñida es muy perjudicial. Cuando el viento es estable en intensidad, la respuesta es fácil. No ocurre lo mismo cuando esperamos una evolución de la brisa. Entonces tenemos la opción de salir con el trapo adaptado a las condiciones de la salida o bien otro que se adapte a las condiciones esperadas. Vamos a ver que, en general, para los campeones la elección está muy clara.

▸▸ PREGUNTA A LOS CORREDORES

¿Con qué trapo tomáis la salida?

Sea cual sea la serie o la disciplina, el 68% lleva las velas adecuadas para el tiempo en el momento de la salida. Solamente el 19% opta por el velamen previsto en la continuación de la regata, pero hay que precisar que son regatistas solitarios, para quien un cambio de vela poco después de la salida, por ejemplo, puede ser imposible (Figaro, multicasco o monocasco 60 pies Open). El 13% toma la salida con el mismo trapo que llevan otros participantes, sobre todo en match-racing, y el 6% con la vela que resistirá el tiempo previsto. Finalmente, cabe destacar que los planchistas olímpicos no tienen esta opción, ya que de todas maneras la vela está impuesta...

En solitario, y además con barcos de gran poderío, como los multicascos de 60 pies (aquí Loïck Peyron en la salida de la Ruta del Ron 1998), tomar la salida con el trapo del tiempo que habrá seguidamente ¡es casi obligatorio!

CAPÍTULO 9 - LA SALIDA

9.1 - Manteneos dentro de la lógica y la regularidad 116
9.2 - Huid de las posiciones extremas 119
9.3 - Encontrar el mejor compromiso 119
9.4 - La confrontación o la espera 122
9.5 - Conclusiones 138

CAPÍTULO 9:

¡El momento crucial por excelencia! Tensión, nerviosismo, embotellamiento, elección del lado de la línea y del campo de regatas, estrategia... Todo se sacude y se precipita. Por lo tanto no es el momento de tomar riesgos excesivos. Explicación...

ESTRATEGIA

9.1. LA SALIDA: ¡MANTENEOS DENTRO DE LA LÓGICA Y LA REGULARIDAD!

Frecuentemente, una buena salida es una suma de pequeños detalles. No existe una receta milagrosa. Dicho esto, constatamos que los campeones no hacen siempre la mejor salida de la flota, pero son regulares. No cruzan siempre en cabeza después de cinco minutos de regata, pero están siempre en los puestos de cabeza. Es esta regularidad la que da frutos.

El objetivo es estar entre los primeros, aunque no se sea forzosamente el primero. Debemos sobre todo evitar fallar completamente en una manga o que nos den un «palo», como se dice en el argot de la regata. El joven neozelandés Gavin Brady venció, por ejemplo, en el Campeonato del Mundo de Mumm 36 1997 en Punta Ala, Italia, sin haber ganado una manga. Ni siquiera tenía necesidad de correr la última regata, ¡dado que ya había asegurado su victoria en la general! Es el típico ejemplo de una regularidad perfectamente administrada.

Una buena salida no se juzga sobre la línea, sino algunos minutos después. Veremos algo más adelante que no siempre es así en la práctica pero, en la teoría, el mejor participante es el que ha conseguido:

- Cruzar la línea por el lado favorable para aprovechar su desfase.
- Cruzar la línea en el sitio deseado para, a continuación, poner en práctica la estrategia definida anteriormente.
- Cruzar la línea cuando suena el cañonazo.

• Estabilizar su velocidad máxima en el momento justo de la salida.
• No tener un adversario demasiado cerca de sotavento que le moleste y le impida abatir el rumbo para dar velocidad a su barco.
• No tener un adversario más rápido a barlovento que acabará quitándole el viento.

Como se ve aquí, durante el Mundial de 49 en Bandol soplando mistral, los campeones no toman riesgos desconsiderados en la salida. La flota es homogénea, y los dos barcos que han elegido ir hacia la derecha del campo de regatas (abajo en la foto) han tenido que virar, claramente molestados por los participantes amurados a estribor de más a barlovento.

A la vista de estos elementos, entendemos que una salida perfecta es una situación excepcional. A menudo se consigue al precio de riesgos desmesurados, algo muy poco frecuente entre los grandes campeones.

Admitido que la línea sea favorable del lado derecho y que la estrategia consista en tomar la derecha del campo de regatas, podemos imaginar que un participante pueda tomar una salida de ensueño.

Sólo hay una posibilidad: salir lanzado a plena velocidad junto al barco-comité en el momento mismo del cañonazo. No es seguro que un solo barco consiga la proeza: nueve veces de cada diez, en estas condiciones, el embotellamiento en el barco-comité hace que nadie se pueda liberar y salir lanzado.

Finalmente, suele suceder que un participante que ha salido en mitad de la línea es el que cruzará en cabeza tiempo después. En todo caso, este tipo de salida junto al barco-comité es de alto riesgo.

Nos toca el bote una vez de cada diez y después de la regata hablaremos de eso durante toda la temporada en el club náutico.

En cambio, perdemos toda la apuesta en las otras nueve tentativas. No es lo que puede considerarse un planteamiento de campeón.

Si admitimos ahora que la línea es favorable a la izquierda y que la estrategia consiste por ejemplo en ir a la derecha del campo de regatas, el problema es de entrada más complejo. Es imposible salir por el lado bueno de la línea y colocarse en el lado bueno del campo de regatas. Por lo tanto, es imposible hacerse con todos los ingredientes. El vencedor será aquel que haya obtenido el mejor compromiso.

LA GESTIÓN DEL RIESGO

9.2. ¡HUID DE LAS POSICIONES EXTREMAS!

En esta obra volveremos sobre la noción de «gestión del riesgo». Entre los patrones que más admira Luc Gellusseau, cita a los norteamericanos Rod Davis, John Kostecki y Ed Baird, así como al neozelandés Russell Coutts: «No sueltan fácilmente la presa y están siempre ahí». De hecho estos campeones administran muy bien el riesgo.

Sin ánimo de ser peyorativos, casi podríamos decir que son «pequeños ganadores». En otros términos, no son siempre primeros, pero rara vez están lejos de los barcos de cabeza. Sin hacer nada espectacular, siempre están ahí. Nunca corren grandes riesgos, por lo que no suelen ganar con una ventaja importante.

En cambio, cuando eligen una acción, nunca pierden demasiado porque son enemigos de las opciones extremas. Por ejemplo, nunca salen solos por su lado de la línea de salida ni salen con el grueso de la flota.

Los monotipos, como estos Mumm 30, realizan siempre salidas muy compactas, sin asumir riesgos excesivos. El resultado es regatas muy apretadas...

CONSEJOS DE CAMPEONES

Luc Gellusseau: «¡Atención a los riesgos!»

«Durante el Campeonato de Europa de Mumm 36, en 1994, queríamos ir a la derecha para aprovechar la corriente. El viento era oscilante. Salimos a la derecha y viramos amurados a babor. Ahí el viento se abrió unos 5° y, de pronto, nos dimos cuenta de que no pasábamos un bajo. Embarrancamos por arriesgar demasiado. Habíamos elaborado una superestrategia, ¡pero olvidamos un detalle!»

Esta administración del riesgo se aplica desde la salida, ya que hay que encontrar el mejor compromiso entre la orientación de la línea, el mejor lado del campo de regatas, los adversarios que hay que vigilar, etc. Eddie Owen hizo una demostración muy bonita de esto durante la National Selection de 1988, que él dominó en La Rochelle. En cada regata, más de 60 participantes se disputaban uno de los extremos de la línea para acabar parados o tapados por otro barco. El timonel inglés se situaba siempre justo a barlovento o sotavento del «paquete» y salía tranquilamente sin brillar. Y siempre, después de cinco minutos de regata, estaba entre los tres primeros...

¿CÓMO SALIR?

9.3. ENCONTRAD EL MEJOR COMPROMISO

Hemos definido una estrategia y sabemos entonces de qué lado deseamos ir en el primer bordo de ceñida. Ahora falta hacer una buena salida corriendo el mínimo de riesgos, para poner en marcha esa estrategia. El dilema consiste en encontrar el buen compromiso entre las ventajas que están ligadas con la orientación de la línea y la estrategia que deseamos aplicar después de salir.

Dos posibilidades:

- Si todos los elementos concuerdan, el lado de la línea es fácil de elegir. Queda por ver cómo negociar con el paquete de barcos.
- Si los elementos son contradictorios, es frecuente que los campeones privilegien los aspectos estratégicos, a condición de que éstos se manifiesten claramente. Escogen pues el lado de la línea que les permite posicionarse lo antes posible en el lado bueno del campo de regatas, sin perjuicio de perder una parte de la ventaja lograda gracias a la inclinación de la línea.

Una vez definida la estrategia y escogido el lado de la línea, hay que prever también las reacciones del adversario, a imagen de este «dial-up» (in situ) entre el Prada y el Team New Zealand en la final de la Copa América 2000.

» PREGUNTA A LOS REGATISTAS

En función de la orientación de la línea, ¿por dónde prefieres salir?

Pedimos a los regatistas que nos dijeran qué lado de la línea escogen para salir cuando ésta está torcida. Muchos piensan que, cuando la línea es neutra -o incluso faborable de 5° en el extremo boya- y la evolución del viento y la corriente es despreciable, lo mejor es asegurarse la derecha del campo de regatas.

Jean-Yves Bernot considera que la ventaja de la línea hay que sopesarla en relación con el lado al que queremos ir. Si, por ejemplo, la línea es favorable junto a la boya y queremos ir a la derecha por razones estratégicas, hará falta que la ventaja en ese extremo sea enorme.

Michel Desjoyeaux prefiere hablar de esloras en lugar de ángulo de desfase de la línea. Para él la ventaja de la línea pasa a ser preponderante a partir de las dos esloras.

Para **Thierry Péponnet** y **Nicolas Hénard,** esto depende también de la longitud de la línea, mientras que para **Marc Bouët** también habrá que tener en cuenta la estabilidad del viento.

Para **Bertrand Pacé,** finalmente, una línea de 5° a estribor tiene más peso en la estrategia del primer bordo en match-racing, mientras que una línea de 10° a babor lo tendrá en regatas en flota. Pero conviene ponderarlo bien con la evolución del viento, sobre todo la primera rolada.

La línea es favorable en 5° junto al barco-comité:
- el 50% sale por el lado en el que desean hacer el primer bordo de ceñida;
- el 43% sale en el primer tercio de la línea por el lado barco;
- el 7% sale junto al barco (en match-racing únicamente).

Observación: ningún campeón escoge salir junto al barco-comité en una regata en flota cuando la línea le favorece en 5°.

La línea es favorable en 10° junto al barco-comité:
- el 43% sale junto al barco-comité;
- el 43% sale en el primer tercio de la línea por el lado barco;
- el 14% sale por el lado en el que desean hacer el primer bordo de ceñida.

Observación: algunos optan por una salida junto al barco-comité si el viento está bien definido a la derecha, y en el primer tercio de la línea por el lado barco-comité si el viento está bien definido a la izquierda. Cuando la ventaja es de 10°, muchos intentan salir junto al barco-comité. Entonces se considera que la ventaja es decisiva, lo que no es el caso para 5°.

La línea es favorable en 15° junto al barco-comité:
- el 71% sale junto al barco-comité;
- el 35% sale en el primer tercio de la línea por el lado barco;

- el 7% sale por el lado en el que desean hacer el primer bordo de ceñida.

Observación: la mayoría de regatistas eligen salir junto al barco o en el primer tercio por el lado barco, en función de la longitud de la línea y de la importancia de la flota, lo que explica que el total sea superior al 100%.

La línea es favorable en 5° por la boya:
- el 7% sale por la boya;
- el 50% sale por el lado en el que desea hacer el primer bordo de ceñida;
- el 43% sale en el primer tercio de la línea cerca de la boya.

Viento flojo durante una salida de 470 durante la Semana Olímpica francesa de Hyères. La línea es claramente favorable junto a la boya, y las plazas están reñidas. Observad que el centro de la línea hace un «vientre», situación clásica incluso en el más alto nivel, cuando los regatistas tienen miedo de adelantarse en la salida.

La línea es favorable en 10° junto a la boya:
- el 57% sale junto a la boya;
- el 43% sale en el primer tercio de la línea por el lado boya;
- el 7% sale por el lado en el que desean hacer el primer bordo de ceñida.

Observación: algunos optan por una salida junto a la boya si el viento está bien definido a la izquierda, y en el primer tercio de la línea por el lado boya si el viento está bien definido a la derecha.

La línea es favorable en 15° junto a la boya:
- el 57% sale junto a la boya;
- el 43% sale en el primer tercio de la línea por el lado boya;
- el 0% sale por el lado en el que desean hacer el primer bordo de ceñida.

Observación: la mayoría de regatistas eligen salir junto a la boya o en el primer tercio por el lado boya, en función de la longitud de la línea y de la importancia de la flota, lo que explica que el total sea superior al 100%. Desde el punto de vista estratégico el lado bueno del campo de regatas ya no tiene aquí razón de ser.

El viento es oscilante

En general, son muchos los que, con viento oscilante, intentan situarse sobre la línea en un lugar que les permita navegar amurados a estribor con un viento más a la derecha, y amurados a babor en un viento más a la izquierda que el viento medio.

¿CÓMO SITUARSE SOBRE LA LÍNEA?

9.4. ¡LA CONFRONTACIÓN O LA ESPERA!

Existen dos grandes tipos de planteamientos para colocarse sobre una línea de salida. Podemos situarnos bastante pronto en el grupo de barcos que se aproxima a la línea o, por el contrario, colocarnos en el último instante.

PLANTEAMIENTO 1:

La confrontación

Entre 2 y 5 minutos antes de la salida nos situamos entre el grupo de barcos que sale por el lado escogido. El timing depende del tipo de barco y de las condiciones del viento. El principio consiste en evolucionar con el grupo intentando minimizar la separación con el barco de barlovento, creando a la vez espacio a sotavento. Una cosa está clara: ¡hay que pelear para mantener su sitio!

Este planteamiento a menudo es indispensable cuando hay una flota importante o si la línea es muy corta. Efectivamente, es muy difícil colocarse tarde en una línea si el espacio está limitado *(figuras 1, 2 ,3)*.

1 Blanco debe evolucionar con el grupo de barcos, y pelearse por reducir la separación con su rival situado a barlovento.

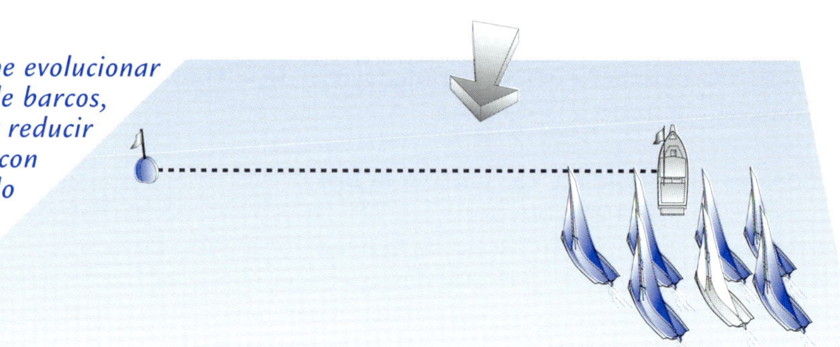

Como aquí durante el TFV 1988 a bordo de Sète Languedoc-Roussillon, comandado por Pierre Mas y Bertrand Pacé, una estrategia agresiva permite situarse donde uno quiere salir.

2 Blanco ha sabido guardar un poco de espacio a sotavento, bloqueando el barco que está justo a barlovento de él.

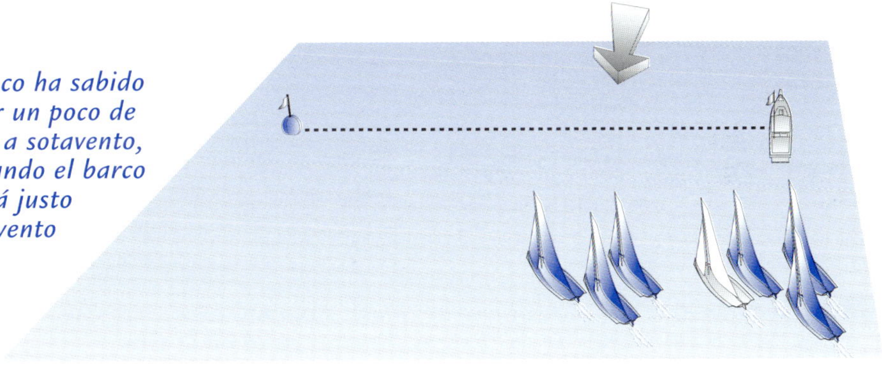

3 Blanco está en una posición interesante, habiendo podido separarse de los dos de un lado y de otro, guardando a la vez su lugar.

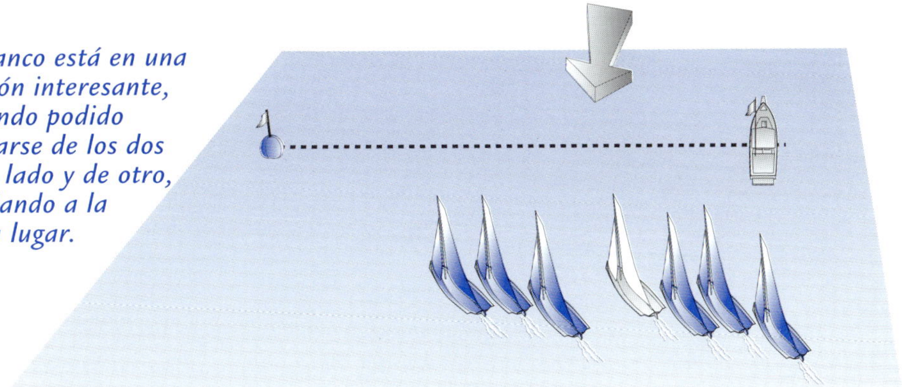

PLANTEAMIENTO 2:
La espera dinámica

La segunda técnica consiste en aproximarse a la línea amurados a babor entre uno y dos minutos antes de la salida. Navegamos a lo largo de la flota, lo que permite escoger la posición en la línea. Optamos por un espacio suficiente entre dos barcos *(figuras 4, 5, 6)*.

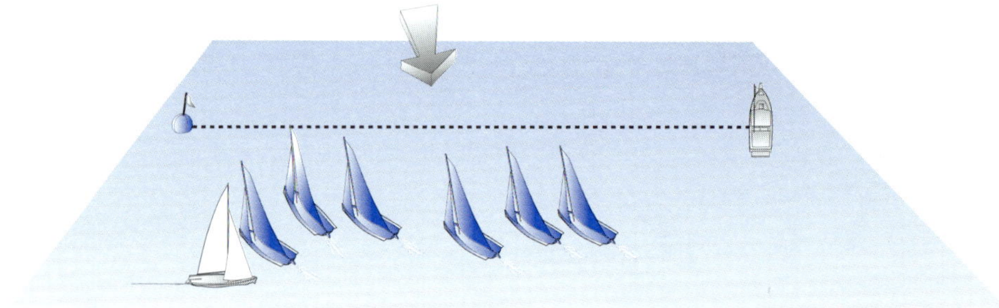

❹ *Con el viento más a la izquierda, Blanco llega amurado a babor y busca un espacio suficiente donde colarse.*

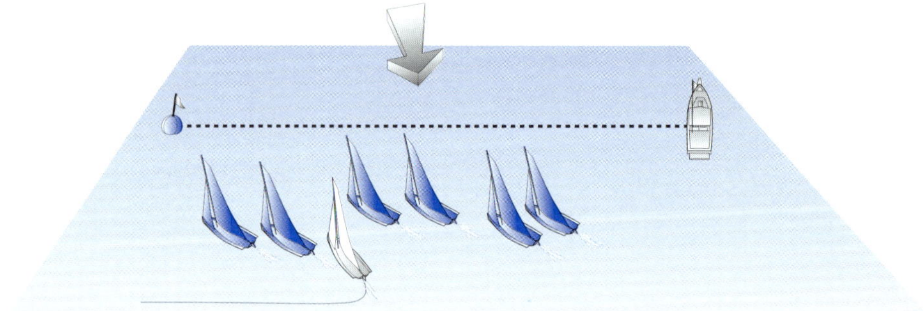

❺ *La decisión está tomada. Blanco se coloca amurado a estribor y se sitúa a barlovento de dos barcos situados cerca de la boya.*

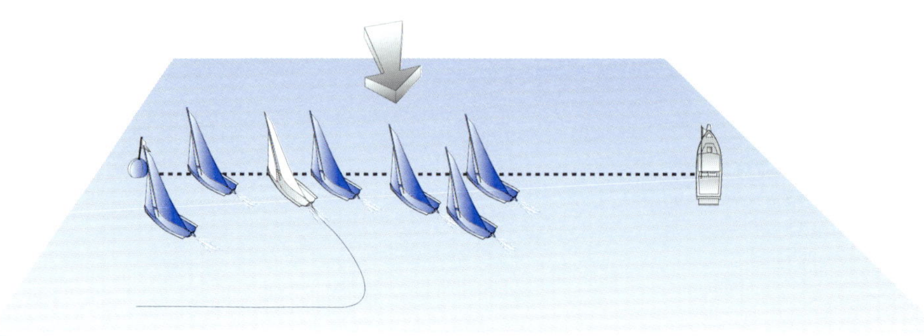

❻ *Blanco ha sabido dejar espacio a sotavento, bloqueando el barco que está directamente a barlovento de él. En ese momento está idealmente situado.*

También podemos virar bajo el participante más próximo a la boya si ése es el lado que hemos decidido privilegiar.

Este planteamiento tiene la ventaja de ser más dinámico. Permite retrasar el instante de la elección. Pero, ¡atención si la flota es numerosa o si la línea es corta! Entonces no es fácil encontrar un espacio suficiente para virar y salir en buenas condiciones.

Finalmente, último punto a vigilar: amurados a babor no tenemos prioridad. Por lo que debemos separarnos de todos los participantes que van sobre la línea amurados a estribor.

▸▸ PREGUNTAS A LOS REGATISTAS

¿Cuál es tu planteamiento general si la línea es favorable junto al barco-comité?

- el 40% llega amurado a babor y vira en un hueco cuando falta 1 minuto 30 para el cañonazo;
- el 40% llega amurado a estribor con el grupo de barcos;
- el 13% se sitúa a barlovento de la layline del comité 1 minuto 15 antes del cañonazo;
- el 7% llega por encima zigzagueando con velocidad.

Cuando hay un embotellmiento junto al barco-comité (aquí durante el campeonato del mundo 1999 de Optimist en Martinica), vale más llegar amurados a babor, para después virar en un hueco 1 minuto 30 antes de la salida, aproximadamente.

¿Cuál es tu planteamiento si la línea es favorable junto a la boya?

- el 73% llega amurado a babor y vira en un agujero cuando falta 1 minuto 30 para el cañonazo, aproximadamente;

- el 20% llega amurado a estribor con el grupo de barcos;
- el 6% llega por encima zigzagueando con velocidad.

Observación: cabe destacar que los que eligen llegar amurados a babor, para después virar en un hueco, igualmente lo hacen a menudo entre 2 minutos y 45 segundos antes de la salida, mientras que los especialistas del multicasco especifican que es difícil y arriesgado llegar amurado a babor, para después virar en una flota de catamaranes o trimaranes. De hecho, no tienen otra alternativa que colocarse amurados a estribor con la mayoría de la flota.

CONSEJOS DE LOS CAMPEONES

Situarse bien en la línea de salida

El 61% declara que tiene un método para tratar de colocarse bien en la línea de salida, contra el 38% que no lo tiene, y lo lamenta, como **Bertrand Pacé, Michel Desjoyeaux** y **Christine Briand.**

► **Thierry Péponnet** intenta permanecer en movimiento el mayor tiempo posible, siempre con más velocidad que los barcos más próximos, a fin de ser más evolutivo y más oportunista.

► **Nicolas Hénard** prevé los desplazamientos de los otros barcos y se cuida de tener bien en cuenta su deriva, para conservar un espacio a sotavento.

► Para **Franck David,** saber donde está situado es primordial; él toma referencias a tierra. Infiltrarse demasiado tarde comporta un riesgo y, por esto, intenta escoger su sitio e imponerse. El campeón olímpico de tabla de windsurf se da siempre un margen a sotavento, para poder abatir y coger velocidad.

► En la medida de lo posible, **Maud Herbert** intenta situarse en un agujero quedando a barlovento de los adversarios que debe controlar.

► **Marc Bouët** está entre los timoneles a los que les gusta llegar en el último momento amurados a babor para deslizarse en un agujero. De hecho, prefiere una salida que permita navegar «despejado» y muy rápido antes que una salida en el sitio más favorable dentro de la manada.

► **Christine Briand,** si bien no tiene método específico, prefiere llegar amurada a babor y virar en un agujero a un minuto si la línea es muy favorable, pero llega amurada a estribor con el grupo de barcos si la línea no lo es tanto. La campeona del mundo de 470 y de J.22 considera que, en una flota densa, llegar amurada a babor para después virar en un hueco a 1 minuto 30 de la salida es peligroso, a causa de los barcos amurados a estribor.

Cuando a pocos segundos del cañonazo de salida las velas de composite flamean, el ruido es sobrecogedor. Sabed haceros oír, ¡sin caer en el exceso!

► **Jean-Yves Bernot,** por su parte, pondera los diversos elementos que determinan la colocación (línea, lado del campo de regatas, corriente...), lo que le permite dar una «nota» en función de su situación en la línea: «¡Va bastante bien!»

► Para **Michel Desjoyeaux,** es imposible escoger la ruta si no se va más deprisa (como en las filas de coches): por tanto llega desde atrás y zigzaguea para buscar la oportunidad de tomar un buen lugar. Con poco viento el riesgo es no conseguir pasar debajo o a través del pelotón, generalmente amontonado en el lado del barco-comité.

► **Luc Pillot,** finalmente, intenta decir dónde quiere encontrarse 1 minuto 30 antes de la salida, y se desplaza sobre la línea en función de eso.

► *Razonar en pelotones de barcos*

A menudo oímos a los campeones hablar en términos de «pelotones» de barcos. «Saldremos en el primer tercio a barlovento de la línea, bajo el grueso del pelotón», podemos oír en las bañeras.

El objetivo es evitar salir encerrado dentro de un grupo de barcos. Los campeones prefieren a menudo conceder una parte de la ventaja de la línea y salir sin riesgo de reclamación, con buena velocidad y viento claro. Saben que dos o tres participantes quizás estarán delante de ellos, pero también saben que estarán en el grupo de cabeza, ya que el 90% de los barcos del famoso pelotón hará una mala salida.

► ¿Cómo mantener el sitio en la línea?

La salida se acerca. Ahora todos los barcos están amurados a estribor, cerca unos de otros. ¿Cómo mantener el sitio y evitar ser encerrados en la línea?

• Reduciendo el espacio a barlovento orzando considerablemente, para luego volver al rumbo *(figura 7)*. De esta forma molestamos al participante que no podrá lanzar su barco como él desea.

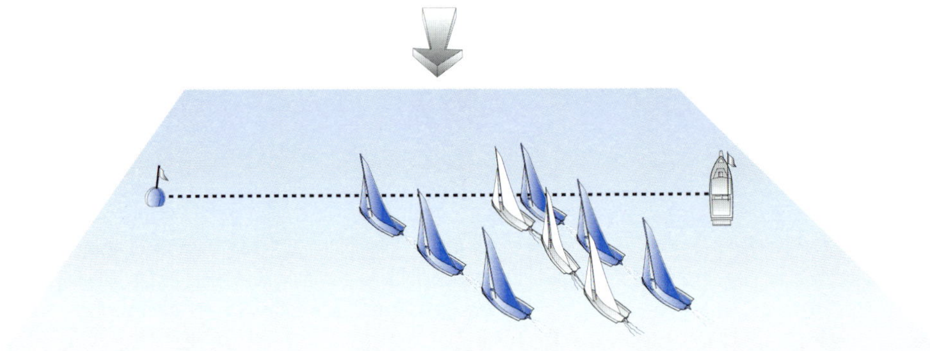

7 *Blanco ha bloqueado a su adversario de barlovento mediante una acertada orzada. ¡Azul está acabado!*

• Aumentando el espacio a sotavento *(figura 8)*. Nos creamos un pequeño espacio que permitirá abatir algunos grados para coger velocidad y lanzar el barco antes del cañonazo. —

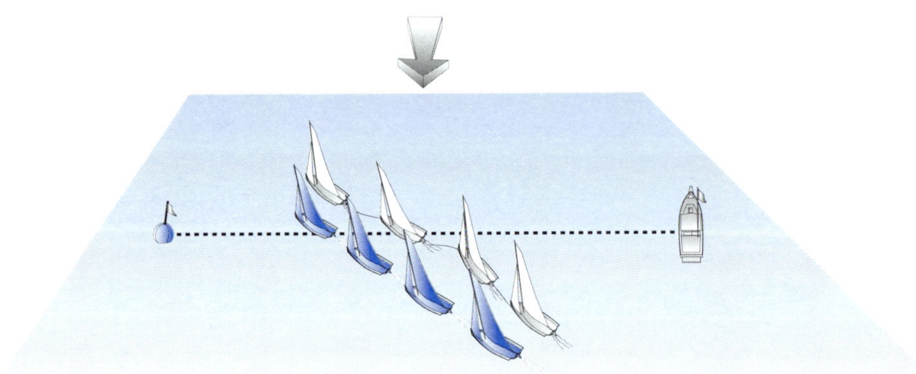

8 *Blanco se ha desplazado un poco a barlovento para crearse un poco de espacio a sotavento, para después lanzarse bien antes del cañonazo.*

• Sabiendo reducir el espacio de sotavento cuando es muy importante *(figura 9)*. Evitamos así que un participante se cuele en ese bonito hueco que nos ha costado tanto hacer. Es la cohesión entre timonel, táctico y trimers la que permite orzar y abatir manteniendo suficiente velocidad para tener maniobrabilidad, lo que condiciona una buena colocación y la posibilidad de mantener el control de la situación.

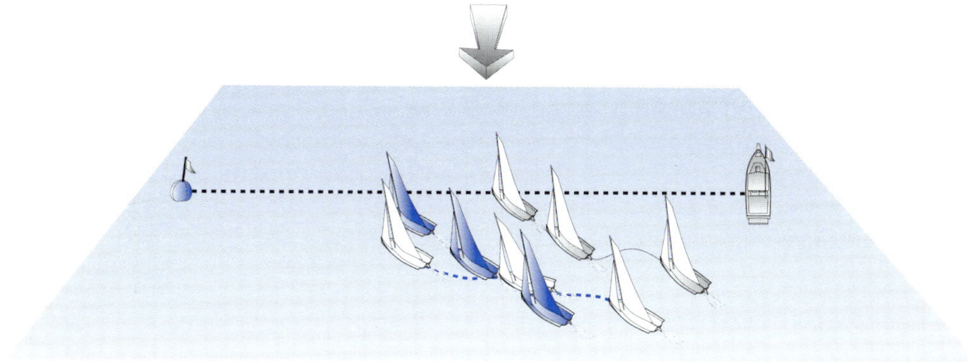

9 *Blanco abate a fin de reducir el espacio de sotavento, evitando así que un adversario se cuele en el hueco.*

El táctico debe tener los ojos detrás de la cabeza y pensar en controlar regularmente lo que pasa a su espalda. Si ve que un competidor llega, más vale perder una parte de la ventaja y cerrarle la puerta que verle tomar todo el espacio. Debemos vigilar bien no sólo a los competidores que vienen desde atrás, sino también a los que llegan amurados a babor a lo largo de la flota y que buscan situarse en el hueco pacientemente abierto a sotavento.

Hay que cerrar la puerta al competidor y guardar espacio en el hueco de sotavento. ¡Nada fácil!

Cuando un competidor amenazante apunta su proa, no debemos dudar en abatir con velocidad para reducir el espacio de sotavento y disuadirle de que se cuele. Esta caída debe efectuarse suficientemente pronto para no dejarle tiempo para que se meta.

Atención: una vez que el rival ha puesto su proa al nivel de nuestro espejo de popa, ¡ya no tenemos derecho a abatir para molestarlo!

► *Mantened la maniobrabilidad*

Es imperativo mantener la maniobrabilidad durante el procedimiento de salida, a fin de conservar el dominio de nuestras decisiones. Para tener maniobrabilidad, debemos siempre conservar un mínimo de velocidad. Este valor varía de una barco a otro. En un Clase América, esta velocidad mínima es de dos nudos. Por debajo, el timonel pierde el control del barco. Por ello cada uno debe tener sus referencias en función del barco con el que navega.

CONSEJOS DE LOS CAMPEONES

Asegurar la salida con el método de Luc Gellusseau

Durante las salidas clásicas proa al viento, Luc Gellusseau utiliza un método personal más fiable con vientos de 8 a 20 nudos (fuerza 3 a 5).
«Primero hace falta precisar que es importante poder adaptar siempre el procedimiento a la fuerza del viento y al tamaño de la flota.

► A 5 minutos de la salida, verifico la alineación de la línea del lado donde, a priori, parece favorable. Esto depende lógicamente de la longitud de la línea, ya que hay que tener el tiempo de cambiar de lado si es necesario.
► A 4 minutos de la salida, paso amurado a estribor, a un largo, a dos esloras a sotavento del lugar por donde deseo salir.
► A 3 minutos de la salida, traslucho o viro, lo que hace que vuelva a pasar por ese lugar.
► A 2 minutos de la salida, desciendo a tres o cuatro esloras a sotavento del lugar por donde deseo salir.
► A 1 minuto 15 o 1 minuto de la salida, hago media vuelta virando o trasluchando, y me encuentro amurado a estribor. Aseguro mi timing, sabiendo que si no me paro o me paro poco, saldré lanzado por el lugar que deseaba.

Este método tiene las ventajas de:

- asegurar como mínimo una salida buena o regular,
- mantenerse en movimiento respecto de otros barcos,
- escoger la posición en relación con ciertos participantes,
- no perder la noción de timing respecto a la línea.

Pero tiene los inconvenientes de:

- no salir "el mejor", aún cuando hay posibilidades para ello, redividiendo o aumentando el tiempo entre las medias vueltas de largo,
- no bloquear pronto una buena posición (por ejemplo con la layline de la boya a estribor).»

Luc Gellusseau

El método del punto «G» de Bertrand Chéret

Este método pone en evidencia una posición estratégica que va a permitir salir en el buen momento para cortar la línea en el tiempo y en el lugar escogido. La elección de ese lugar depende del tipo de velero y del tamaño de la flota.

«Supongamos una flota importante de monotipos. Este método se desarrolla en tres fases:

- Primero os situáis en una posición que os permita ver bien el conjunto de la flota y alcanzar un extremo u otro de la línea, siendo el objetivo no quedar atrapado en una tenaza. Escogéis vuestro lado en función de vuestras últimas observaciones de la evolución del viento. Por ejemplo, la salida parece favorable amurados a estribor.

- Según el comportamiento de la flota, podéis decidir tomar posición más o menos cerca del barco-comité, más o menos pronto, para bloquear el sitio. Es vuestro punto G. La conquista de este punto constituye la segunda fase.

- A partir de este punto G, os lanzáis hacia la línea en función de vuestro timing, de la distancia y del comportamiento de vuestros adversarios. Esta última fase constituye la salida propiamente dicha, tal como se vive generalmente si la conquista del punto G ha sido previamente lograda.

Pero, para las mismas condiciones de viento, este punto G difiere según las características del barco. He aquí algunos ejemplos.

- Barcos de vela ligera (420, 470, Europa, Láser...): podéis manteneros muy cerca del barco-comité mucho antes del cañonazo.

- Catamaranes y barcos de vela ligera modernos (Tornado, Hobie Cat, Dart, 49er...): poco maniobrables a baja velocidad, os conviene permanecer amurados a estribor durante los últimos minutos. Tened en cuenta cierta deriva lateral que os llevará en el buen momento al lugar deseado. Entonces, si os queréis encontrar cerca del barco-comité, el punto G está más allá de la layline.

- Barcos de quilla (monotipos, veleros oceánicos): a causa de su inercia estos barcos deben salir bien lanzados. Si varios barcos se apelotonan demasiado pronto en el extremo de la línea, os interesa salir lanzados a sotavento de ese pelotón, pero lo más arriba posible. Vuestro punto G debe permitiros que os peguéis a ese pelotón dejando eventualmente espacio a sotavento para abatir y acabar de tomar velocidad. Si venís desde el exterior de la línea, contorneáis el pelotón con velocidad;

Bertrand Chéret

si venís amurados a babor desde el centro de la línea, llegáis a virar debajo. Los barcos pesados obligan a tener en cuenta su fuerte inercia. Por tanto hay que anticipar la acción, lo que representa un inconveniente, tanto para lanzar el barco como para pararlo, pero también una ventaja, ya que corréis menos riesgo de ser sorprendidos por un cambio brusco en la conducta de un adversario (como suele pasar con la vela ligera, tablas de windsurf o pequeños monotipos).

Con un 50 pies o un Corel 45, y una flota reducida (una quincena de barcos), se practica la «oruga». Los barcos no paran de navegar a lo largo de la línea en un sentido y en otro, para conservar permanentemente una buena velocidad. La posición G es entonces aquella que os permite integrar la oruga de tal forma que su movimiento giratorio os lleva al lugar deseado para la salida, de donde se desprende la gran preocupación por el timing. Por ejemplo, pasando cerca de uno de los extremos de la línea, podéis anotar el tiempo de vuestro alejamiento, lo que os señala el momento de virar para regresar hacia él, si es de ese lado de donde queréis salir.»

► *Lanzarse en el buen timing*

El timing es siempre un factor clave del éxito de una salida. El tiempo que queda por recorrer hasta la línea varía en función de la fuerza del viento, de la velocidad del barco, de la distancia a la línea, de la corriente, etc. Su evaluación no siempre es fácil. Así pues, debemos haber realizado timings antes de la salida para tener controlada la línea.

La cuenta atrás del tiempo que queda hasta la salida es el elemento que permite situarse. Esta información debe ser fácilmente accesible. En solitario, uno se organiza para poder consultar el cronómetro con una simple ojeada. Cuando se va con tripulación es recomendable que una persona lleve la cuenta atrás para el conjunto del barco.

El procedimiento utilizado debe ser siempre idéntico. Se descuenta por ejemplo:

- cada minuto hasta los 5 minutos,
- cada lapso de 15 segundos hasta el minuto,
- cada lapso de 5 segundos hasta los 30 segundos,
- cada lapso de dos segundos hasta los 10 segundos,
- y cada segundo hasta la salida.

Esta sistematización no sólo permite que el timonel esté al tanto del tiempo que falta para la salida; además le tranquiliza. Cuando el procedimiento cambia, el timonel se inquieta, se pregunta si la persona encargada del cronómetro no se habrá olvidado de contar el tiempo y puede perder la concentración en esos segundos cruciales.

» PREGUNTA A LOS REGATISTAS

¿Haces timings?

El 81% de los regatistas toman tiempos antes de la salida. Para hacerlo, el 86% utiliza un reloj de pulsera, el 7% un cronómetro en la botavara, el 29% el cronómetro electrónico de a bordo (repetidores bajo el pinzote), mientras que sólo el 29% hace que un tripulante desgrane el tiempo.

► *No dejar de seguir la evolución del viento durante el procedimiento de salida*

El procedimiento de salida exige una fuerte concentración. Hay que pensar en muchas cosas a la vez. El táctico olvida a menudo controlar la evolución del viento. Hay que reconocer que la tarea no es fácil. El viento está perturbado debajo de la línea y, en los grandes barcos, la electrónica no es muy precisa cuando se da vueltas. Es por tanto un elemento esencial. Los campeones son aquellos que saben crear una nueva estrategia de salida a menos de 5 minutos del cañonazo para adaptarse a nuevas condiciones.

Afortunadamente disponemos de ciertos elementos que permiten apreciar la situación:

- Ponerse proa al viento permite ver si la orientación de la línea todavía es la que se había determinado,
- Mirar las salidas anteriores da una buena imagen de la situación en ese instante,
- La observación del barco-comité así como la orientación de sus banderas es otro elemento,
- El trimado de un bordo a otro cuando se navega a lo largo de la línea antes de la salida también es un buen indicio. Si la línea está bien equilibrada, el trimado debe ser el mismo en los dos bordos.

La combinación de estos elementos es lo que permite descubrir las variaciones y tenerlas en cuenta en la estrategia de salida.

► *Línea a babor; los peligros, y cómo esquivarlos*

Cuando la línea de salida es claramente ventajosa amurados a babor (a la izquierda), un error clásico consiste en no estar suficientemente arriba en la línea en los minutos que preceden a la salida y dejarse encerrar por los participantes más audaces.

Hay cierta tendencia a navegar a lo largo de la línea amurados a estribor. Cuanto más sesgada hacia la boya está la línea, tanto los participantes tienen tendencia a navegar en fila india *(figura 10)*. Incluso puede ocurrir que no la podamos cruzar en ese bordo si la boya está de verdad mal fondeada o el viento ha rolado mucho.

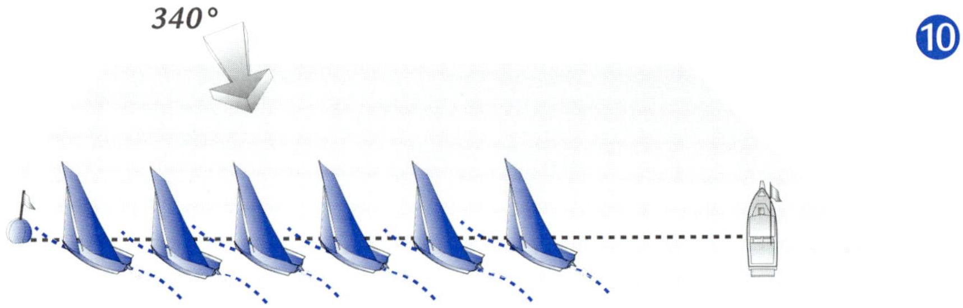

El viento ha borneado 20° a la izquierda, y la flota navega en fila india. ¡Amurados a estribor la línea será difícil de cruzar!

• Situándose detrás de un barco, se corre el riesgo de no poder salir delante de él. Se está igualmente molestado por el barco de proa. Imposible, en esas condiciones, hacer una buena salida.

• Por lo tanto, es necesario permanecer arriba sobre la línea y no dejarse tapar. El tiempo necesario para cruzar la línea es mucho mayor. Entonces es posible lanzar el barco más pronto que en una salida normal.

• Si el cruce de la línea amurados a estribor es difícil, se vira en cuanto es posible; lo mejor es hacerlo antes del cañonazo para estar lanzados amurados a babor en la señal de salida. Normalmente, no hay demasiado problema en virar delante del participante que está a popa, ya que los barcos están en fila india y no en espiga, como en una salida normal.

Permaneced arriba sobre la línea, para que no os tapen los participantes de barlovento, y lanzad el barco antes que en una salida normal con una línea favorable junto a la boya.

► *Línea a estribor; los peligros, y cómo evitarlos*

En una línea favorable a estribor (a la derecha) el problema es inverso. Amurados a estribor, la línea se corta muy deprisa. En efecto, se navega perpendicularmente a ella *(figura 11)*. La velocidad de acercamiento a la línea de salida es entonces elevada.

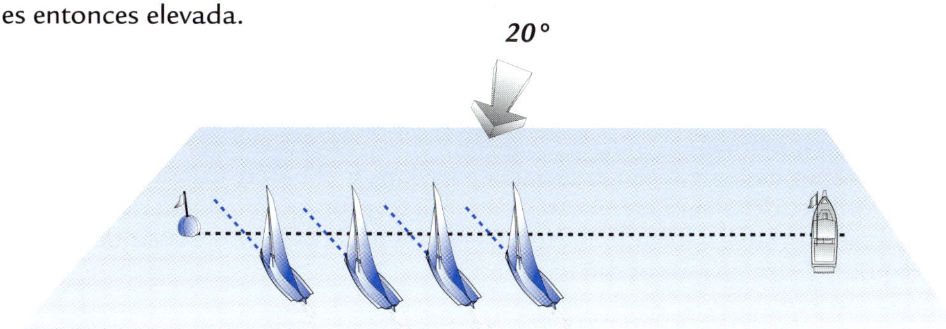

11 *El viento ha rolado 20° a la derecha y la flota navega casi perpendicularmente a la línea. ¡Cuidado con los tiempos!*

• **Primer punto:** atención, no acercarse demasiado a la línea. Hay que reservar un poco de espacio para lanzarse.

Los participantes demasiado cercanos a la línea a un minuto de la salida a menudo son «tragados» en el cañonazo por los que habían tomado un poco de distancia y llegan lanzados.

• **Segundo punto** que se debe vigilar: la proximidad de los barcos. En efecto, hemos visto que los participantes están casi en fila india cuando la línea está a babor, mientras que están en espiga cuando la línea es neutra.

Cuando la línea está a estribor, pueden perfectamente estar unos al lado de los otros. Siempre son las salidas más impresionantes.

También son muy selectivas. Un participante que arranca dos segundos más pronto a barlovento o a sotavento os coloca en una posición que no tiene salida *(figura 12)*.

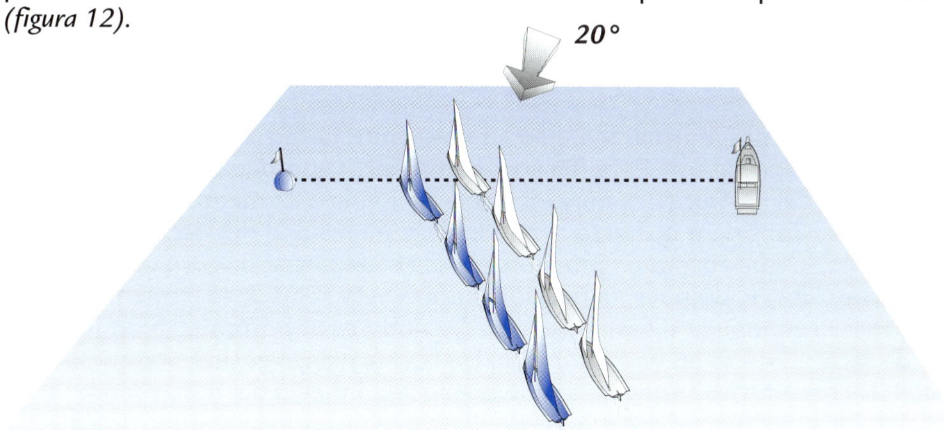

12 *Blanco ha arrancado a barlovento un poco antes y tapa a Azul, que se encuentra en su desvente.*

► *La corriente en la línea de salida*

La corriente puede ser un elemento determinante en la línea de salida.

Cuando es contraria, hace falta mucho más tiempo para cruzar la línea. Es necesario entonces tenerlo en cuenta y lanzar el barco más pronto.

En estas condiciones, la mayoría de competidores cruza la línea con varios segundos de retraso.

Inversamente, los comités de regata se ven obligados a hacer varias llamadas generales cuando la corriente es favorable. Efectivamente, la línea se cruza mucho más rápidamente.

Por lo tanto hay que reservar espacio para lanzar el barco. Cuando la corriente es favorable, debe evitarse el estar demasiado pronto en la línea de salida. El riesgo es encontrarse subiendo inexorablemente hacia la línea y quedar atrapado en un grupo de barcos sin poder hacer nada...

» PREGUNTA A LOS REGATISTAS

En la elaboración de tu estrategia, ¿en qué ocasiones la corriente debe ser más tenida en cuenta que el viento?

- el 50% piensa que cuando la corriente es de medio nudo;
- el 41% piensa que cuando la diferencia de la corriente entre los dos lados del campo de regatas supera el medio nudo;
- el 41% piensa que cuando la diferencia de la dirección de la corriente entre los dos lados del campo de regatas es importante;
- el 33% piensa que cuando la corriente es de un nudo;
- el 33% piensa que cuando la diferencia de la corriente entre los dos lados del campo de regatas supera el cuarto de nudo;
- el 16% piensa que cuando la corriente es de un nudo y medio;
- el 8% piensa que cuando la corriente es de un cuarto de nudo.

(Los regatistas podían escoger varias respuestas.)

Luc Gellusseau confía plenamente en su navegante para esta elección, delicada para uno no especialista. Para **Thierry Péponnet,** todo depende del grado de inestabilidad del viento; si es muy inestable, la mínima corriente es importante. **Franck David** considera que esto depende de la intensidad del viento. Para **Jean-Yves Bernot,** lo que cuenta en primer lugar es el diferencial de corriente (en fuerza y en dirección) y, después, la relación entre la velocidad de la corriente y la del barco. Por ejemplo, una diferencia de medio nudo es importante en un JOD 35, pero de escaso interés en un multicasco. De hecho, Jean Yves procura que el diferencial de corriente no supere el 5% de la velocidad media del barco con las condiciones meteorológicas del momento. Finalmente, evalúa la relación entre la ventaja que suma la corriente y la que suma el viento: «¡Realmente, ganar medio nudo de corriente para pasar de 10 a 5 nudos de viento no es rentable!».

La salida a un largo

Salir a un largo no es cosa fácil. No obstante esto ocurre en grandes regatas o en recorridos costeros, cuando no hay boya de desmarque. Entonces es esencial salir a plena velocidad. Esto implica tener bien en la cabeza los tiempos y los reglajes que utilizaremos. Las escotas y los barbers deben estar cazados antes de la salida.

- Si salimos amurados a estribor, podremos utilizar una de las dos técnicas de colocación descritas más arriba para salidas en ceñida.
- Si salimos amurados a babor, las cosas se complican. Generalmente es un gran follón con muchos gritos y otros tantos participantes que no saben con certeza sus derechos.

Desgraciadamente, no hay receta milagrosa. Hacemos todo lo que podemos, ¡arriesgando lo menos posible!

Salida con spi

Las salidas o las llegadas con spi en las regatas del Royal Yacht Squadron, de Cowes, son siempre impresionantes tanto para los que están a bordo como para los espectadores apelotonados en el muelle... ¡sin contar que aquí las corrientes son violentas, y los bajíos numerosos!

Salir con spi exige de nuevo un excelente timing. Efectivamente, es imposible parar el barco una vez que está lanzado y con el spi portando.

Las salidas a pocos metros de la orilla, delante del Royal Yacht Squadron durante la Channel Race o la Fastnet (Admiral's Cup y Semana de Cowes), ¡son apasionantes! A menudo los participantes recorren la línea navegando a un largo. Abaten entre 20 y 30 segundos antes de la salida y mandan el spi arriba *(ver figura 13)*.

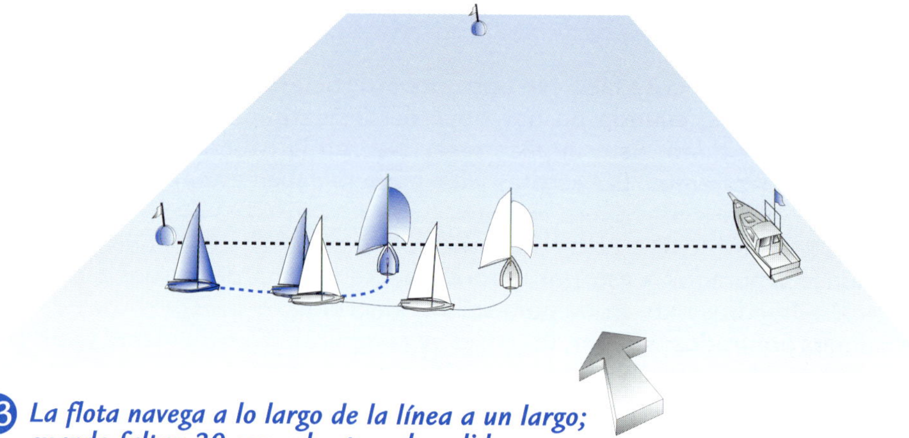

13 ***La flota navega a lo largo de la línea a un largo; cuando faltan 30 segundos para la salida,*** *abate a fondo e iza el spi.*

Durante la Whitbread 1997-1998, la mayoría de las salidas fueron con viento portante. En este juego, Paul Cayard, ha dado muestras de toda su maestría con el timing, casi siempre cruza la línea en cabeza y tiene el spi establecido.

Para las salidas amurados a babor, cuidado con el listillo que llega amurado a estribor a 15 segundos de la salida. Seguro que fallará su salida, ya que no tendrá tiempo para abatir, izar el spi y hacerlo portar para salir a plena velocidad en el momento del cañonazo. No obstante, tiene prioridad antes de hacer su salida. ¡Por lo tanto hay que tenerlo en cuenta!

9.5. CONCLUSIONES

En una salida hay muchos aspectos que se deben tener en cuenta. Todos los tácticos de renombre lo afirman: «Hay que tener gran capacidad de síntesis». Hay que usarla desde la salida, delimitando los dos o tres factores clave. Una vez que estén definidos, los analizamos y actuamos en consecuencia. Los otros son dejados de lado. No podemos integrar todas las informaciones simultáneamente. Por tanto queda por asimilar los buenos datos.

⏩ ANÉCDOTAS

Vivido en regata antes de la salida

► **Luc Gellusseau** (Campeón del mundo en 1995 de Mumm 36, patrón y timonel del *Corum Watches*).

«Hacemos nuestro procedimiento habitual, todo funciona bien. Hemos decidido salir a sotavento del pelotón a la derecha y, a cuatro minutos de la salida, mi intuición me dicta salir por la boya, en el extremo de la línea. Vamos a por todas, salimos solos, hacemos el cuadro de la izquierda con layline babor y ganamos la manga. Mi consejos: no hacerlo nunca, ¡funciona sólo una vez de cada diez!»

► **Luc Pillot** (Admiral's Cup 1993, táctico del 40 pies *Corum Rubis*).
«En el extremo de la línea, con corriente fuerte, a algunos metros de la boya de salida, Brava, comandado por Paul Cayard y Rod Davis, se va para atrás. Se enreda en el fondeo de la boya y no consigue librarse. El comité lanza el procedimiento, después lo retrasa. Finalmente ¡hubo más miedo que otra cosa! Pero la situación era embarazosa. Mi consejo: cuidad de no meteros tontamente en dificultades.»

► **Christine Briand** (regata internacional, timonel de 470).
«En una ocasión, tuve muchos problemas para preparar mi salida. Era en 470, en Egipto. Mi tripulante tenía una diarrea terrible. Entre la señal de atención y la salida, la arrastré, aferrada al espejo de popa, para que pudiera satisfacer una necesidad imperiosa. Ya no recuerdo si hicimos una buena salida o no, ¡pero ganamos el campeonato! Mi consejo: aprended a resolver lo imprevisto, y no perdáis la calma...»

► **Bertrand Chéret** (regata en Meulan, timonel de 505).
«Gran regata en el Sena en Meulan. Claude Vergnot llega tarde; en él, eso no es sorprendente. Pone su 505 en el agua deprisa y corriendo, dado que el reglamento prohíbe que estemos amarrados a tierra durante los cinco minutos que preceden a la salida. Su hijo plantificado en el agua cerca de la línea, sujeta el barco por la proa para que no sea arrastrado por la corriente. Él pone el palo y apareja las velas a toda prisa. Cañonazo de salida, y he ahí que salen, velas mal trimadas. Pero resulta que su posición cerca de la orilla es estratégica con relación al viento y la corriente. ¡Y ganan la manga sin problemas! Mi consejo: mantened los ojos abiertos. Incluso una situación poco favorable puede convertirse en una ventaja».

► **Thierry Péponnet** (Semana preolímpica de Seúl, 1987, timonel de 470).
«Ese día, en el campo de regatas de Seúl, hay cerca de cuatro nudos de corriente contraria al viento, que nos empuja fuera de la línea. A un minuto de la salida, todos los 470 están en popa, con 15 nudos de viento, a una decena de esloras (50 metros) de la línea. Hace falta entonces orzar en el momento apropiado para dejarser llevar hasta la línea de salida, sin estar por encima de la layline comité, ya que entonces es fácil cerrar la puerta. De esta forma, bloqueamos un montón de barcos a barlovento del comité; uno de ellos, incluso, engancha el timón en la cadena de fondeo... Mi consejo: si hay corriente, estad aún más alerta».

Thierry Péponnet

CONSEJOS DE LOS CAMPEONES

Hacer una buena salida

► **Jean-Yves Bernot.** «Considerad la salida como una de las partes más divertidas de la regata. ¡Id a por ella y no la convirtáis en un mundo! Definid bien el terreno de juego en el tiempo y en el espacio (timing, laylines y balizas de salida). Permaneced relajados hasta dos minutos antes del cañonazo, después poneos enseguida extremadamente agresivos, a fin de haceros respetar. ¡No tiene que haber término medio!»

► **Luc Gellusseau.** «Cuando regresáis amurados a babor, anticipad el sitio de la última virada para disminuir el ángulo con el barco a sotavento del cual viráis.»

► **Philippe Presti.** «La línea de salida es un problema de representación en el espacio, hay que prepararse todo lo posible. Es difícil situarse a una eslora de la línea cuando se está solo y no hay referencias a la costa. Pero aún es más difícil hacerlo cuando hay barcos que tapan los extremos. Observamos «vientres» enormes en mitad de la línea ya que los barcos se alinean unos con respecto a otros, y pierden sus referencias. Por ello, conservad referencias visuales todo el tiempo y haced abstracción de los otros barcos. Después, lanzaos ¡sin pararos jamás en los 30 segundos! Salid entre 15 y 20 segundos antes de la señal de salida, para cruzar la línea con velocidad...»

► **Luc Pillot.** «¡No os dejéis arrastar por los contactos con los barcos cercanos que pueden distraeros de lo que realmente queréis hacer!»

► **Thierry Péponnet.** «Tened una buena noción de la inercia del barco y de su tiempo de arranque. No dudéis en repetir timings antes de la salida. En proximidad de la línea, haced participar a los tripulantes para precisar el timing y, si hay, tomad una referencia a tierra. Finalmente, evitad las aglomeraciones de barcos y optad por salir a sotavento de un apelotonamiento si deseáis privilegiar la izquierda del campo de regatas, o ¡a barlovento de él si optáis por la derecha!»

► **Christine Briand.** «En lugar de tratar de estar en el mejor sitio, ¡dad prioridad a una salida lanzada y despejada!»

► **Bertrand Chéret.** «¡No olvidéis que podéis utilizar el motor, el remo o el balanceo hasta cinco minutos de la salida! El motor es a veces muy útil para hacer marcha atrás a fin de sacar las algas, o incluso para ir al otro extremo de la línea cuando el viento es débil.»

► **Nicolas Hénard.** «Salir bien, no es salir en el buen sitio, lanzado cuando suena la señal de salida; es salir antes que los demás, para estar entre los primeros algunos minutos después de la salida.»

► **Michel Desjoyeaux.** «Haced todo lo posible para que se cree un hueco, un espacio a sotavento en los 40 segundos antes del cañonazo. Esto os servirá para abatir y lanzaros en los 20 segundos. Salid despejados, ¡pero no os inquietéis! Lo que cuenta es la línea de llegada...»

► **Alain Gautier.** «Siempre estamos más cómodos a sotavento que a barlovento. Y además, ¡evitad los apretujamientos de barcos!»

► **Bertrand Pacé.** «Intentad colocaros pronto y proteged vuestro hueco. ¡No estéis demasiado debajo de la línea de salida!»

No nos cansaremos de decirlo, la salida es primordial. Aquí, Lise Vidal, durante los Juegos Olímpicos de Sydney, acaba de hacer una salida lanzada y a sotavento. Ya está en posición de «librarse» de la participante finlandesa que está inmediatamente a barlovento de ella.

CAPÍTULO 10 - LA CEÑIDA

10.1 - El compás en ceñida 144
10.2 - ¿Viento que amaina o viento que se cierra en ceñida? 148
10.3 - ¿Viento que arrecia o viento que se abre en ceñida? 150
10.4 - Las laylines en ceñida 152

CAPÍTULO 10:

*¡Ya está, ya empezó! Nada de relajación.
El táctico trabaja permanentemente.
Observa a los adversarios, las variaciones
de intensidad y dirección del viento, las nubes
y las rachas. Confronta a continuación
sus observaciones con las hipótesis
establecidas antes de la salida,
sobre las que se basa su estrategia.*

EQUIPO

10.1. EL COMPÁS EN CEÑIDA

Casi siempre, el compás es el principal instrumento del táctico. Lo vigila él mismo o le encarga a un tripulante que le vaya cantando las variaciones. Es lo que hacen la mayoría de los timoneles en match-racing. Es la misma organización que aplica Luc Gellusseau con tripulación cuando le pide al número 3 que le diga el rumbo.

» PREGUNTAS A LOS REGATISTAS

En ceñida, ¿cómo lees el compás?

- el 50% lo mira de tanto en tanto;
- el 42% lo mira a menudo;
- el 28% lo mira continuamente;
- el 28% se hace cantar el rumbo por un tripulante de forma permanente.

(Los regatistas podían escoger varias respuestas.)

Es una evidencia: todos los campeones utilizan el compás en ceñida.
Sólo **Maud Herbert** y **Franck David** no lo utilizan; el porqué: ¡las tablas de windsurf no lo llevan!

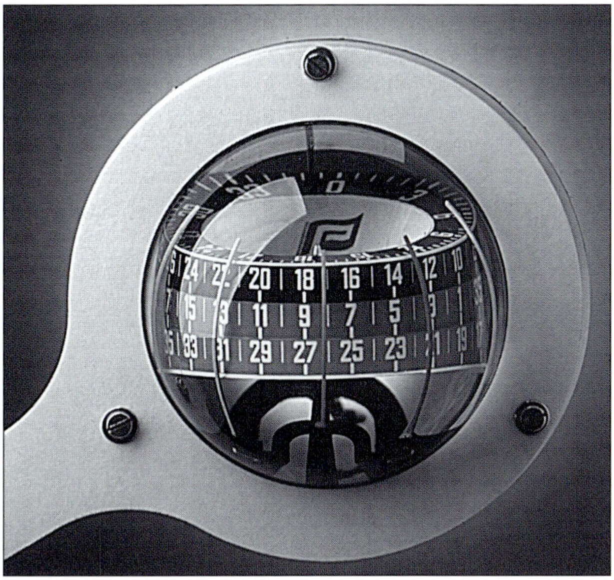

Lo más frecuente es que los compáses tácticos, fijados en un mamparo o el palo de un velero ligero, o sobre la cubierta en un barco grande –aquí un compás de Tornado– estén equipados con una triple escala graduada y tres alidadas. Los números son muy legibles (aquí 170 y 260, para una diferencia de 90 º, o sea 45 º en cada bordo), y la escala central permite ver instantáneamente las variaciones del compás de unos 5 º.

Cabe destacar que hay muchos que casi no pueden dejar de mirar continuamente el compás, mientras que en match-racing, la mayoría de los patrones hacen que un tripulante les cante el rumbo que marca el compás, lo que les permite estar más concentrados en la táctica propiamente dicha.

Michel Desjoyeaux, que de tanto en tanto echa una ojeada al compás, utiliza casi exclusivamente la dirección del viento en los instrumentos, mientras que Nicolas Hénard en general la utiliza muy poco, y sobre todo en función del sistema de viento.

Finalmente, **Jean-Yves Bernot** precisa que hay que ver cuándo es útil el compás y cuándo no lo es. «Cuando navegamos "en absoluto", es decir en roladas experimentadas por toda la flota, el compás es muy útil. En cambio, cuando navegamos "en relativo", en un campo de regatas con varios vientos presentes, como todo el mundo tiene vientos distintos y es imposible preverlos, sólo buscamos ganar con relación a los adversarios. En este caso, un bordo, incluso malo, es interesante si es mejor que el del colega. En este caso, el compás es más bien molesto.»

En ceñida, ¿cómo memorizas los rumbos del compás?

- el 64% anota los rumbos en el barco (en un mamparo, un candelero, la cabina...);
- el 42% memoriza los rumbos;
- el 28% anota los rumbos en un bloc de notas.

(Los regatistas podían escoger varias respuestas.)

CONSEJOS DE LOS CAMPEONES

En ceñida utilizad correctamente el compás

► **Jean-Yves Bernot.** «Aparte de la observación señalada más arriba sobre los casos en que hay que ocuparse o no del compás, añadiría que un compás electrónico bien calibrado es increíblemente práctico.»

► **Luc Gellusseau.** «Marcad en algún sitio del barco, o cerca del compás, “lado derecho: + = +” y “lado izquierdo: + = –” .»

► **Philippe Presti.** «El compás sólo debe estar ahí para cuantificar. Sabemos que el viento rola, pero ¿de cuánto? No os dejéis hipnotizar y levantad la cabeza. Emplead el compás en la boya de sotavento para ver si el viento se abre o se cierra al principio del bordo, y enseguida, levantad la cabeza.»

► **Luc Pillot.** «A veces no utilizo más que el rumbo del barco de un bordo a otro, pero es bueno, de tanto en tanto, comprobar el rumbo del viento. Anunciar regularmente los rumbos permite que varios tripulantes los memoricen. A menudo he observado que, incluso para algo tan “objetivo” como el compás, había varias maneras de leerlo. Lectura optimista o pesimista: normalmente el compás está ahí para no tomar los deseos por realidades.»

► **Nicolas Hénard.** «Al principio no utilizéis el compás y aprended a observar a los otros participantes, ¡ya sea que estén cerca o lejos!»

► **Marc Bouët.** «Hay dos métodos posibles. Uno, tomad el recorrido como punto 0: recorrido al 180; 80° de bordo a bordo; los rumbos son 140 y 220. Dos, tomad el viento medio como referencia. Tanto en un caso como en otro, mantened un ojo sobre la referencia no prioritaria (viento o recorrido). Sin duda la referencia viento es mejor para recorridos pequeños, vientos oscilantes o un recorrido en el eje. La referencia recorrido es mejor en los casos contrarios: gran recorrido, borneos, recorrido descentrado.»

Lo más frecuente es que los barcos grandes –aquí un VO 60– estén equipados con un compás de pedestal situado delante de cada rueda de timón.

► **Thierry Péponnet.** «Utilizad el compás para confirmar o invalidar vuestras sensaciones. Si tenemos la nariz fuera del barco aprendemos más que si no quitamos los ojos del compás. Calculad "+x y –x grados" con relación a un viento medio establecido en la salida, lo que os permitirá ser más claros en la comunicación a bordo.»

► **Bertrand Chéret.** «Todo el mundo es capaz de leer un compás. Es una tarea que hace que cualquier tripulante sea útil, incluso los menos experimentados. Pensad en observar particularmente bien el compás al acercaros a la baliza de barlovento, para extraer una indicación sobre el cariz que tendrá la empopada y la maniobra que se hará en la boya.»

► **Bertrand Pacé.** «Estad seguros de que leéis correctamente el buen rumbo con relación a los movimientos del barco. No cometáis errores de paralaje.»

» ANÉCDOTAS

Historias de rosa...

► **Jean-Yves Bernot.** «Regata del Edhec con alumnos ingenieros. El patrón (contratado con el barco) pregunta: "Hacemos el 330 amurados a estribor. ¿Qué rumbo haremos en el otro bordo?". Un futuro ingeniero responde: "¡425°!". El patrón, furioso, dio una vuelta completa y volvió a ceñir amurado a babor...»

► **Philippe Presti.** «Estaba acostumbrado a un clásico compás de cubierta. Cuando compré mi primer Finn Devoti, antes del Mundial 1993, en Belfast, confiaba instalar en el barco un compás igual en sustitución del de mamparo que traía el barco. Imposible. La orza lo ocupaba todo. Entonces, decidí quedarme con el compás de mamparo. Me pasé el principio del campeonato preguntándome si el viento se abría o se cerraba, tan habituado estaba a ver desfilar los números en el fondo de la rosa, al contrario de lo que pasa con el compás de mamparo, donde el rumbo se lee frente a la rosa. Llegaba incluso a mover la caña para saber si giraba. Desesperado, decidí no volver a mirarlo. Ahora que lo pienso, quizá fuera eso lo que me permitió ganar...»

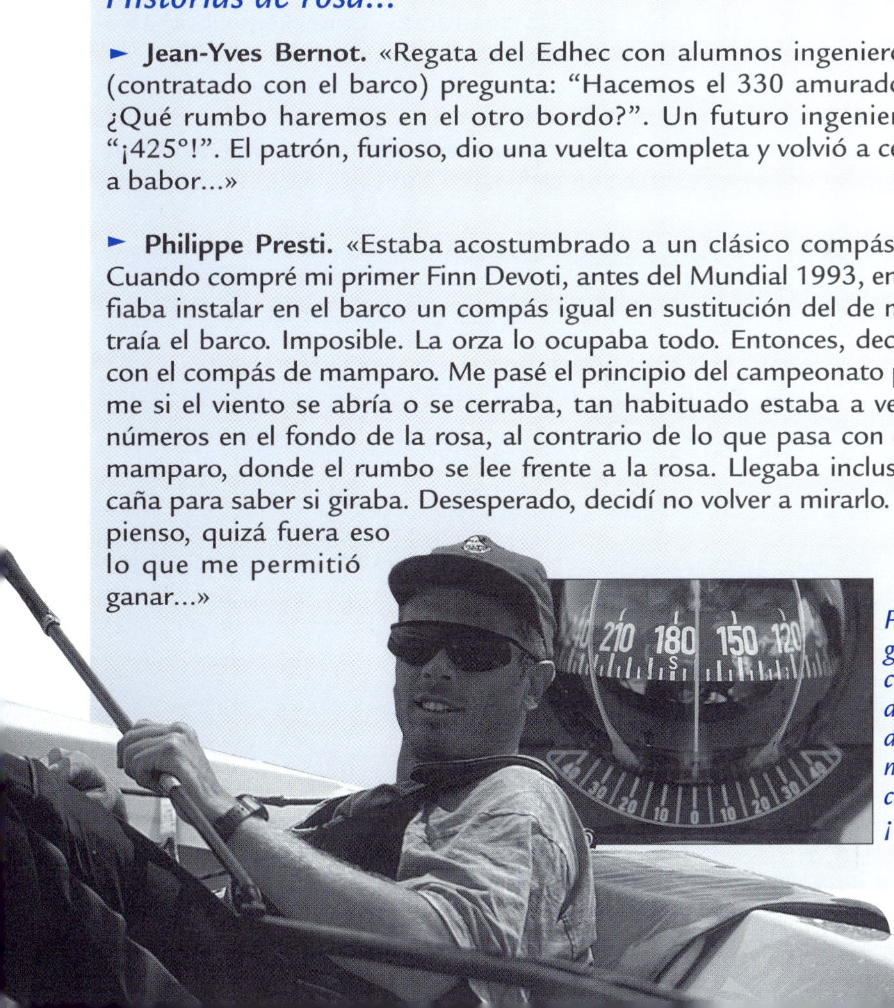

Philippe Presti ganó su primer campeonato del mundo de Finn sin mirar el compás. ¡Para pensarlo!

SENSACIONES

10.2. ¿VIENTO QUE AMAINA O VIENTO QUE SE CIERRA EN CEÑIDA?

» PREGUNTA A LOS REGATISTAS

Cuando navegáis en ceñida, ¿cómo diferencias entre un viento que amaina de uno que se cierra?

En ceñida, diferenciar bien un viento que amaina de un viento que se cierra no es tan fácil. Cada uno tiene su método, pero la experiencia y las sensaciones son preponderantes.

Jean-Yves Bernot los diferencia por la escora del barco y la dirección del viento real (TWD) en la electrónica de a bordo.

Loïck Peyron afirma: «¡Se ve, se siente! Es difícil de explicar».

En cuanto a **Christine Briand,** utiliza tanto la electrónica como el equilibrio aerodinámico del barco, el aspecto del agua, las sensaciones en la cara y el pelo...

Para **Maud Herbert,** «te das cuenta de que el viento amaina por las sensaciones que te trasmite la vela; también lo ves en la superficie del agua», mientras que, para **Alain Gautier,** «es por la dirección del viento indicada en la electrónica y por las sensaciones».

Cuanto más grande es el barco –aquí el Corum Saphir, subcampeón del mundo de 50 pies IOR en 1993–, tanto más la electrónica es una ayuda preciosa para diferenciar un viento que amaina de uno que se cierra.

En un catamarán como el Tornado, las sensaciones en la cara y la desaceleración son buenos indicadores para ver la diferencia entre una ráfaga que amaina o que se cierra... sin olvidar la indispensable observación de la superficie del agua.

Franck David explica que es frecuente que un viento que amaina venga acompañado de un viento que se cierra: «Lo importante es reaccionar rápidamente si el viento que amaina o el que se cierra se prolongan. Además en tabla de windsurf, la apreciación del viento es mucho más difícil que en un barco...».

Para **Philippe Presti,** el Finn no tiene tanta inercia como para permitirse este tipo de confusiones, salvo con viento flojo. «Mi estrategia es trimar la vela para que funcione en flujo laminar. Y en tres segundos, ¡estamos seguros de qué se trata!»

Para **Luc Pillot,** la distinción es difícil, sobre todo con viento débil: «Hay que tener un poco de paciencia y no abatir en cuanto flamea el foque. De nuevo aquí, una buena comunicación entre el timonel y los trimadores puede ayudar a hacerse una idea. Cuando el viento es más fuerte, las sensaciones y los cambios de equilibrio son reveladores».

Thierry Péponnet explica: «Todo depende de la importancia del viento que se cierra o del viento que amaina, así como de las condiciones de viento. Con viento fuerte, el viento que se cierra se registra en las lanitas del foque, y la corrección de ruta en la caña no comporta modificación de la escora del barco. Si el viento efectivamente amaina, el barco pierde potencia, ¡incluso corrigiendo con la caña! Con poco viento, las sensaciones, más confusas, deben ser conjugadas con una observación de la superficie del agua (rachas). A veces hay que esperar un buen rato (de 5 a 8 segundos) después de haber recuperado el flujo laminar, para llegar a determinar con precisión si el viento amaina o se cierra».

Para **Bertrand Pacé,** esto se nota a ojo, por la escora del barco y la observación del agua; para Luc Gellusseau, por la velocidad del viento aparente (AWS) en la electrónica.

Para **Marc Bouët,** el problema es saber si la dirección del viento también ha cambiado al amainar o al arreciar. El compás, informador prioritario (en un pequeño barco sin electrónica compleja), da entonces una información modificada, en particular con vientos de entre 5 y 10 nudos, ya que el ángulo de remontada se modifica rápidamente. Hace falta entonces completar la información con las sensaciones y la observación de los ángulos con los otros barcos. Cada sensación de que el viento amaina o arrecia debe ser objeto de una discusión a bordo, para modificar el reglaje o tomar una decisión táctica. «El peor error es confundir viento que amaina y que se cierra, y decidir una virada.»

Para **Bertrand Chéret,** finalmente, «las sensaciones de escora son bastante elocuentes. Incluso si un viento que amaina se presenta como un viento que se cierra, la evolución del viento aparente, la modificación de la escora son más sensibles que las provocadas por la reducción de la incidencia de un viento que se cierra. Para algunos las sensaciones en la piel son muy finas, y se suman a las otras.»

10.3. ¿VIENTO QUE AMAINA O VIENTO QUE SE ABRE EN CEÑIDA?

» PREGUNTA A LOS CORREDORES

Cuando navegas en ceñida, ¿cómo ves la diferencia entre un viento que arrecia y otro que se abre?

Aquí también, como en lo descrito más arriba, diferenciar un viento que arrecia de otro que se abre sigue siendo un asunto de sensaciones muy personales.

Jean-Yves Bernot encuentra la diferencia con la electrónica (dirección del viento real) y la escora; **Maud Herbert,** observando la superficie del agua. «Y enseguida, añade, la vela tira más sobre la mano de atrás.»

Christine Briand la siente por la electrónica, por la escora del barco, las sensaciones en la cara y el pelo, a veces por el ruido y la tensión en las escotas. Para Loïck Peyron, es ante todo una cuestión de sensaciones, al igual que para Franck David (comportamiento de su flotador).

Para **Marc Bouët,** cuando el viento amaina o arrecia, el problema es saber si también ha cambiado de dirección.

Luc Gellusseau confía siempre en la electrónica vigilando los indicadores: la velocidad y el ángulo del viento aparente (AWS y AWA).

En un Laser, por ejemplo, cuando el viento arrecia se siente inmediatamente por el incremento de la escora y una ligera orzada.

Bertrand Pacé nota esta diferencia a ojo, por la escora y la presión en el agua, al igual que Nicolas Hénard, que además tiene en cuenta las sensaciones en la cara.

Para **Thierry Péponnet,** la corrección del timón para volver a coger el viento cuando éste se abre, acarrea un rápido regreso del barco al equilibrio lateral inicial. Durante el refuerzo del viento, podemos sacar provecho del efecto de «dominar» el viento con la caña, e ir más lejos desventando el ataque del foque o haciendo flamear las lanitas de barlovento, sin riesgo de ponernos el barco de sombrero.

Para **Luc Pillot,** con poco viento, el trimador filará escotas para acelerar, después las cazará si se trata de una racha más fuerte o seguirá la orzada del timonel si es un viento que se abre. Es esencial que el tripulante de proa anuncie las rachas.

Finalmente, para **Bertrand Chéret,** con viento débil, la reacción en las velas es bastante elocuente. «Al principio, con viento medio, no me preocupo en absoluto: normalmente, el flameo hace que el viento aparente se abra; lo acompaño variando el rumbo. Hasta que no me he establecido en el nuevo rumbo no hago un análisis. Con la electrónica, los segundos de desfase de inercia instrumental ya han transcurrido, y la indicación es la correcta. Sin electrónica, la navegación con escora constante da una buena indicación. Si se trata de un borneo del viento real, una vez que el barco ha vuelto al rumbo y la velocidad deseada, encontramos los mismos reglajes y sensaciones que había antes. Si el viento ha arreciado, se deja sentir la necesidad de "trampear" un poco más si deseamos mantener la misma escora.»

MEDICIÓN

10.4. LAS LAYLINES EN CEÑIDA

CONSEJOS DE LOS CAMPEONES

Observad las laylines de cerca

► **Luc Pillot.** «No persigáis vuestras laylines desde demasiado lejos; entrenaos haciendo uno o dos cuadros antes de la salida. Eventualmente, tomad una referencia en tierra (en el caso de un viento estable) y no dudéis en pedir la opinión de uno o varios tripulantes que estén en la banda.»

► **Thierry Péponnet.** «Trazad referencias (alidadas) en el barco y, cuando os acerquéis a la layline, preguntad al timonel si piensa que el viento se abre, se cierra o es neutro. Esto os permitirá estar en sintonía con vuestro objetivo en cada momento. Con marejada, no dudéis en fiaros de vuestra intuición.»

► **Nicolas Hénard.** «El trazado de las laylines se trabaja en el entreno. Aprended a situaros girando la cabeza en uno y otro sentido, para mirar la boya.»

El italiano Mattia Pressich, dos veces campeón del mundo de Optimist, en 1998 y 1999, tiene esa facultad de apuntar a las laylines con una precisión diabólica y desconcertante para sus rivales. Dice que sólo se guía por sus sensaciones y por referencias en tierra. Está claro que cuando navegamos siempre con el mismo barco, lo más frecuente es que la determinación de las laylines se haga a ojo, gracias a la experiencia.

► **Marc Bouët.** «Pedid una información sistemática y regular sobre la proximidad de la layline en esloras, en minutos, y esto, a partir de la mitad del bordo de ceñida aproximadamente. No dudéis en tener el mayor número posible de opiniones a bordo, en particular si hay corriente. Y si tenéis una duda, ¡virad siempre antes que después!»

► **Philippe Presti.** «No dudéis en entrenaros en la fase preparatoria de la regata. Llegad lo más tarde posible al cuadro; esto disminuye los riesgos de equivocarse respecto a una layline.»

► **Luc Gellusseau.** «Utilizad un buen compás de marcaciones y anticipaos bien, a fin que se establezca un diálogo entre el navegante, que da la posición teórica; el táctico, que da su estimación sobre la posición del barco respecto a la layline; y el timonel, que puede (más o menos) escoger el lugar preciso de la virada en función de las olas y/o la velocidad del barco.»

► **Jean-Yves Bernot.** «¡Sed serios! Lo de "esto va a funcionar" no funciona nunca, sobre todo si hay corriente. Jugad bien con la corriente, para saber si podréis deslizaros bajo la flota o no. Preved vuestra posición con respecto a los otros barcos.»

► **Bertrand Chéret.** «No desdeñéis el factor mar. Desconfiad de la llegada de otro velero, que puede venir a situarse delante de vosotros, ¡cerca de vuestra layline! Aquí de nuevo, con un vela ligera, más vale equivocarse por haber ido demasiado arriba, mientras que con un velero oceánico, más vale virar debajo libre de la flota que de la layline.»

► **Bertrand Pacé.** «Cuando hay corriente, no busquéis hacer largas laylines. ¡Ocupaos de vuestra aproximación!»

► **Michel Desjoyeaux.** «Bien situado en la flota, bloquead vuestra layline. Mal situado, ¡esquivadla! Dos viradas cerca de la baliza de barlovento "matan" al solitario. Pienso que esto explica, sobre todo, los numerosos "fuera de cuadro" realizados en las pruebas del circuito Figaro. Vale más entonces hacer una aproximación franca por la izquierda; esto evita bastantes desventes, incluso evita abatir detrás de uno o dos barcos amurados a estribor en las últimas esloras antes de la boya.»

► **Franck David.** «Con viento regular, determinad bien las laylines antes de la salida. Con viento irregular, preved los borneos. Si llegáis amurados a babor, podéis ajustar. En cambio, si llegáis amurados a estribor y estáis demasiado justos, después de haber virado os vais a encontrar amurados a babor, con la manada que llega amurada a estribor: ¡eso promete ponerse caliente!»

Franck David, campeón olímpico de tabla de windsurf en Barcelona.

ANÉCDOTAS

¡Nada fáciles, las laylines en ceñida!

► **Luc Pillot.** «Recuerdo un momento curioso en un JOD 35. El timonel pide al trimador que largue un poco de génova, el de mayor larga un carro y la abre considerablemente. Abatimos 5-10 grados en silencio. La tripulación en la banda se vuelve con ojos asustados. Estábamos demasiado arriba... ¡No era buena!»

► **Christine Briand.** «Recuerdo haber hecho regatas de liga en un 420 en Royan, en las que la boya de barlovento estaba fondeada donde la corriente era más fuerte. Si la layline no estaba bien calculada al iniciar la ceñida, era casi imposible, con determinada fuerza de viento, luchar contra la corriente para alcanzarla...»

► **Luc Gellusseau.** «Miami, SORC 1995 con un Mumm 36. Después de una llamada individual, damos la vuelta al comité y nos lanzamos amurados a babor para liberarnos. Hacemos 400 metros hasta encontrar viento claro, y viramos quedando amurados a estribor. Lógicamente, queremos la derecha, pero ahí empezamos a tener viento que se abre: +3°, +5°, +7°... En resumen, estamos algo mejor y todo el mundo a sotavento ha virado para aprovechar

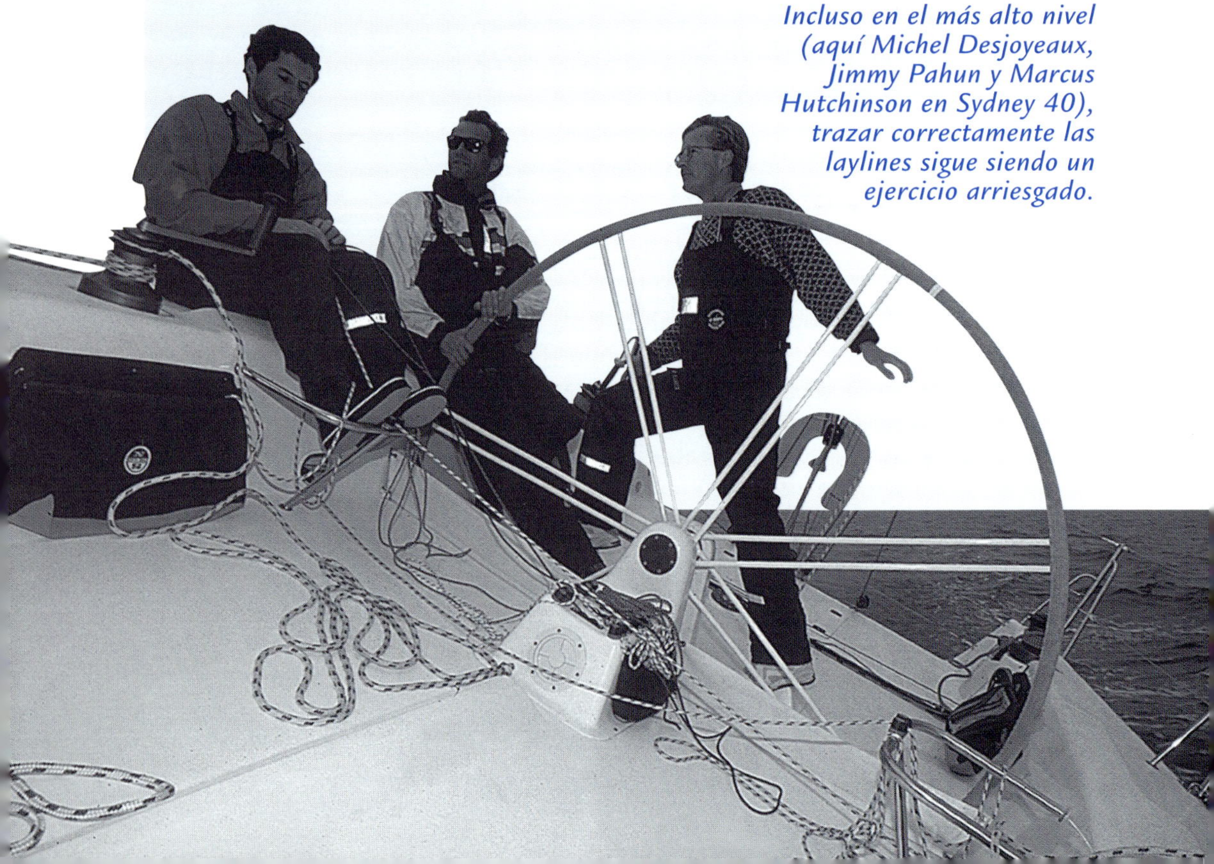

Incluso en el más alto nivel (aquí Michel Desjoyeaux, Jimmy Pahun y Marcus Hutchinson en Sydney 40), trazar correctamente las laylines sigue siendo un ejercicio arriesgado.

Hasta que no ha acabado la virada y el barco está de nuevo en el rumbo, no se sabe si la layline ha sido correctamente trazada; y aún así, ¡viento y corriente pueden cambiarlo todo!

este viento que se abre. La boya de barlovento está a más de una milla y media, y apenas es visible. El viento continúa abriéndose: +10°, +12°... Viramos la boya de barlovento en cabeza ya que, desde nuestra virada, estábamos sobre la layline. Conclusión: atención, ¡la layline no es una recta! ¡Muy a menudo es una asíntota!»

► **Jean-Yves Bernot.** «Admiral's Cup 1993 con el *Corum Saphir* en el peor de los casos: corriente contraria a la boya de barlovento. El navegante anuncia: "Todavía faltan dos esloras... dos esloras y media...". El táctico, que quiere meterse debajo de la flota, anuncia: "¡Viramos!". El navegante: "¡No da!". El táctico: «¡Ya lo sé!». Insultos entre el táctico y el navegante. Y numerosos puestos perdidos... Moraleja: había que prever y ¡no creer en Papá Noel!»

► **Marc Bouët.** «En zonas con fuerte corriente, a menudo es posible protegerse cerca de la costa. Entonces hay que escoger el buen momento para lanzarse en la corriente e ir hacia la baliza. Las inmediaciones de Cowes (isla de Wight) traen excelentes recuerdos en ese aspecto. Recuerdo sobre todo de una victoria en match-racing en la Lymington Cup en la que, con Laurent Delage en particular, ¡fuimos muy diestros en ese peculiar juego!»

CAPÍTULO 11 - SITUACIONES TÁCTICAS EN CEÑIDA

11.1 - Aprovechar la colocación y el reglamento 158
11.2 - Virar debajo 159
11.3 - Cruzar por popa 161
11.4 - El «slam-dunk» 163
11.5 - ¡Atención al cuadro! 164
11.6 - No perder de vista los objetivos estratégicos 165

CAPÍTULO 11:

En ceñida, las situaciones de abordaje son numerosas, sobre todo cuando la flota aún está agrupada. ¿Cómo situarse? ¿Hay que virar debajo? Si es así, ¿a qué distancia? ¿Hay que cruzar detrás del adversario? Éstas son algunas de las preguntas que se plantea el táctico. Los campeones saben encontrarse en posición favorable o escapar de situaciones delicadas. Veamos cómo...

GESTIÓN

11.1. APROVECHAR LA COLOCACIÓN Y EL REGLAMENTO

El largo de ceñida ofrece un gran número de fases tácticas que interesa aprovechar. Los campeones saben manejar las situaciones de contacto en beneficio propio para reducir la separación de los primeros cuando están a popa de ellos o, al contrario, para aumentar su ventaja sobre sus perseguidores. Después de haber visto cómo se define una estrategia para el largo de ceñida, vamos a ver la forma de ponerla en práctica en situaciones concretas.

REGLAS DE  REGATA ISAF

En bordadas opuestas (regla nº 10), **«Cuando los barcos están en bordadas opuestas, un barco amurado a babor debe mantenerse separado de un barco amurado a estribor». Pero hay que recordar que, según la** regla 14, **en la medida de lo posible, «un barco debe evitar un contacto con otro barco». No obstante, un barco que tiene preferencia o uno que tiene derecho a espacio «no necesita actuar para evitar un contacto hasta que esté claro que el otro barco no se mantiene separado o no está dando espacio (a), y no será penalizado a menos que haga un contacto que cause un daño (b)».**

Finalmente, la regla nº 16 **estipula que «Cuando un barco con derecho de paso altera su rumbo, dará al otro barco el espacio para mantenerse separado».**

Si en el siguiente bordo el viento tiene tendencia a cerrarse, al Mumm 30, en primer plano, le interesa más virar a sotavento de su adversario que mantenerse amurado a babor y cruzar por detrás.

HACIENDO BORDOS

11.2. VIRAR DEBAJO

La posición a sotavento es interesante cuando el viento va a cerrarse en el nuevo bordo. La separación disminuye entonces sensiblemente *(figura 1)*.

1 ***El viento rola a la izquierda y se cierra. Azul vira a sotavento de Blanco y reduce la distancia.***

• Cuando los barcos no están en contacto, siempre es preferible tener un pequeño margen de maniobra y virar bastante pronto para estar a proa por el través del barco de barlovento *(figura 2)*.

② ***Azul vira un poco más pronto, y esto, a fin de encontrarse a proa por el través de Blanco, situado a barlovento.***

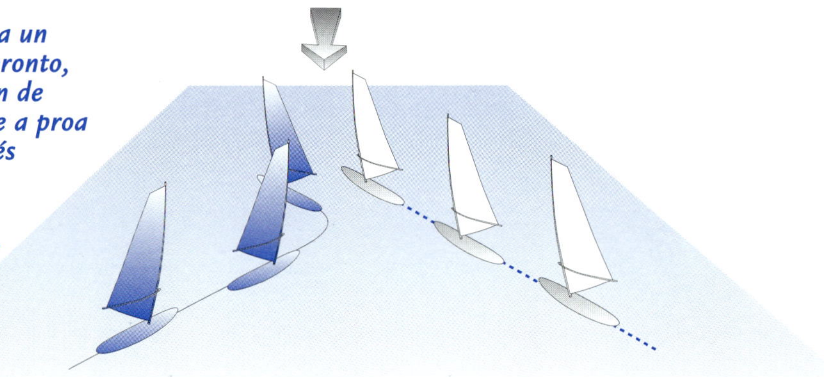

• Cuando los barcos que se cruzan están en ruta de colisión, es frecuente ver que el barco amurado a babor vira muy cerca del que va amurado a estribor. Atención: si esta técnica es muy eficaz, hace falta, para conseguirla, que el barco amurado a babor tenga una ventaja sobre el que navega amurado a estribor. En otras palabras, sólo tiene que hacerlo si está cerca de pasar por delante *(figura 3)*.

③ ***Azul, amurado a babor, no estaba lejos de pasar delante de Blanco, pero elige virar justo a proa de su adversario y muy cerca de él.***

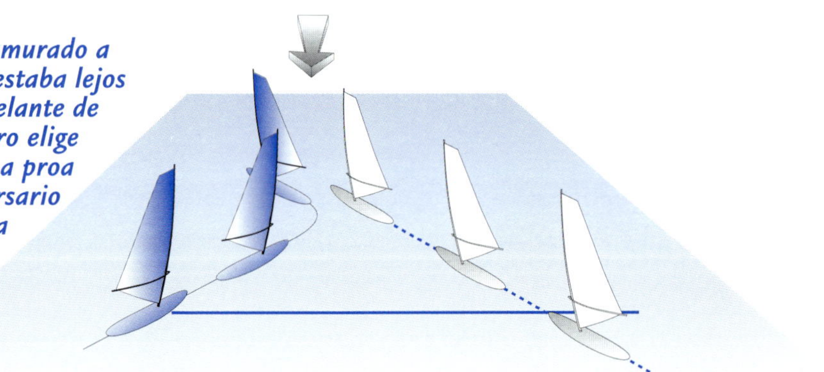

¡Cuidado, no siempre es así! En esta salida, el Fireball de más a la derecha está en mala situación por estar debajo de la layline. Cuando haga el bordo contrario, perderá plazas, más aún cuando la flota llega amurada a estribor.

• Si está demasiado hacia atrás, tiene todas las posibilidades de verse tapado rápidamente *(figura 4)*. Entonces es mejor virar más pronto, como en la figura 2.

4 *Azul, demasiado hacia atrás, hubiera tenido que cruzar por popa. Si virara en el desvente de Blanco, se dejaría tapar y perdería terreno.*

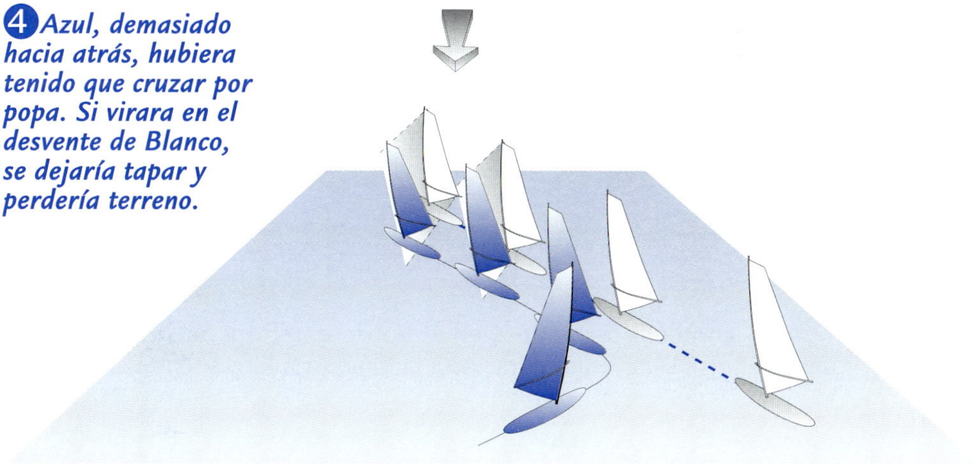

• Nunca viramos a sotavento de un participante cuando el lado derecho del campo de regatas es favorable (rolada del viento a la derecha, más viento a la derecha...). Haríamos que el rival se animara a ir al lado bueno. Como resultado de ello, el adversario tendría todas las posibilidades de cruzar delante con una cómoda ventaja algunos minutos más tarde *(figura 5)*.

5 *Azul vira debajo de Blanco, obligándole a virar cuando el viento está borneando a la derecha. Blanco, que se encuentra del lado bueno de la rolada, estará en cabeza en el siguiente cruce.*

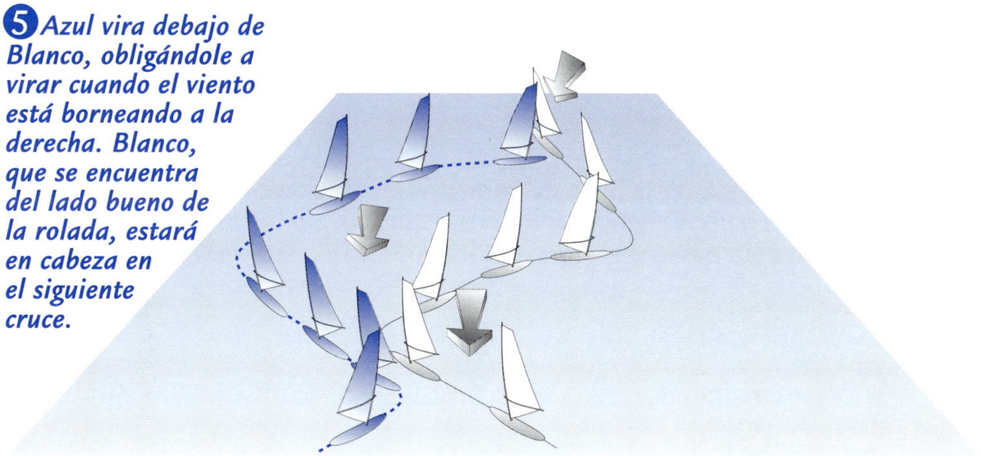

HACIENDO BORDOS

11.3. CRUZAR POR POPA

Para un barco amurado a babor, a menudo es interesante cruzar detrás de uno o dos competidores, incluso si para hacerlo hay que abatir un poco. Cruzamos detrás:

Como estos Admiral's, cuando queremos conservar un lado del campo de regatas a veces es más interesante abatir y cruzar por popa. Si el viento gira a la derecha, el barco amurado a babor tendrá ventaja en el cruce siguiente.

• Cuando el viento continúa cerrándose en el bordo en el que nos encontramos *(figura 6)*. Aumentamos así la ventaja gracias a la diferencia lateral entre los barcos.

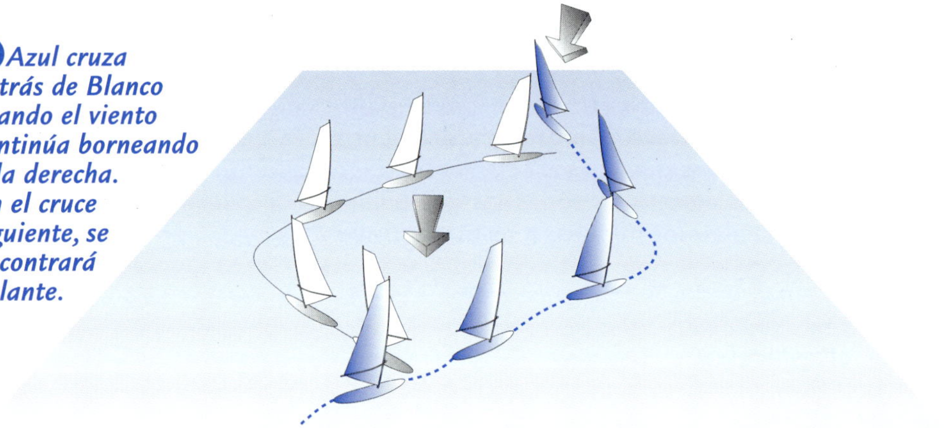

6 ***Azul cruza detrás de Blanco cuando el viento continúa borneando a la derecha. En el cruce siguiente, se encontrará delante.***

• Cuando se está cerca de la boya de barlovento. Entonces tenemos la ventaja de que en el siguiente cruce llegamos amurados a estribor. Será el turno de que el otro participante o la flota pasen por popa. Retomamos así el «estribor» *(figura 7)*.

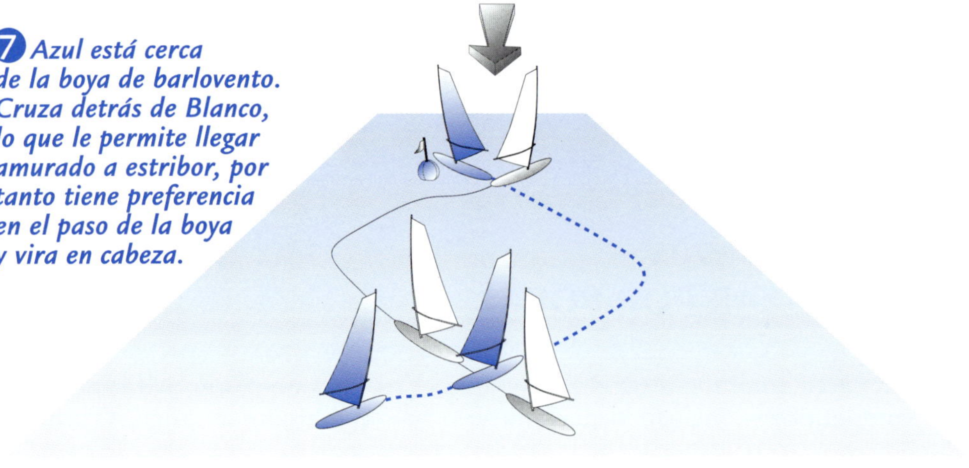

7 ***Azul está cerca de la boya de barlovento. Cruza detrás de Blanco, lo que le permite llegar amurado a estribor, por tanto tiene preferencia en el paso de la boya y vira en cabeza.***

TÉCNICA

11.4. EL «SLAM-DUNK»

Existe un alarde para el barco amurado a estribor: puede virar de bordo muy rápidamente y marcar el barco amurado a babor *(figura 8)*. Esta maniobra, llamada *«slam-dunk»*, se utiliza a menudo en match-racing. Permite que el barco que pasa amurado a estribor delante del que va amurado a babor conserve la derecha del campo de regatas, y por tanto la posibilidad de cruzar cada vez con la ventaja del estribor. Sólo puede tener éxito si la intensidad del viento es suficiente (por lo menos 8 a 10 nudos) y si el barco vira bien.

8 ***Blanco vira muy rápidamente después del cruce. Si la maniobra tiene éxito, tapa a Azul, que queda bloqueado en su desvente.***

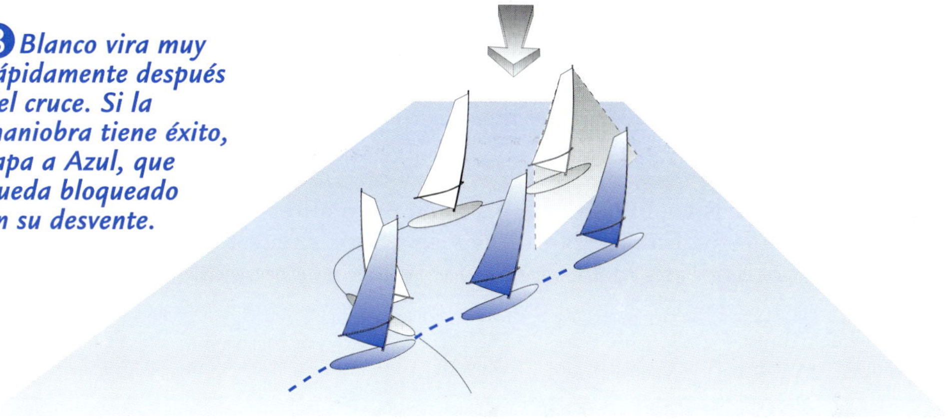

En caso contrario, el participante que ha cruzado detrás acabará «saliendo» *(figura 9)* y el resultado de la operación será nefasto, ya que aún faltan dos viradas más.

9 ***Blanco ha errado su slam-dunk. No puede tapar a Azul, que «sale» de Blanco gracias a que consigue deslizarse por sotavento.***

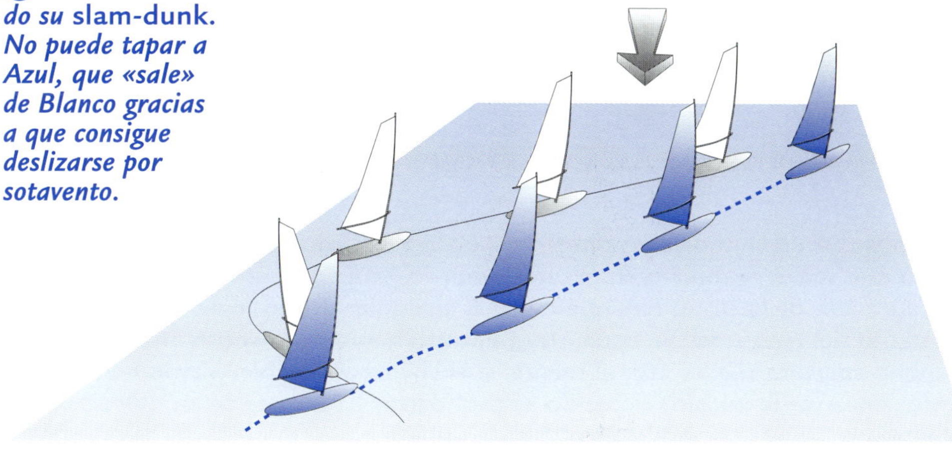

El barco a barlovento no ha tenido éxito en su intento de slam-dunk *ya que no ha virado lo suficientemente rápido para tapar a su adversario. Como resultado de ello, éste mantiene su ventaja y está en vías de «sacarlo», o sea de obligarle a virar.*

Atención, ¡no dudéis en comenzar a orzar un poco antes del paso de la proa del adversario en vuestra estela! ¡No dudéis en abatir si vuestro adversario busca escaparse por debajo! ¡La regla 17.2 sólo se aplica en portante!

«Excepto en un tramo de ceñida, mientras un barco está a menos de dos de sus esloras de casco de un barco a sotavento, o de un barco governando a un rumbo hacia sotavento de él, no navegará más arribado que su rumbo debido, a menos que trasluche.»

INICIATIVA

11.5. ATENCIÓN AL CUADRO

A menos que se elija deliberadamente por la clasificación en la manga, por un viento que se cierra mucho en el último bordo, una corriente muy importante o la colocación de la flota, hay que evitar a cualquier precio ir demasiado pronto al cuadro del recorrido. Se encontrará entonces atrapado sobre una layline, sin ninguna abertura *(figura 10)*, al menos si el viento es estable. Siempre es importante conservar la iniciativa cuando se está detrás y no meterse en una situación de bloqueo, sin otra posibilidad que la de esperar.

10 ***Si va demasiado pronto a la layline, Blanco pierde toda abertura y debe aguantar todos los ataques de Azul que, en medio del campo de regatas, conserva la iniciativa.***

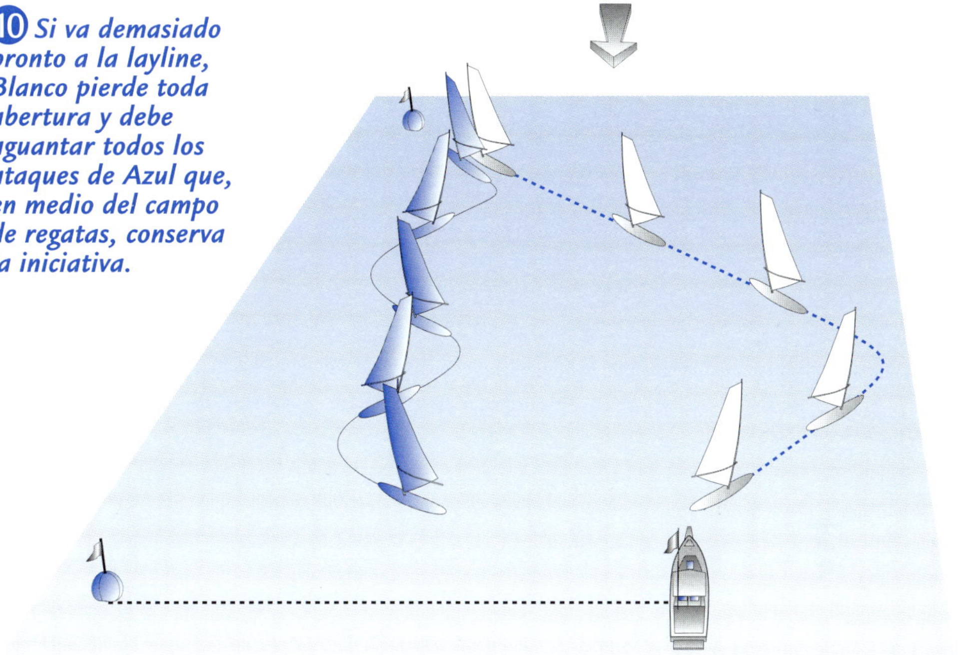

RAZONAMIENTO

11.6. NO PERDÁIS DE VISTA LOS OBJETIVOS ESTRATÉGICOS

Atacar un adversario en ceñida, o defenderse cuando se está delante, es un juego divertido al que es fácil prestarse. No obstante no hay que perder de vista los objetivos estratégicos. No regateamos en match-racing, con un solo adversario. Adelantar a un barco está bien... ¡a condición de no dejar pasar a otros! Normalmente, los campeones corren contra grupos de barcos, y no contra barcos aislados *(figura 11)*.

11 ***Azul corre contra un grupo de barcos, y no contra un adversario aislado. Jugando la rolada a la izquierda, pasa delante del pelotón situado a la derecha del campo de regatas.***

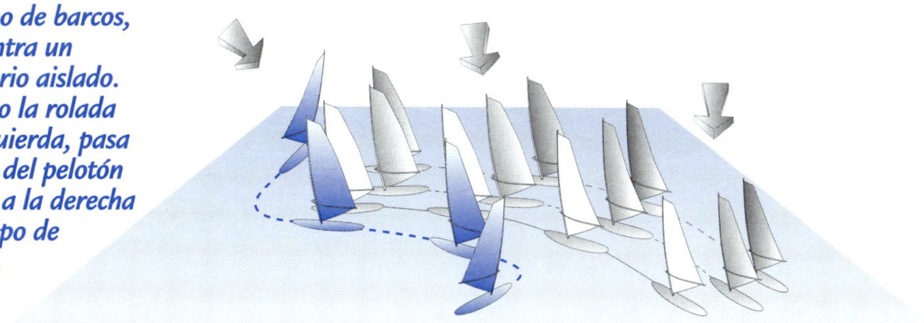

CAPÍTULO 12 - LA APROXIMACIÓN Y EL PASO DE LA BOYA DE BARLOVENTO

12.1 - Introducción	*168*
12.2 - ¿Por qué lado llegar a la boya?	*168*
12.3 - La fuerza del viento en las dos laylines	*171*
12.4 - La corriente en la boya de barlovento	*173*
12.5 - Encontrar el sitio llegando a la boya amurados a babor	*174*
12.6 - La maniobra en la boya de barlovento	*175*
12.7 - Prever la estrategia del siguiente bordo	*181*
12.8 - Las reglas de regata aplicables a la boya de barlovento	*181*

CAPÍTULO 12:

El primer largo de ceñida se acaba.
La boya de barlovento está cada vez más cerca...
y con ella, los famosos embotellamientos;
en realidad, la flota no ha tenido tiempo aún
para desplegarse. Momento tenso,
momento importante: muchos lugares
pueden perderse o ganarse...

12.1. INTRODUCCIÓN

El paso de la boya de barlovento es un momento crítico de la regata; se puede perder o ganar mucho en pocos minutos. Los grandes campeones saben manejar este momento de la mejor manera. Por lo general, un buen análisis de las situaciones posibles permite salir airoso. Hay que recordar bien los diferentes casos para adaptarse rápidamente a la situación.

COLOCACIÓN

12.2. ¿POR QUÉ LADO LLEGAR A LA BOYA?

La primera pregunta que el táctico debe plantearse bastante pronto en el largo de ceñida es por qué lado acercarse a la boya. Hay tres opciones posibles *(figura 1):*

- llegar a la boya por la layline de estribor;
- llegar a la boya por la layline de babor;
- hacer bordos boya sotavento-boya barlovento.

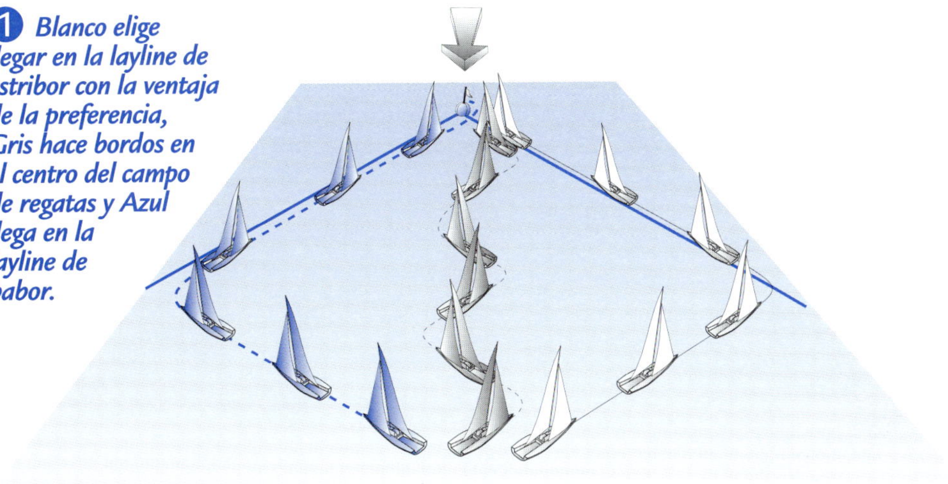

1 *Blanco elige llegar en la layline de estribor con la ventaja de la preferencia, Gris hace bordos en el centro del campo de regatas y Azul llega en la layline de babor.*

La aproximación por la layline de estribor es la más fácil y la más utilizada, pero no siempre presenta sólo ventajas desde el punto de vista táctico. Examinemos los elementos que se deben tener en cuenta en la aproximación a la boya.

En este viento que rola a la derecha, la aproximación por la layline de estribor es claramente ventajosa.

► La dirección del viento en la boya de barlovento

La dirección del viento en la boya de barlovento es primordial. ¿Ese viento está –o estará– más a la izquierda o más a la derecha que el viento con el que navegamos ahora? La respuesta a esa cuestión da un buen elemento de elección.

• **Si en la boya de barlovento el viento está más a la izquierda que el viento actual, hay que optar por una aproximación por el lado izquierdo.** Puede considerarse que este cambio de dirección del viento es un miniborneo a la izquierda. El participante que llegue a la boya de barlovento por la izquierda del campo de regatas cruza delante del que ha elegido la derecha *(figura 2)*.

2 Azul se aprovecha de un viento más a la izquierda para virar un poco bajo la layline de babor y cruzar delante de Blanco.

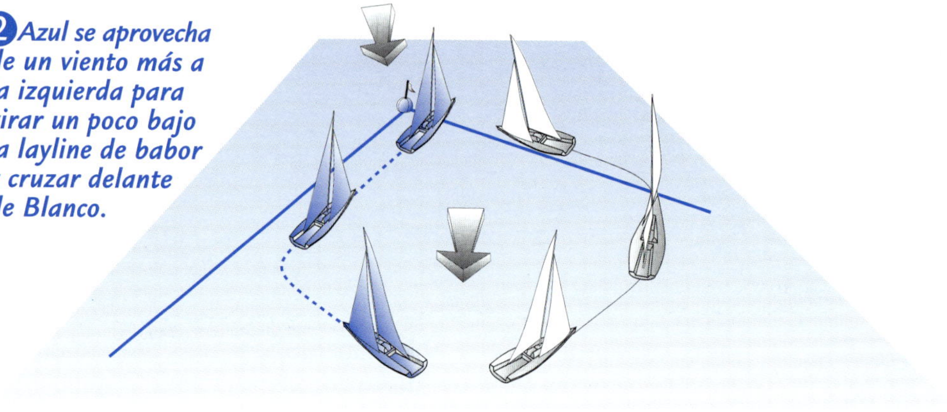

• **Si en la boya de barlovento el viento está más a la derecha que el viento actual, hay que optar por una aproximación por el lado derecho.** Puede considerarse que este cambio de dirección del viento es un miniborneo a la derecha. El participante que llegue a la boya de barlovento por la derecha del campo de regatas cruza delante del que ha escogido la izquierda *(figura 3)*.

3 Azul se aprovecha de un viento un poco más a la derecha para volver amurado a estribor y cruzar delante de Blanco.

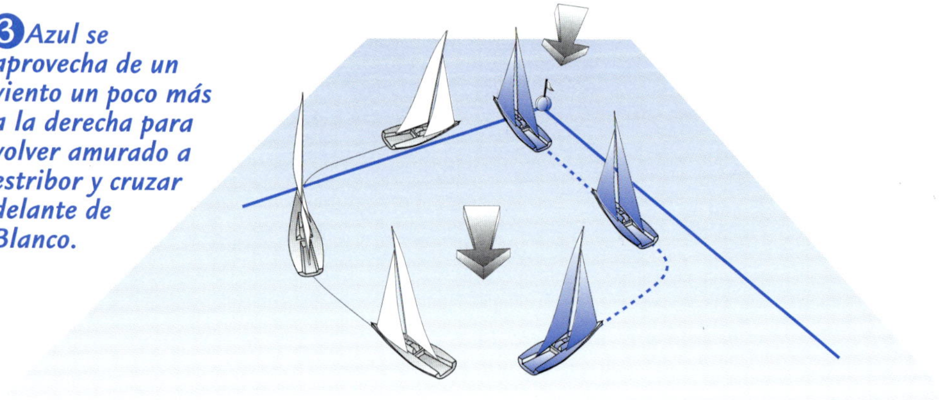

¿Cómo conocer la dirección del viento en la boya de barlovento?

El rumbo de los barcos que están cerca de la boya de barlovento generalmente permite estimar la dirección del viento en ese lugar. ¿Están más o menos orzados que nosotros?

A falta de barcos, podemos observar la bandera en el barco del comité, la bandera sobre la boya o cualquier otra indicación visual.

Al aproximarse a la marca de barlovento, la observación de los participantes que van en cabeza permite estimar la dirección del viento cerca de la boya.

OBSERVACIÓN

12.3. LA FUERZA DEL VIENTO EN LAS DOS LAYLINES

La fuerza del viento cerca de la boya de barlovento también puede representar un criterio de elección decisivo, sobre todo si las variaciones son importantes. Observamos para ello las rachas que se desplazan sobre el agua y la escora de los participantes que están en cabeza. **Escogemos el lado con más viento, sobre todo si el viento es débil** *(figura 4)*.

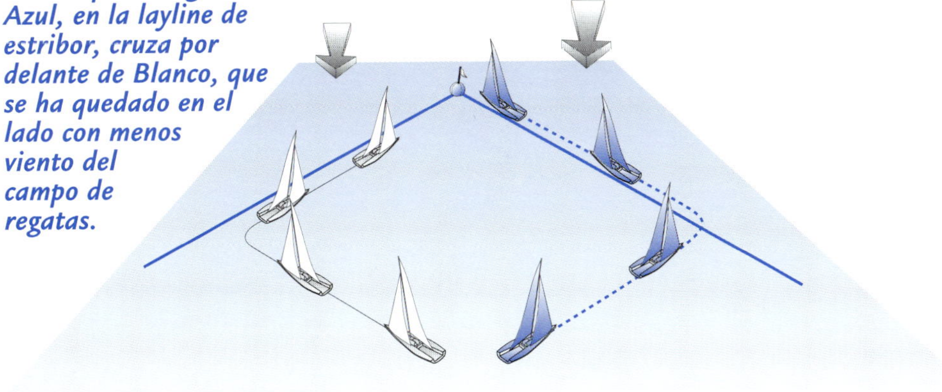

4 *El viento es más constante a la derecha* ***del campo de regatas. Azul, en la layline de estribor, cruza por delante de Blanco, que se ha quedado en el lado con menos viento del campo de regatas.***

El desvente a sotavento de la boya de barlovento

Cuando muchos barcos viran la boya de barlovento, existe una importante zona de desvente que debemos tener en cuenta. Es el caso que se da a menudo en vela ligera, con flotas de 50, o incluso 100 barcos, especialmente a la salida de la primera ceñida, cuando los barcos aún están relativamente agrupados.

El desvente puede extenderse varias decenas de esloras a sotavento de la boya *(figura 5)*.

5 ***Para evitar el desvente, los barcos prefieren llegar por el exterior, situándose por encima de la layline.***

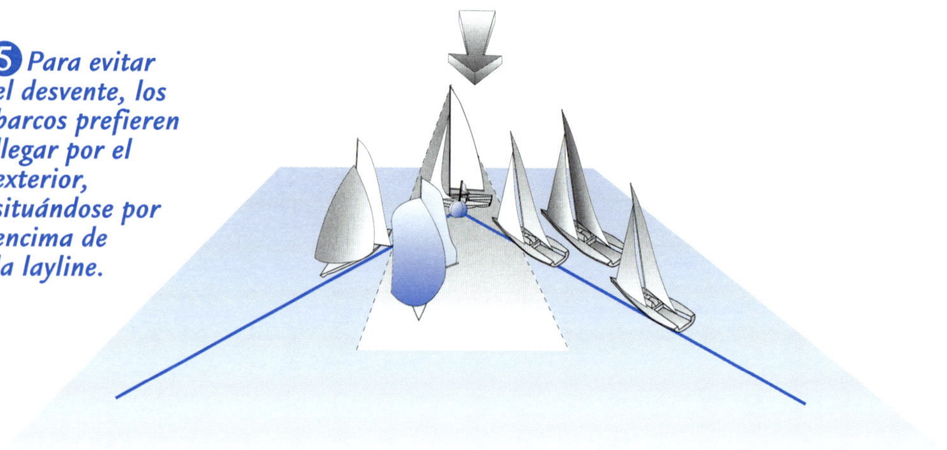

Lo evitaremos frecuentemente llegando por uno de los cuadros. Si hay desvente es porque la flota está compacta.

Entonces, la layline de babor suele ser peligrosa, ya que muchos participantes llegan con amuras a estribor. La layline de estribor está recomendada para llegar con viento claro, sin preocuparse de los problemas de derecho de paso *(figura 6)*.

6 ***Azul, que llega por la layline de babor, no sólo sufre el desvente de los barcos con spi, además no tiene derecho de paso. Nada bueno para la clasificación...***

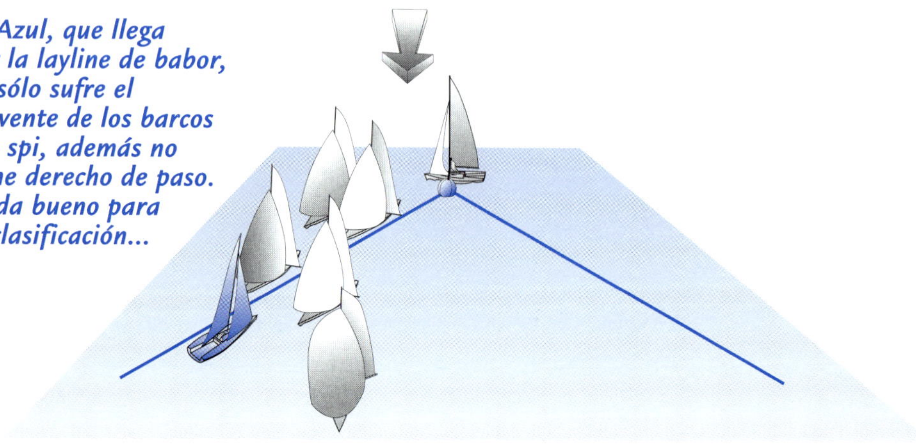

ANTICIPACIÓN

12.4. LA CORRIENTE EN LA BOYA DE BARLOVENTO

La corriente en la boya de barlovento es el último elemento importante que se debe tener en cuenta en la aproximación final.

• **Si nos «empuja» sobre la marca,** no hay que dudar en tomar un pequeño margen a barlovento de la layline *(figura 7)*.

7 ***Azul ha virado a barlovento de la layline, lo que le permite, con la corriente que «desciende», pasar la boya en un solo bordo. Blanco, por su parte, debe hacer otro bordo.***

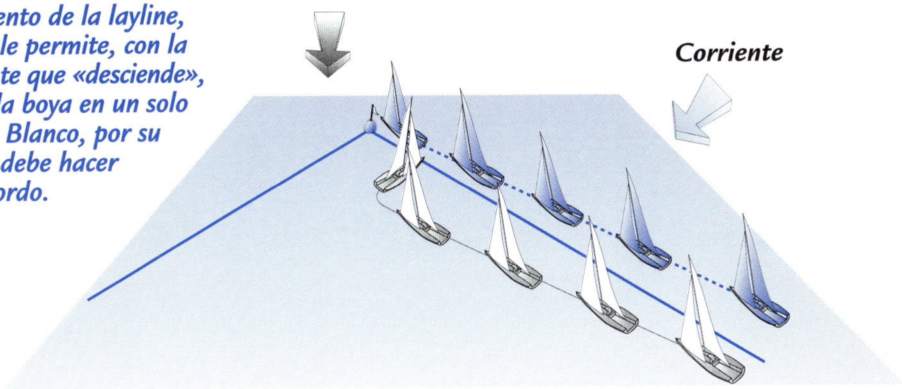

• **Si nos «empuja» sobre la baliza,** podemos virar ligeramente más a sotavento de lo que nos parece que es la layline *(figura 8)*.

8 *Azul ha virado a sotavento de la layline y aprovecha la* ***corriente que lo «empuja» para deslizarse por debajo de Blanco y virar la boya de barlovento en cabeza.***

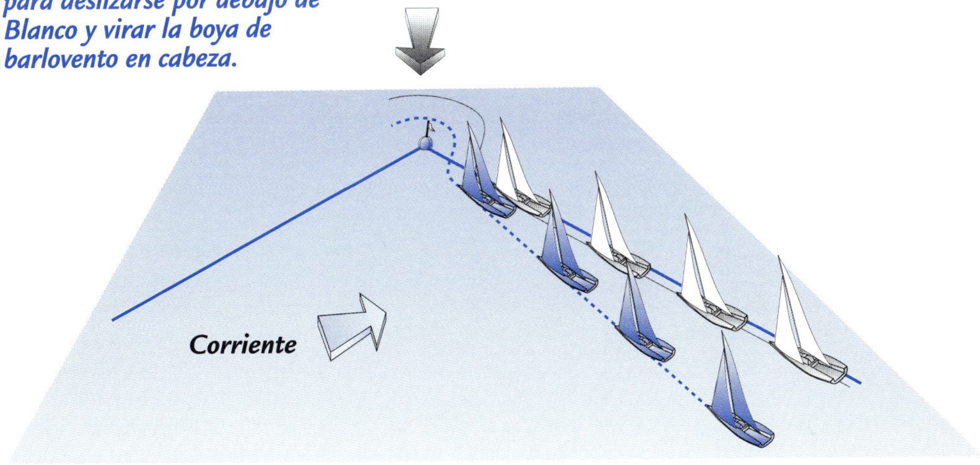

COLOCACIÓN

12.5. ENCONTRAR EL SITIO LLEGANDO A LA BOYA AMURADOS A BABOR

Llegar a la boya de barlovento amurado a babor no siempre es fácil. Cuando viremos para pasar amurado a estribor, no tendremos derecho de paso hasta que la virada no esté completamente acabada. La pregunta que se plantea entonces es dónde virar en la fila de barcos amurados a estribor *(figura 9)*.

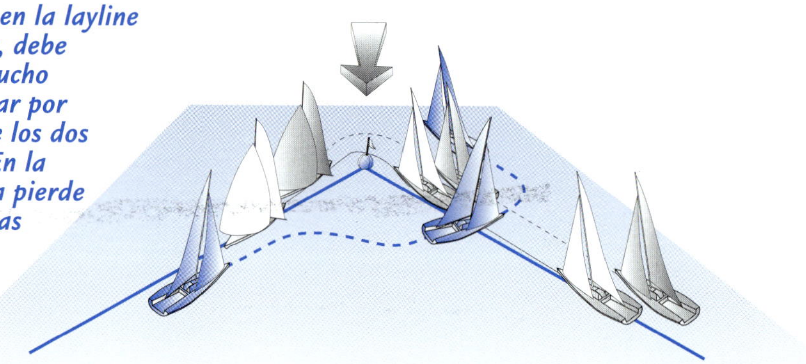

***9** Azul, en la layline de babor, debe abatir mucho para pasar por detrás de los dos barcos. En la maniobra pierde dos buenas esloras.*

Esta consideración debe ser tomada en cuenta en el análisis que hagamos. Si parece imposible hacerse con un lugar entre los barcos amurados a estribor o si la tripulación no está segura de poder maniobrar en consecuencia, más vale llegar a la boya amurados a estribor sin tomar riesgos. El paso de la primera baliza de barlovento a menudo es más delicada que las siguientes, ya que la flota es más compacta.

CASO ISAF Nº 9  **REGLAS Nº 10 Y 18.1 (b)**

Cuando un barco amurado a estribor escoge navegar más allá de una marca a barlovento, un barco amurado a babor debe mantenerse apartado. No existen reglas que obliguen a que un barco siga una ruta normal.

Cuando la flota aún está agrupada, como en esta primera ceñida en JOD 35, la llegada a la boya de barlovento amurados a babor puede ser delicado si no encontramos una abertura en la flota que llega amurada a estribor.

ESTRATEGIA

12.6. LA MANIOBRA EN LA BOYA DE BARLOVENTO

► *Anticipar la maniobra*

Todo el análisis de la aproximación a la boya de barlovento se efectúa dos o tres minutos antes de llegar a ella. Se anuncia entonces a la tripulación la maniobra que se realizará con vistas al largo de portante, a fin de que todo el mundo tenga tiempo de prepararse. Cada maniobra exige en efecto una preparación específica. Después, nos atenemos a lo anunciado, para evitar un paso de boya comprometido.

► *Las cuatro maniobras en la boya de barlovento*

• **Bare-away:** el spi se iza en la misma amura al abatir (en un recorrido babor, el spi sale por babor).

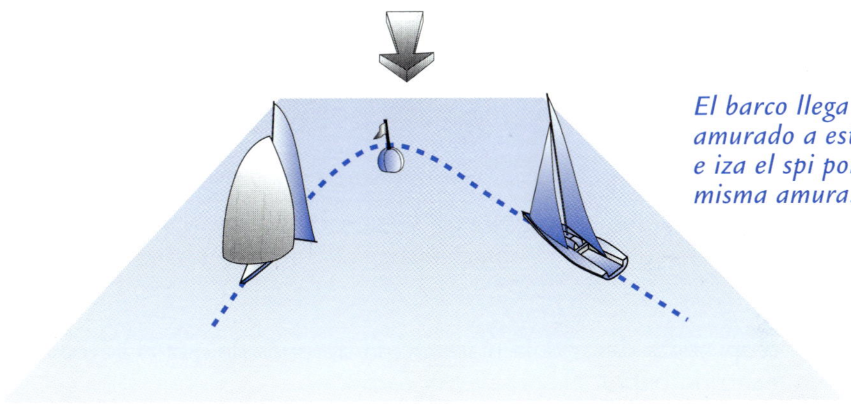

El barco llega amurado a estribor e iza el spi por la misma amura.

• **Tack-set:** el spi se iza durante la virada (en un recorrido babor, el espi sale por babor).

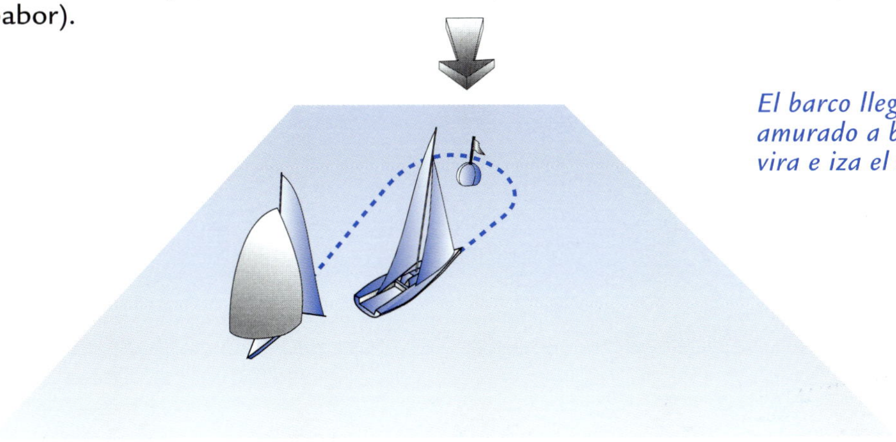

El barco llega amurado a babor, vira e iza el spi.

El bare-away sigue siendo la maniobra más clásica y la más fácil de realizar en la boya de barlovento... a condición de estar bien coordinados a bordo.

- **Gybe-set:** el spi se iza durante la trasluchada (en un recorrido babor, el spi sale por estribor).

El barco llega amurado a estribor e iza el spi trasluchando.

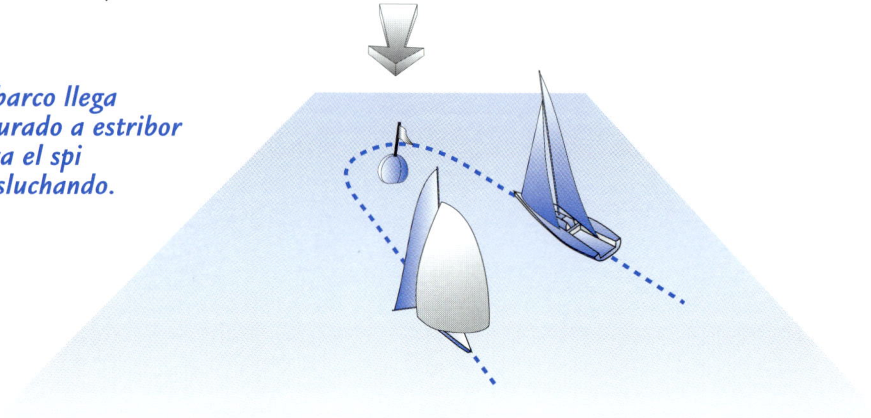

- **Italiana:** el spi se iza durante la trasluchada después de que el barco haya virado (en un recorrido babor, el spi sale por estribor).

El barco llega amurado a babor, vira e iza el spi trasluchando.

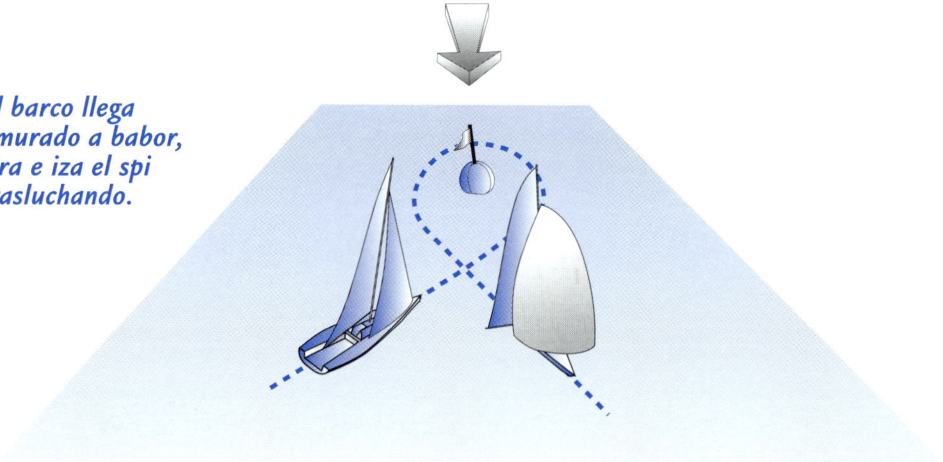

» PREGUNTAS A LOS REGATISTAS

En la boya de barlovento, ¿tienes una maniobra habitual en función del viento y de su posible evolución?

Alain Gautier

Dos tercios de los regatistas tienen un procedimiento sistemático para la maniobra en la marca de barlovento; lo que quiere decir que un tercio no la tienen, como **Philippe Presti, Maud Herbert, Alain Gautier, Thierry Péponnet** y **Christine Briand.** Estos dos últimos evitan el *gybe-set* con poco viento o cuando están delante, a fin de no atravesar los desventes de los barcos que viran la boya detrás.

Franck David procura no llegar amurado a babor si está en el paquete central de la flota, ya que el riesgo de un viento que se cierre por estribor es demasiado grande.

Para **Bertrand Chéret,** lo primero es saber cómo se quiere salir de la boya; esto implica plantearse la cuestión bastante antes de la maniobra. En función de la elección, hay que tener la velocidad justa al llegar a la marca y definir en consecuencia la buena trayectoria para el timonel y los trimadores.

Según **Luc Pillot,** este procedimiento va en función del largo siguiente y de la fuerza del viento: si el viento es sostenido y bien desplazado a la derecha, opta por un *gybe-set;* si el viento es débil y en el eje del recorrido, prefiere un *bare-away*.

En Tornado, **Nicolas Hénard** efectúa normalmente un *bare-away* si el viento es bueno en la ceñida (viento más fuerte o que se abre).

Luc Gellusseau anuncia la distancia en esloras que separa el barco de la marca, después un «¡arriba el spi!» para izarlo y finalmente el tipo de salida que desea.

Michel Desjoyeaux escoge un *bare-away* en el 95% de los casos, «ya que el *gybe-set* en solitario es un quebradero de cabeza que se debe evitar».

Para **Marc Bouët,** la sistemática debe adaptarse al barco y a la colocación en la flota: «En primer lugar hay que saber qué bordo queremos hacer». Esto supone pocos problemas si queremos mantenernos en el mismo bordo. Si queremos trasluchar, más vale hacer la maniobra más simple (*gybe-set* en un barco grande; izado en el mismo bordo y después trasluchada en un pequeño barco). De todas maneras, es importante anunciar la maniobra a toda la tripulación y elegir bien desde el principio entre el mejor bordo y la necesidad de librarse de la flota cercana.

Jean-Yves Bernot se atiene a la lista de comprobación táctica-estrategia: situación de la boya, qué hacer tras la boya y el resultado de la ceñida.

Finalmente, **Bertrand Pacé** evita el *gybe-set* con viento flojo y el *tack-set* si la aproximación a la boya es tardía (cinco esloras).

En un recorrido a la izquierda, ¿en qué condiciones haces un gybe-set?

- el 57% si el viento está desplazado a la derecha,
- el 28% si espera una rolada del viento a la izquierda,
- el 21% si desea librarse del barco que navega delante,
- el 21% si desea librarse del barco que navega detrás.

(Los regatistas podían escoger varias respuestas.)

Si en un recorrido por babor más de la mitad de los regatistas optan por un gybe-set, con el viento desplazado a la derecha, la calidad de la trayectoria es esencial, así como la maniobra de trasluchada y el izado del spi durante la misma. Finalmente, si el viento es débil hay que evitar el gybe-set.

Marc Bouët precisa que opta por un *gybe-set* (con un barco grande) si el viento está desplazado a la derecha y se encuentra en la layline tras la maniobra, mientras que **Michel Desjoyeaux** lo hace únicamente si el desvío del viento a la derecha supera los 15 grados. **Thierry Péponnet** escoge un *gybe-set* si espera que el viento bornee a la izquierda, si quiere intentar una jugada (por ejemplo si está mal colocado en la manga) o si intenta hacerse con el interior en la boya de sotavento, posicionándose desde la boya de barlovento.

CONSEJOS DE LOS CAMPEONES

Escoger correctamente la maniobra de barlovento

►**Franck David.** «Haced una valoración de vuestros principales competidores justo antes de llegar a la marca de barlovento, e intentad anticipar sus movimientos.»

►**Philippe Presti.** «Haced lo posible por libraros y, principalmente, mantened el máximo de velocidad. Preved la estrategia que adoptaréis y tomad enseguida una opción definida. Finalmente, ¡haced las maniobras que sabéis hacer!»

►**Bertrand Chéret.** «La buena posición de la carena en la trayectoria y el asiento son más importantes que la velocidad de la maniobra (por otra parte, como en casi todas las demás). Dad prioridad al trimado de las velas -génova, después el spi- y no cambiéis de parecer hasta que el spi no esté perfectamente izado.»

►**Thierry Péponnet.** «¡Haced lo más sencillo! Favoreced la velocidad del barco y no la perdáis con una maniobra apurada.»

►**Luc Pillot.** «Haced un *gybe-set* cuando no haya otra solución. En la mayoría de casos, dad preferencia al *bare-away:* no hace perder velocidad y después siempre podéis trasluchar rápidamente.»

►**Christine Briand.** «¡Más vale un *bare-away* logrado que un mal *gybe-set*! Si partís en *bare-away*, abatid a fondo tras la boya y si es posible quedaos en el interior de los demás barcos, a fin de poder trasluchar.»

►**Luc Gellusseau.** «Nueve veces de cada diez, es preferible hacer un *bare-away,* ya que se pierde menos velocidad y se evitan los desventes de los barcos que pasan la boya. Cuando vais en ceñida, tenéis libre a proa, pero en una situación más lenta que un barco libre por popa, y ya habéis preparado un *gybe-set,* aminorad la velocidad para aseguraros que efectivamente podéis trasluchar.»

►**Michel Desjoyeaux.** «En solitario, el *gybe-set* es desaconsejable. No olvidéis que una maniobra bien preparada tiene éxito en un 80% de las veces, y que una maniobra no preparada fracasa en la misma proporción.»

►**Bertrand Pacé.** «Tomad tiempo para la preparación de la maniobra. ¡Al principio, es el secreto del éxito!»

►**Jean-Yves Bernot.** «Escoged una maniobra adaptada al nivel de la tripulación. A menudo, una izada normal *(bare-away)* seguida de una trasluchada es preferible a un *gybe-set,* sobre todo con viento flojo. Finalmente, haced que los tripulantes repitan mentalmente lo que deben hacer.»

ANÉCDOTAS

¡Una elección corneliana![1]

►**Jean-Yves Bernot.** «Un célebre número uno francés pregunta: "¿Qué maniobra haremos a barlovento?". El táctico le responde: "Preparamos un *tack and hoist*". El número uno: "¿Un qué?". El táctico: "¡Un *tack and hoist*!". El número uno: "¡Podrías hablar francés!". El táctico: "Y tú, ¿cómo lo dices, eh?". El número uno: "¡Se dice un *tack-set*!". Conclusión, incluso al más alto nivel, hay veces en que es mejor repetir antes...»

1. Una elección en la que hay que optar entre lo que se siente y lo que se debe. *(N. del T.)*

Nota: destacar que «*tack and hoist*» (virar e izar) y «*tack set*» es exactamente lo mismo, pero la expresión cambia según los países!

► **Bertrand Pacé.** «Slovenia Cup 1996 en match-racing. Estamos cuatro esloras a proa de nuestros adversarios. No hay más que 6 nudos de viento y, aun a sabiendas de que el *gybe-set* no es lo indicado con tan poco viento, lo intentamos de todas formas. Resultado: ¡nos pasan después de la maniobra!»

► **Luc Gellusseau.** «A veces, cuando la duda se apodera de la maniobra que hay que realizar, es necesario priorizar la izada del spi sin tangón. Enviamos el spi y un tripulante hace las veces de tangón. Esto permite escoger entre el *bare-away* y el *gybe-set* hasta el último momento... ¡pero hay que avisar a la tripulación!»

► **Nicolas Hénard.** «Campeonato de Tornado. Trasluchada en la boya de barlovento. Siento que el barco duda unos segundos. Me doy la vuelta protestando... y veo que Jean-Yves Le Déroff, el timonel, ¡ha caído al agua en la aceleración!»

► **Christine Briand.** «Tour de Francia a vela en el Loreal Europe, triángulo olímpico de Crouesty. Estamos primeros en lucha con *Marseille* y *Baume & Mercier*. A medio largo decidimos un *gybe-set* e informamos a la tripulación. Al final del largo, el viento rola francamente a la izquierda y cambiamos de estrategia por un *bare-away*. Mandamos la información a la proa. En la boya de barlovento, abatimos en *bare-away*. El tangón está preparado a sotavento. Es igual, ¡*gybe-set!* La información en el curso de las traducciones y gestos no había llegado intacta a proa...»

► **Luc Pillot.** «Durante un campeonato de match-racing con viento flojo, vimos una tripulación danesa que hacía una "italiana". Esta maniobra, popularizada por los italianos del *Azzura* durante la Copa América 1983, en Newport, consiste en virar y después trasluchar en la boya (*tack set* seguido de *gybe-set*). Hay que decir que, con viento flojo, el barco se queda casi parado; y eso es lo que pasó. ¡Para qué hacer algo sencillo cuando se puede hacer lo complicado!»

► **Thierry Péponnet.** «En match-racing, ciertos campos de regatas muy inestables, como el de Perth, Australia, requieren escoger la maniobra de barlovento lo más tarde posible, muy a menudo en la eslora que precede a la virada de la marca. Se llega a establecer el spi sin tangón, para eventualmente trasluchar de la misma. De esta manera, hace falta que haya viento suficiente para que el spi porte...»

► **Bertrand Chéret.** «Más que una anécdota, una observación. En ceñida, el barco en cabeza tiene la facultad de desventar a su perseguidor. Con viento de popa, es al revés. Toda operación destinada a crear una distancia antes de la maniobra es interesante. Forzar al adversario a llegar a la marca sin velocidad, desventándolo (con el riesgo, en un primer instante, de perder velocidad uno mismo), obligándolo a una ruta demasiado cerca del viento, a una virada a corta distancia de la boya, etc., quizá permita -especialmente en match-racing- cogerle algunas esloras.»

ANÁLISIS

12.7. PREVER LA ESTRATEGIA PARA LA PRÓXIMA MANGA

No esperemos tener la proa cerca de la boya de barlovento para plantearnos la estrategia de la manga siguiente. Estudiaremos más adelante las diferentes estrategias aplicables con viento de popa. Este análisis se efectúa al final del largo de ceñida, antes de que las cosas se precipiten en las últimas esloras, durante la virada de la boya y la maniobra propiamente dicha.

REGLAMENTO

12.8. LAS REGLAS DE REGATA APLICABLES A LA BOYA DE BARLOVENTO

Las reglas de derecho de paso aplicables en las proximidades de la boya de barlovento y en el momento de su virada son numerosas. Os recomendamos el Reglamento de regatas a vela de la ISAF y las Reglas de Regata. Enunciaremos aquí las principales reglas.

► *En bordos opuestos (Regla 10)*

La regla básica en todo cruce (antiguamente Regla 36) es fundamental, y no sólo en regata.

«**Cuando los barcos están en bordadas opuestas, un barco amurado a babor se mantendrá separado de un barco amurado a estribor.**»

El Mumm 36 en ceñida amurado a babor no sólo sufre el desvente de su adversario; además debe apartarse de este participante con spi, amurado a estribor, es decir, con derecho de paso.

Esto significa que un velero que se presenta amurado a babor en la boya de barlovento no tiene ninguna preferencia sobre los veleros amurados a estribor. Los evita, ya sea abatiendo por popa, ya sea virando a sotavento sin molestar.

Si los veleros amurados a estribor están justo en la layline, el participante que se presenta amurado a babor no tiene la posibilidad de virar debajo y pasar la baliza. Su única solución es abatir, pasar por popa de los barcos amurados a estribor y situarse a barlovento de ellos *(figura 9)*.

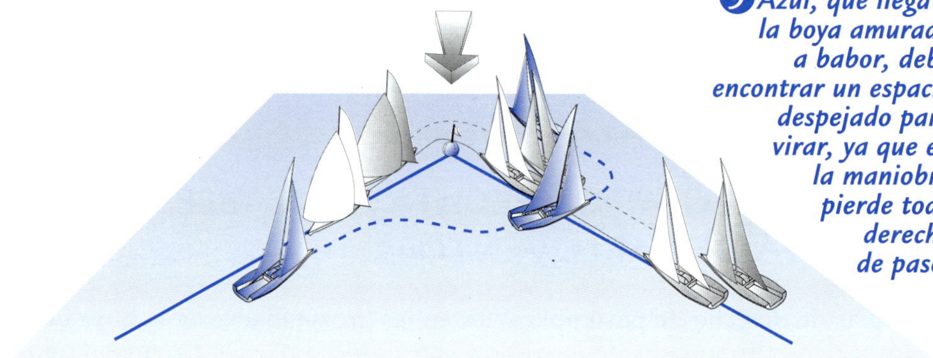

***9** Azul, que llega a la boya amurado a babor, debe encontrar un espacio despejado para virar, ya que en la maniobra pierde todo derecho de paso.*

Es por ello que nunca es fácil presentarse amurado a babor cuando llega una fila de barcos amurados a estribor.

Si llegamos amurados a estribor a la boya de barlovento, no debemos dejar que un participante que se presenta amurado a babor tenga la oportunidad de virar a sotavento de nosotros. Si estamos un poco por encima de la layline y a varias esloras del cruce, abatimos a fin de situarnos justo sobre la layline. El adversario no tiene entonces sitio para virar debajo y pasar la baliza. Debe abatir detrás de nosotros. De esta forma, hemos ganado un lugar *(figura 10)*.

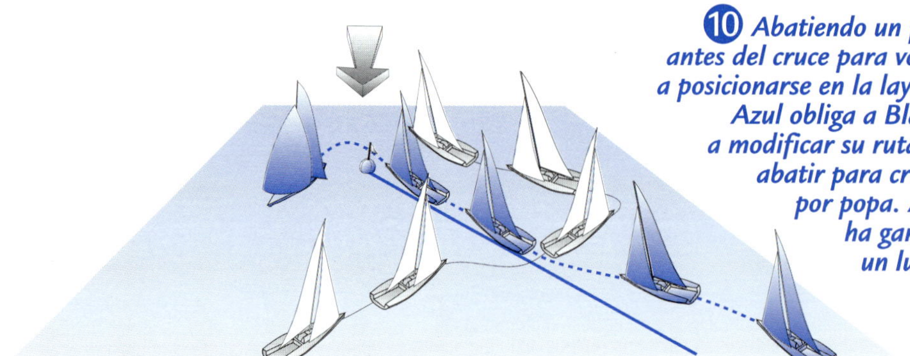

***10** Abatiendo un poco antes del cruce para volver a posicionarse en la layline, Azul obliga a Blanco a modificar su ruta y a abatir para cruzar por popa. Azul ha ganado un lugar.*

Esta maniobra debe hacerse con suficiente antelación. Efectivamente, no tenemos derecho a modificar nuestra ruta una vez que el barco amurado a babor ha empezado su virada.

«Modificar su ruta: cuando un barco con derecho de paso altera su rumbo, dará al otro barco espacio para mantenerse separado» (Regla 16).

Adquirir derecho de paso. «Cuando un barco adquiere derecho de paso dará inicialmente al otro barco *espacio* para *mantenerse separado,* a menos que adquiera derecho de paso debido a las acciones del otro barco» (Regla 15).

«Después de que un barco pasa más allá de proa al viento, deberá *mantenerse separado* de otros barcos hasta que esté en un rumbo de ceñida. Durante este tiempo las reglas 10, 11 y 12 no son de aplicación. Si dos barcos están sujetos al mismo tiempo a esta regla, el que está a babor del otro deberá *mantenerse separado*» (Regla 13).

Esta regla obliga al barco que vira a hacerlo sin molestar a los otros barcos. El participante que se presenta amurado a babor en la boya de barlovento debe pues virar sin molestar a un participante amurado a estribor.

Este último no debe verse obligado a modificar su ruta para evitar a su oponenete antes de que éste haya acabado totalmente su virada, es decir retomado su ruta en ceñida. Debe, además, dejar a su adversario el tiempo necesario para responder.

Esta regla viene a complicar aún más la tarea del barco que llega amurado a babor. Cuando se llega amurado a babor a la boya de barlovento, un error frecuente consiste en virar demasiado cerca del que navega amurado a estribor. Este último debe entonces empezar a modificar su ruta para evitar a su competidor antes de que haya retomado su ruta de ceñida *(figura 11).*

Tiene todo el derecho de reclamar; la carga de la prueba corresponde al velero del que se sospecha que ha virado demasiado cerca. La defensa del caso ante el jurado es por tanto difícil.

Entonces, no se puede virar a sotavento de un rival amurado a estribor a menos que esté por encima de la layline y deje espacio suficiente para que aquél vire y pase la baliza con toda seguridad.

En una aproximación amurados a babor, una de las tareas del táctico es por tanto analizar la posición relativa de los barcos amurados a estribor con relación a la layline: ¿están por encima de ella o no? También debe tener en cuenta otros elementos: la velocidad de los participantes, la posible corriente...

11 *Blanco, amurado a babor, vira demasiado cerca de Azul en la boya. ¡Azul tiene derecho de reclamar!*

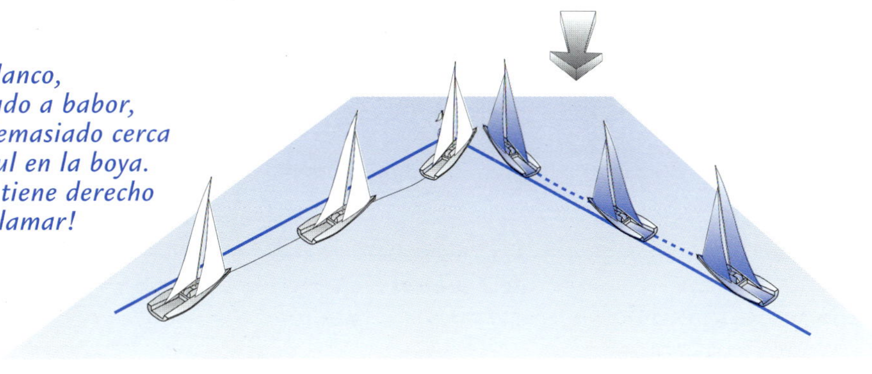

Dar espacio, mantenerse apartado (Regla 18-2).

Comprometidos - Regla básica. «Cuando los barcos están *comprometidos* el barco exterior dará *espacio* al barco interior para rodear o pasar la *baliza* u *obstáculo,* y si es el barco interior quien tiene derecho de paso, el barco exterior deberá además *mantenerse separado.* Otros apartados de la regla 18 prevén excepciones a esta regla» (Regla 18-2 a).

Comprometidos en la zona. «Si los barcos están *comprometidos* antes de que uno de ellos alcance la zona de *dos esloras* y el *compromiso* se rompe después que uno de ellos la haya alcanzado, el barco que estaba en el exterior continuará dando *espacio* al otro. Si el barco exterior queda *libre a popa* o *comprometido* por el interior del otro barco, no tendrá derecho a *espacio* y deberá *mantenerse separado*» (Regla 18-2 b).

No comprometidos en la zona. «Si un barco está *libre* a proa cuando alcanza la zona de *dos esloras,* el barco *libre a popa se mantendrá separado* de allí en adelante. Si el barco *libre a popa* queda *comprometido* por el exterior del otro barco deberá dar *espacio* al barco interior. Si el barco *libre a popa queda comprometido* por el interior del otro barco, no tendrá derecho a *espacio.* Si el barco que estaba *libre a proa* pasa más allá de proa al viento, la regla 18.2(c) deja de aplicarse» (Regla 18-2 c).

Alterar el rumbo para rodear o pasar. «Cuando se aplica la regla 18 entre dos barcos y el barco con derecho de paso está alterando su rumbo para rodear o pasar una *baliza,* la regla 16 no se aplica entre dicho barco y el otro» (Regla 18-2 d).

Derechos relativos al compromiso. «Si existe duda razonable acerca de si un barco quedó *comprometido* o rompió un *compromiso* a tiempo, se supondrá que no lo hizo. Si el barco exterior no puede dar *espacio* cuando comienza un *compromiso,* las reglas 18-2(a) y 18.2(b) no se aplican» (Regla 18-2 e).

12 Azul y Blanco están comprometidos. Blanco debe dejar sitio a Azul, que está situado en el interior para virar la boya. Azul puede pedir «¡Agua!»

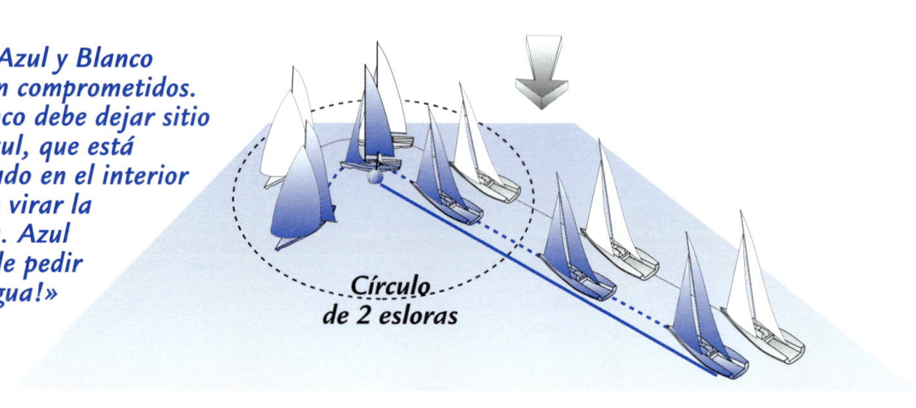

Si están comprometidos, el barco exterior debe dejar sitio al barco interior para contornear la baliza *(figura 12).*

⑬ Azul no está comprometido. Por lo tanto debe apartarse por el exterior y dejar sitio a Blanco.

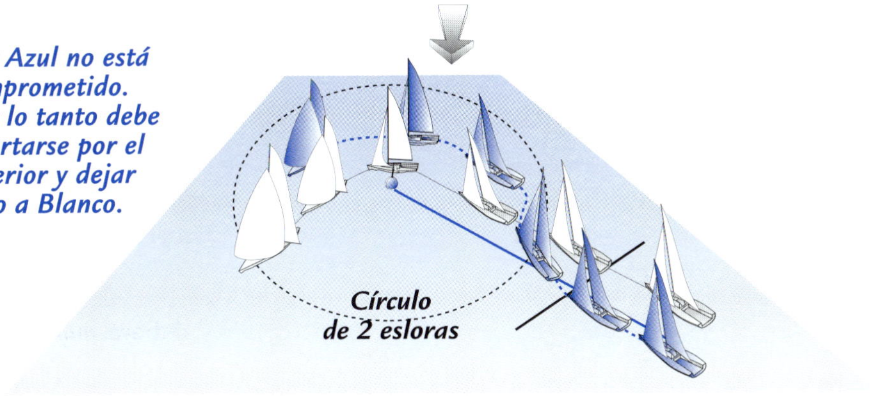

Si, por el contrario, el barco exterior tiene libre a proa llegando al círculo de dos esloras, corresponde que se aparte el barco libre a popa. Aquí, Azul debe rodear la boya por el exterior, ya que no está comprometido con Blanco cuando éste alcanza el círculo de dos esloras *(figura 13).*

El momento clave es el instante en que la proa del barco en cabeza entra en el círculo de las dos esloras alrededor de la boya: ¿está el barco interior comprometido o no? Es este punto el que determina la preferencia y los deberes de cada uno.

Virar

Si dos barcos se aproximan a una baliza sobre bordos opuestos y uno de los dos acaba su virada dentro de la zona de dos esloras en tanto que el otro vira la baliza, la regla 18.2 no se aplica. El barco que ha virado:

a) no debe obligar al otro barco a navegar más allá de la máxima ceñida para evitarlo, o impedir al otro barco pasar la baliza y,

b) debe dejar espacio si el otro barco se convierte en comprometido al interior, en cuyo caso la regla 15 (adquirir derecho de paso) no se aplica (Regla 18-3).

CASO ISAF Nº 15  **REGLAS Nº 13 Y 18.2 (b)**

«Virando para rodear una baliza, un barco libre a proa debe respetar la regla 13; un barco en máxima ceñida libre a popa tiene el derecho de mantener su ruta, por tanto de impedir que el otro vire.»

CAPÍTULO 13 - LAS ESTRATEGIAS CON VIENTO DE POPA EN FUNCIÓN DEL VIENTO

13.1 - Los tres tipos de viento 188
13.2 - Estrategia con viento de popa que rola 190
13.3 - Estrategia con viento de popa oscilante 196
13.4 - Estrategia con viento de popa que rola y oscila 201

CAPÍTULO 13:

Lo hemos visto en ceñida, existen principalmente tres tipos de viento: viento que rola, viento que oscila y viento que rola y oscila. Y, como en ceñida, la estrategia no será la misma, porque estará vinculada a la naturaleza de la brisa. Explicaciones...

Ya hemos visto antes que existen tres tipos de evolución del viento. Veámoslas brevemente.

DEFINICIONES

13.1. LOS TRES TIPOS DE VIENTO

• **Viento que rola:** corresponde a un viento que gira siempre en la misma dirección durante todo el largo. Es, por ejemplo, un viento de norte que bornea al noreste, y después al este *(figura 1).*

1 ***El viento, que gira a la derecha durante todo el largo de portante, rola y se cierra de 90°. El barco ha empezado la manga con viento de popa y lo termina a un largo.***

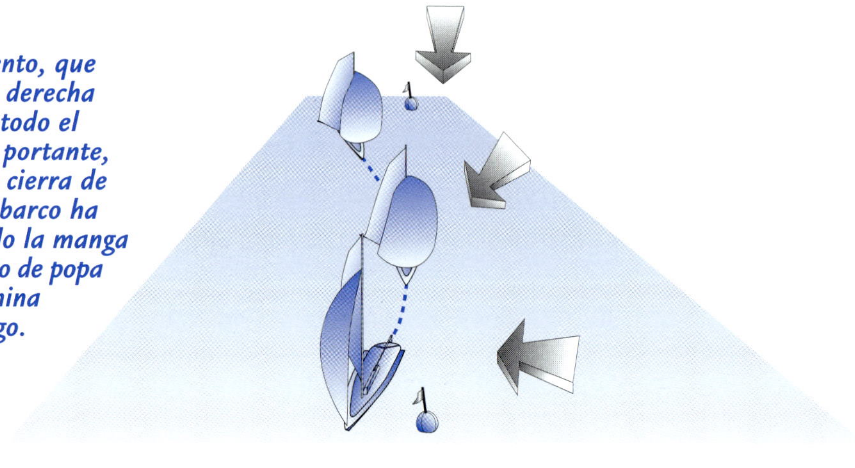

• **Viento oscilante:** evoluciona de un lado al otro de una dirección media. Ejemplo: el viento viene del norte (0). Pasa sucesivamente a 10, 0, 350, 0 y de nuevo, etc. Hablamos entonces de un viento oscilante alrededor del 0 *(figura 2)*.

2 En este largo, el viento oscila 10° a un lado y al otro de la dirección media (al 0). ¡Los trimadores tienen trabajo a bordo!

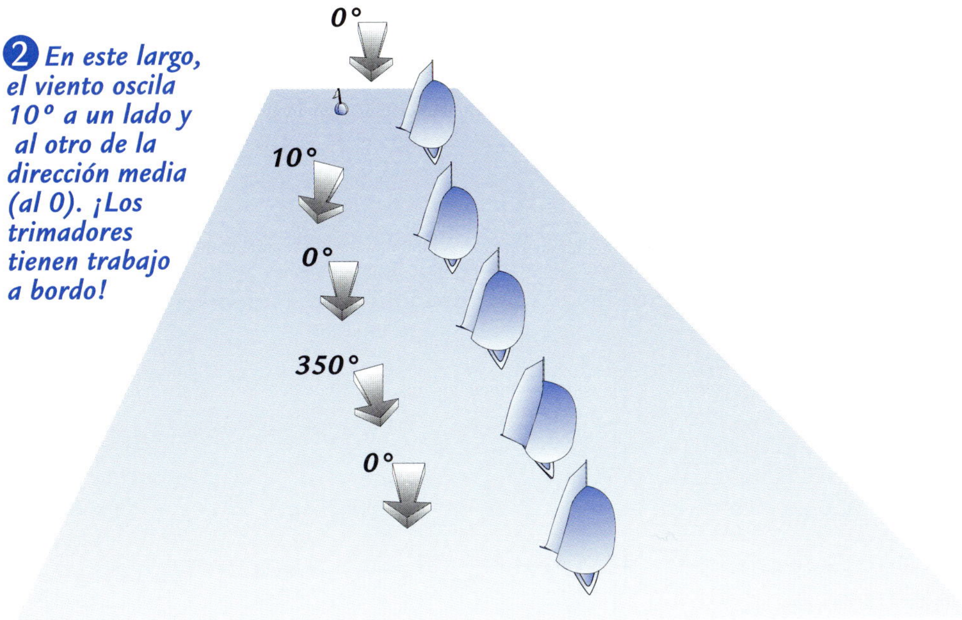

• **Viento que rola oscilando:** el viento gira siempre en la misma dirección, por ejemplo del norte al noreste, después al este. No obstante esta rotación está marcada por regresos ocasionales a la dirección anterior del viento. Tomemos un ejemplo: el viento sopla del norte (0), gira al 20, regresa al 0 antes de girar al 40 *(figura 3)*.

3 En este largo, el viento rola 40° a la derecha y de vez en cuando regresa a su dirección anterior.

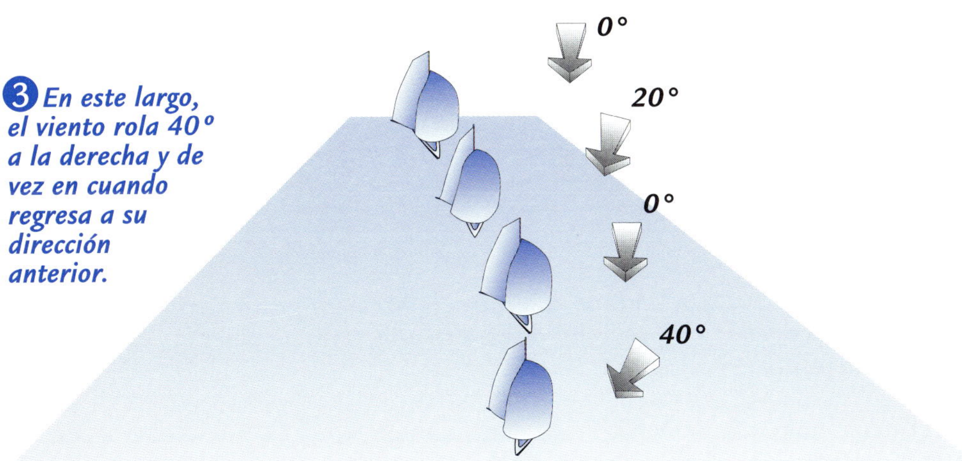

Veamos a continuación cuál es la estrategia que corresponde mejor a cada tipo de viento.

ESCALERA Y PELDAÑOS

13.2. ESTRATEGIA CON VIENTO DE POPA QUE ROLA

Adoptad el principio de la escalera

Para comprender mejor las ganancias y las pérdidas de los veleros con viento de popa cuando éste cambia de dirección, retomemos nuestra escalera ficticia, los peldaños de la cual son perpendiculares al eje del viento.

Esta escalera está suspendida de la boya de barlovento por el peldaño superior. Todos los veleros situados en el mismo peldaño deben recorrer una distancia idéntica para llegar a la boya de sotavento, sean cuáles sean las rutas seguidas. El vencedor es por tanto aquel que desciende lo más deprisa posible estos peldaños *(figura 4).*

4 ***Azul y Blanco, situados en el mismo peldaño, deben recorrer la misma distancia para llegar a la boya de sotavento.***

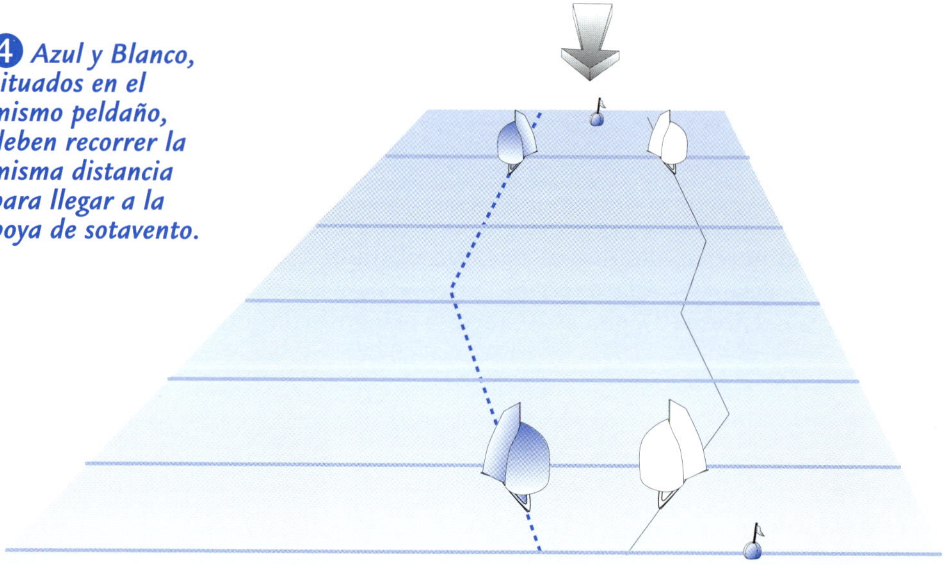

Si, ahora, el viento rola a un lado o al otro, la escalera gira en consecuencia. El objetivo entonces es sacar provecho de esta rolada, a fin de bajar los escalones lo más deprisa posible.

• **Si el viento rola a la derecha,** la escalera, siempre en el eje del viento, se inclina hacia la derecha. El velero azul, que está en la derecha del campo de regatas, o sea del lado opuesto a la rolada, ahora debe bajar menos escalones para llegar a la boya de sotavento que el blanco, que está a la derecha *(figura 5).*

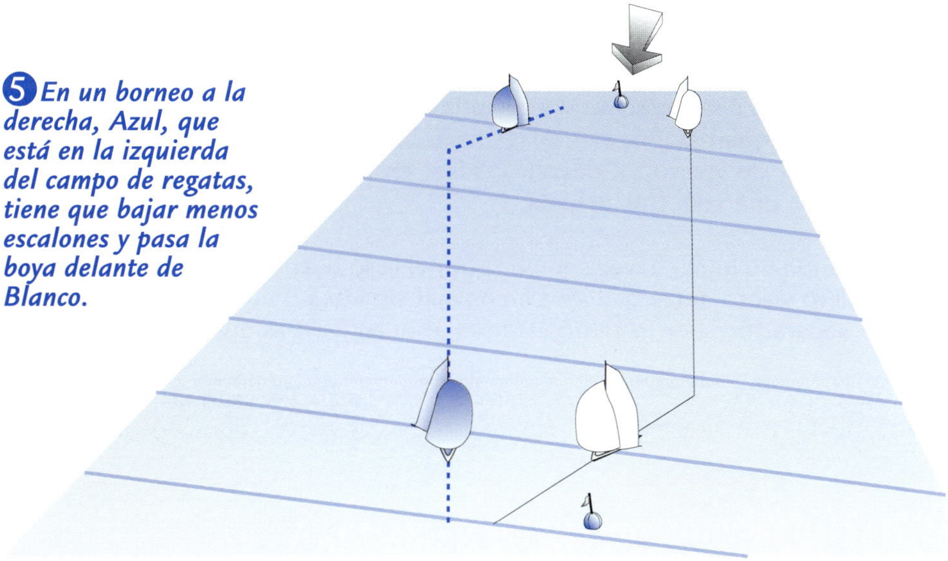

5 En un borneo a la derecha, Azul, que está en la izquierda del campo de regatas, tiene que bajar menos escalones y pasa la boya delante de Blanco.

• **Si el viento gira a la izquierda,** el velero blanco, que está en la derecha del campo de regatas, ahora debe bajar menos escalones para llegar a la boya de sotavento que su rival, que está situado en la izquierda del campo de regatas *(figura 6)*.

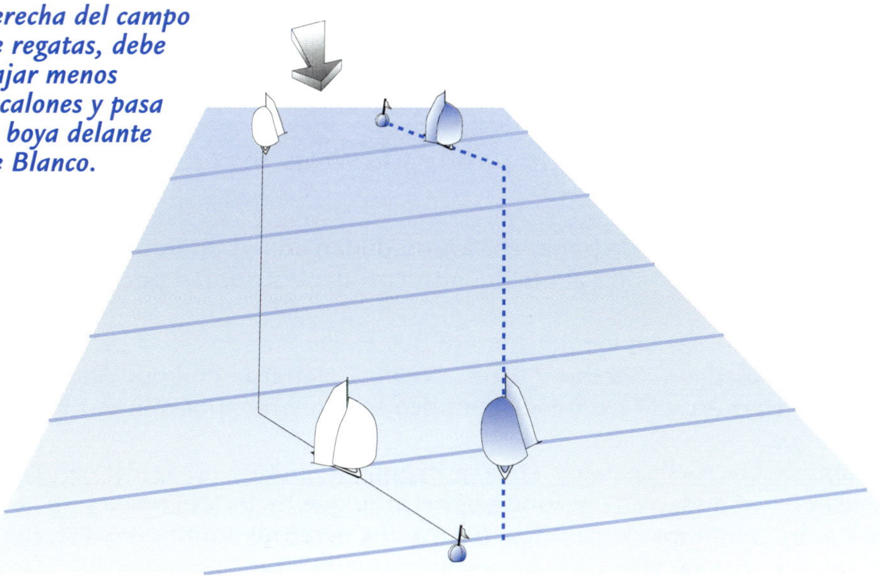

6 En una rolada a la izquierda, Azul, que está en la ***derecha del campo de regatas, debe bajar menos escalones y pasa la boya delante de Blanco.***

Entonces podemos enunciar las siguientes reglas:

- **En una rolada de viento en popa, vamos a la izquierda del campo de regatas si el viento bornea a la derecha. Vamos a la derecha del campo de regatas si el viento rola a la izquierda.**
- **En una rolada de viento, el descenso ideal en popa se efectúa por tanto en dos bordos con una sola trasluchada.**

Además, cuando un barco navega en popa por el lado bueno del campo de regatas, recibe el nuevo viento antes que los barcos mal situados, lo que no hace más que ampliar la separación. Por lo tanto estar en el buen lado es aún más interesante.

Con viento fuerte, es esencial vigilar tanto las roladas como las rachas que llegan por detrás.

PREGUNTAS A LOS REGATISTAS

En una rolada con viento de popa, ¿adoptas una estrategia extremista?

En una rolada con viento de popa, el 30% no dudan en ir a fondo a la derecha o a fondo a la izquierda, contra el 70% que son prudentes y optan por el centro.

Jean-Yves Bernot no es un extremista, «ya que es demasiado difícil gestionar los ángulos y las roladas». **Bertrand Pacé, Nicolas Hénard, Philippe Presti, Luc Pillot, Maud Herbert** y **Marc Bouët** tampoco lo son y no apuestan por los bordes del cuadro.

En cambio, **Luc Gellusseau** y **Thierry Péponnet,** si bien no se definen como «extremistas», no dudan en ir a fondo por el lado que les parece bueno.

Finalmente, están los moderados. **Bertrand Chéret** no adopta una estrategia extremista si no hay un viento estable en intensidad y dirección. Los regatistas de altura, **Alain Gautier** y **Christophe Auguin,** también prefieren ser muy prudentes: «Todo depende de la fiabilidad de la información». Finalmente, **Christine Briand** y **Franck David** no son partidarios de los extremos, salvo si consideran que el borneo es evidente al 100%. Lógico y sabio.

En una rolada persistente con viento de popa, ¿tenéis tendencia a reajustar el rumbo?

La táctica, sobre todo con vientos portantes, es un ámbito muy complejo: las estadísticas no indican una tendencia precisa. Tantos regatistas, tantas opciones distintas.

Jean-Yves Bernot prefiere reajustar el rumbo, «sobre todo si eso permite tomar el interior en la marca de sotavento». Si está en el grupo de cabeza, **Bertrand Pacé** tampoco duda en reajustar; si está lejos, prefiere continuar su opción.

Luc Gellusseau, Bertrand Chéret, Christine Briand, Franck David y **Thierry Péponnet** reconocen que, en general, continúan su bordo.

Maud Herbert, Philippe Presti, Luc Pillot o **Nicolas Hénard,** trasluchan si la rolada persiste.

Finalmente, **Marc Bouët,** reajusta el rumbo, pero no espera el final de la manga, ya que «hay que escoger claramente un lado para acabar».

CONSEJOS DE LOS CAMPEONES

Manejar correctamente las roladas con viento de popa

► **Jean-Yves Bernot.** «Los borneos persistentes son difíciles de manejar. Pueden fácilmente sobrepasar la mitad del ángulo muerto. Por esto, no funciona la estrategia clásica consistente en escoger primero el bordo que se abre. La mayoría de las veces, con viento de popa, vale más jugar con la fuerza del viento.»

► **Luc Gellusseau.** «Atención con no encontraros por encima de la layline, ¡ya que hace daño! Además, es mejor evitar el encontrarse en la layline babor demasiado pronto: en primer lugar, si el viento aumenta, nos encontramos fuera de layline; segundo, no podemos evitar los desventes; tercero, estamos en el exterior al llegar a la boya de sotavento.»

► **Bertrand Pacé.** «Con viento en popa, más que la dirección, lo importante es la fuerza del viento. Y no os olvidéis de vigilar vuestra colocación con relación a la flota.»

► **Philippe Presti.** «En vela ligera en solitario, se navega casi en popa redonda y la capacidad de aceleración es poco importante, sobre todo con un Finn.

Más que buscar una rolada de viento, tratad de optar por el bordo que descienda mejor. Puede ser a causa de las olas o de la orientación del viento y las olas. Finalmente, ¡navegad despejados!»

► **Thierry Péponnet.** «Empezad tirando el bordo que se abre (el que os aleja de la boya), para trasluchar enseguida, pero antes de la layline, ya que el viento continuará cerrándose después de la trasluchada.»

► **Luc Pillot.** «La trasluchada suele ser menos perjudicial que una virada. No dudéis, si las maniobras funcionan bien, en hacer dos pequeñas trasluchadas muy seguidas, para ver.»

► **Franck David.** «Intentad apreciar las roladas en ceñida y ¡anticipad vuestra elección de bordo al final de la ceñida!»

► **Bertrand Chéret.** «Si el viento está uniformente repartido en el campo de regatas, empezad yendo al lado opuesto del borneo.»

► **Christine Briand.** «No experimentéis el bordo de la rolada. Antes del fin de la manga de ceñida, analizad bien la evolución del viento y extraed conclusiones claras para la maniobra y vuestra colocación en la boya de barlovento.»

► **Marc Bouët.** «Tened cuidado de estimar bien la layline y anticipad la rotación del viento mientras recorréis la manga hacia la boya. Buscad la mejor colocación respecto a los cambios del viento, esto os permitirá un último bordo menos largo, es decir una más precisa definición de la layline. Esta maniobra está tanto más indicada si os permite proteger el interior (rolada de viento a la derecha en un recorrido a babor). Finalmente, no olvidéis que salir del cuadro alarga siempre la ruta y ¡siempre os vais a encontrar a sotavento!»

► **Nicolas Hénard.** «Intentad anticipar las roladas mirando a popa.»

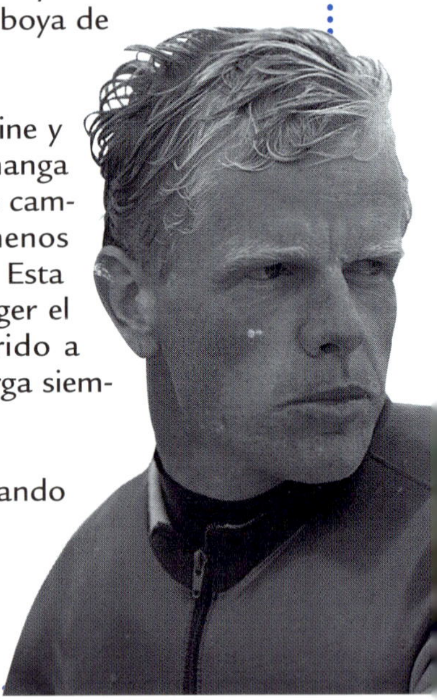

Nicolas Hénard, doble campeón olímpico de Tornado: un experto en estrategia con vientos portantes.

En resumen, más aún que la dirección, conviene jugar con la fuerza del viento y las rachas, que dan la oportunidad de abatir, o sea de descender mejor hacia la marca. No hay que olvidar de mirar hacia atrás, de observar bien el campo de regatas y la posición de los participantes. Finalmente, hay que estimar bien la layline, o sea anticipar para no encontraros fuera del cuadro, con una ruta que se prolonga en consecuencia, y no dudéis en resituaros mediante una trasluchada.

ANÉCDOTAS DE LOS REGATISTAS

¡Roladas asombrosas con vientos portantes!

► **Jean-Yves Bernot.** «Inicio del largo de portante. Esperamos una rolada a la izquierda y vamos a la derecha *(1)*. Nuestro adversario *(2)* avanza viento en popa y pierde terreno. Salvo que el viento ha aumentado de 5 nudos y ahora hace casi la ruta directa. A nosotros, la inversión no nos ha beneficiado. Esto es lo que explica que las roladas sean tan difíciles de manejar con vientos de popa. La debilidad de los ángulos muertos obliga a ser oportunista y a limitar los riesgos, salvo con vientos de menos de 8 nudos o con un multicasco.»

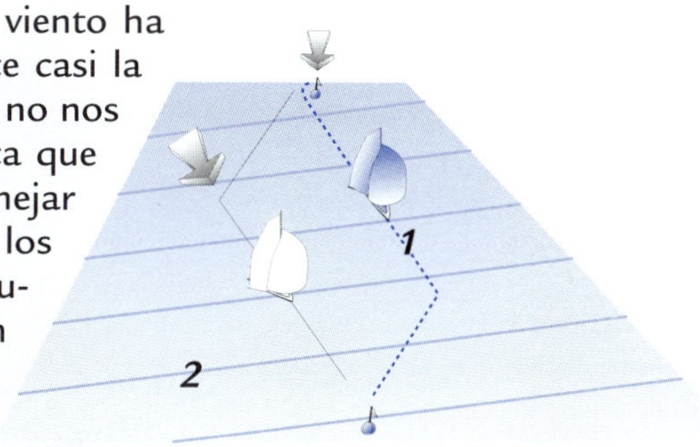

► **Nicolas Hénard.** «En pequeño catamarán, es cada vez más difícil no equivocarse: como los Tornado o los F18 navegan sobre un casco en viento de popa, el viento de velocidad es notablemente superior al viento real. En consecuencia, la aproximación es demasiado grande.»

► **Luc Pillot.** «Tour de Francia, etapa Pornichet-La Rochelle. Estamos amurados a babor con spi. El viento disminuye y es cada vez más difícil hacer portar al spi. Debemos orzar de manera importante y alejarnos de la ruta. Decidimos trasluchar y, en el nuevo bordo, el spi se hincha y porta perfectamente. Tal vez fuera debido al efecto de cizalladura del viento y, en todo caso, ¡a una buena rolada!»

► **Philippe Presti.** «Me acuerdo de una regata de Finn en Fort-Lauderdale (Florida), con un chubasco increíblemente violento que pasó en mitad de la regata. No había salido muy bien y, viendo llegar el chubasco, fui a su encuentro trasluchando "con tiro directo", es decir sin la desmultiplicación de las poleas. El viento arreció en el instante de la trasluchada, y la presión era tanta que no podía cambiar de mano. Estaba pues con la mano en la espalda, al límite del control, cuando un norteamericano que llegaba amurado a estribor me reclama el derecho de paso por pocos centímetros. Al ver mi apuro, decide dejarme pasar y aprovecho para agradecérselo retomando una posición más ortodoxa. El viento enseguida arreció tanto (¡más de 45 nudos!) que no podíamos cazar con viento de popa. Bajé todo el campo de regatas, la vela flameando y cruzando las proas de los que habían intentado cazar. Al cabo de un momento, la lluvia cesó, el viento se calmó y retomé mi ruta con visibilidad muy reducida (10 metros). De pronto, ¡estaba junto a la boya de sotavento! ¡En el chubasco el viento había rolado 90° sin que nos diéramos cuenta! Había llegado abajo del recorrido. El norteamericano tan amable estaba último: por no haber podido trasluchar a tiempo, casi había llegado a la boya de barlovento.»

TRABAJO Y PEQUEÑOS BENEFICIOS

13.3. ESTRATEGIA CON VIENTO DE POPA OSCILANTE

► *Una estrategia más laboriosa*

En un régimen de viento oscilante, ya no se trata de optar claramente por un lado del campo de regatas. Debemos hacer algo más laborioso, que consiste en aprovechar cada oscilación para ganar un poco de terreno.

Estos Optimist aprovechan cada oscilación para descender en el viento, manteniendo buena velocidad y utilizando las olas.

Volvamos a la escalera descrita anteriormente. Está siempre suspendida de la boya de barlovento por el peldaño superior y permanece perpendicular al viento. Cuando el viento oscila, la escalera se mueve en consecuencia. El objetivo es alcanzar el peldaño inferior lo más rápido posible aprovechando las oscilaciones del viento.

En nuestro ejemplo, la posición vertical de la escalera representa la dirección media del viento. Hay que navegar siempre en el bordo que permita descender los peldaños lo más deprisa posible.

• **Cuando el viento está a la derecha de la dirección media, navegamos amurados a babor** *(figura 7)*.

7 ***En este viento del 10, a la derecha de la dirección media (del 0), el barco debe navegar amurado a babor.***

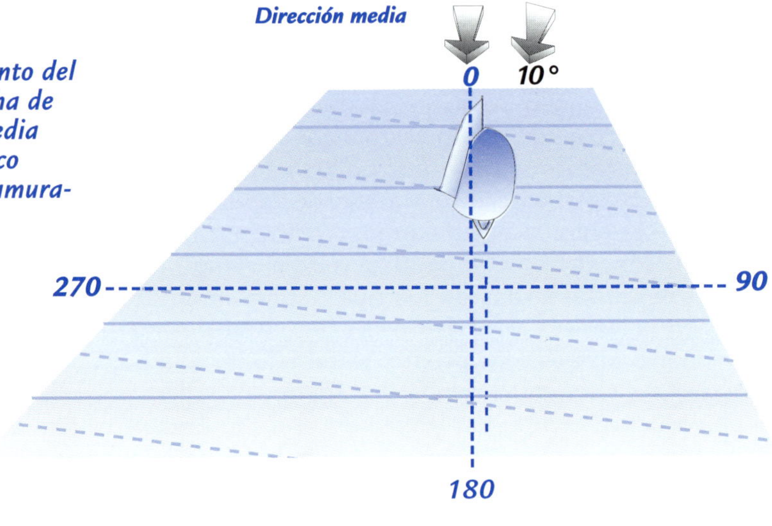

• **Cuando el viento está más a la izquierda que la dirección media, navegamos amurados a estribor** *(figura 8)*.

8 ***En este viento del 350, a la izquierda de la dirección media (del 0), el barco debe navegar amurado a estribor.***

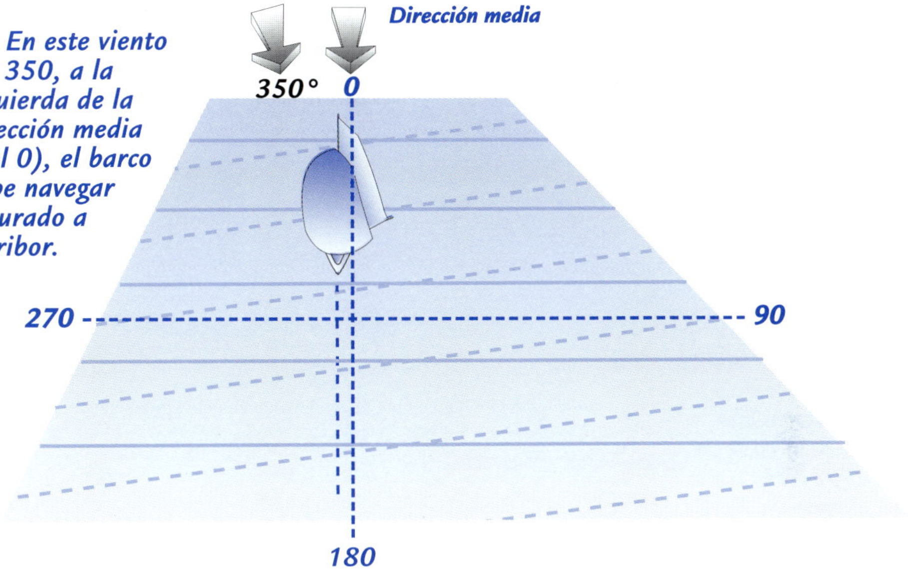

Todo ello lleva a navegar siempre con un viento que se cierra más que el viento medio; así, descendemos más rápidamente la escalera.

Con viento oscilante, el descenso hacia la boya de sotavento se efectúa entonces en tantos bordos como oscilaciones. Trasluchamos a partir del momento en que el viento regresa a su dirección media *(figura 9)*.

9 ***En este viento oscilante entre el 350° y el 10°, el barco azul traslucha cada vez que el viento regresa a su dirección media, o sea al 0.***

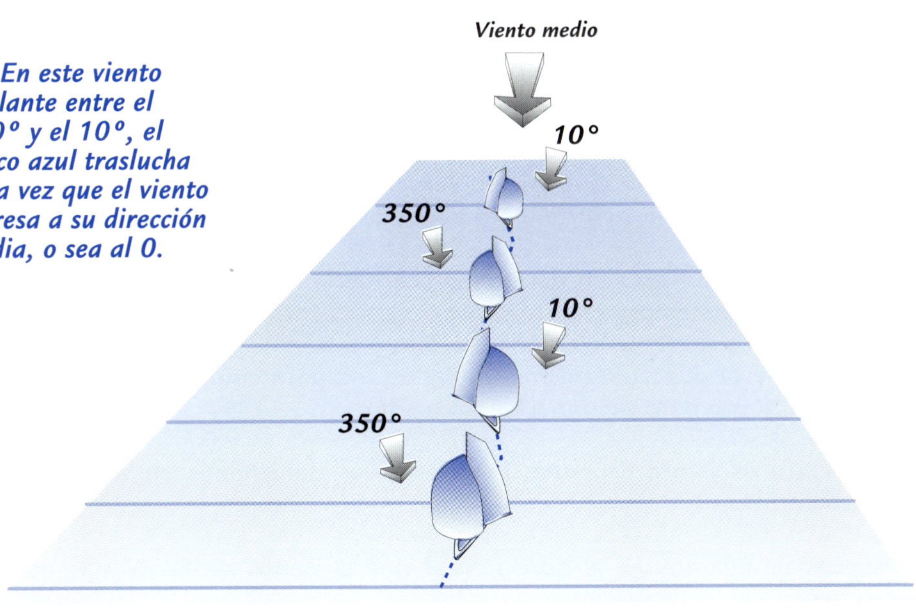

Tened cuidado de no cometer un error frecuente, que consiste en trasluchar en cuanto el viento empieza a abrirse. Antes de trasluchar, es necesario esperar a que el viento haya regresado a la dirección media. Después de haber trasluchado, en un primer momento el viento se cierra. Llega un momento en que la oscilación está en su máximo. El viento emprende entonces su regreso al viento medio. Percibimos el viento que se abre. No obstante, no hay que trasluchar, ya que el viento es aún más cerrado que el viento medio. En la figura 10, en un primer momento, el viento se cierra para Azul; después, se abre de nuevo. No obstante, Azul va a sotavento siempre más rápido que Blanco, que está en el otro bordo.

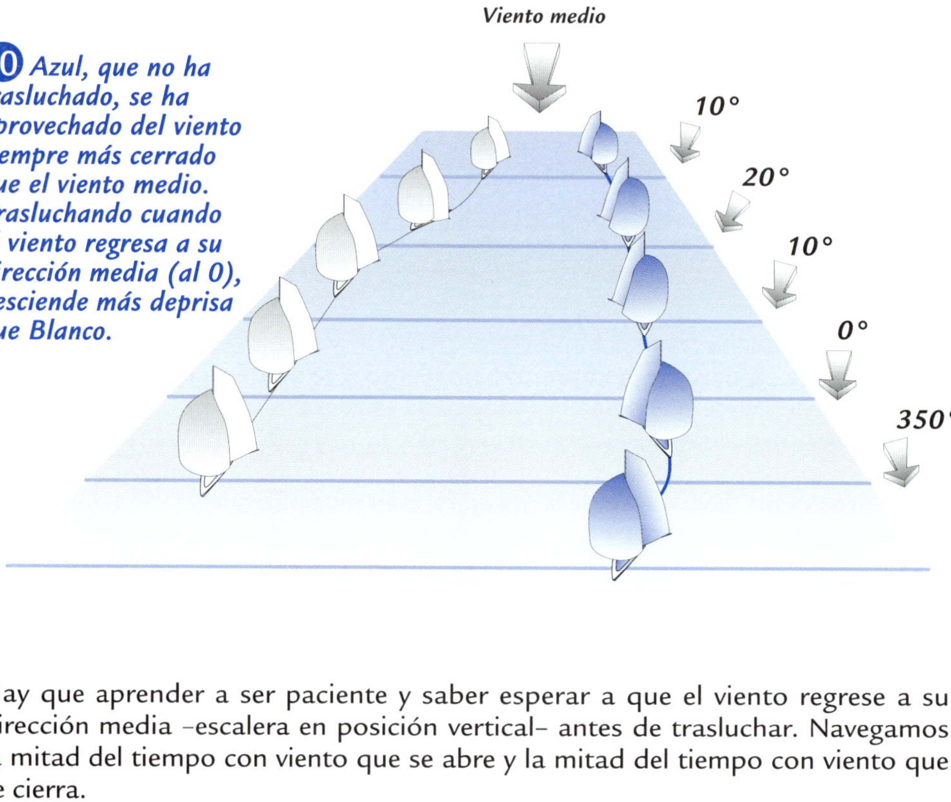

⑩ ***Azul, que no ha trasluchado, se ha aprovechado del viento siempre más cerrado que el viento medio. Trasluchando cuando el viento regresa a su dirección media (al 0), desciende más deprisa que Blanco.***

Hay que aprender a ser paciente y saber esperar a que el viento regrese a su dirección media –escalera en posición vertical– antes de trasluchar. Navegamos la mitad del tiempo con viento que se abre y la mitad del tiempo con viento que se cierra.

La clave del éxito está en determinar correctamente la dirección media del viento, lo que no siempre es fácil. Navegar con viento en popa antes de la salida, anotando los rumbos de compás medios y extremos en cada bordo, ayuda a definir mejor esta dirección media. En regata, no pararemos de anotar los rumbos en cada bordo para validar el viento medio.

• **Con viento oscilante de popa, lo primero es determinar un rumbo medio para cada bordo.**

• **Después navegamos en el bordo en el que el viento se cierra más que ese viento medio determinado antes.**

➧ PREGUNTAS A LOS REGATISTAS

Con viento de popa, ¿cómo estimas la dirección media del viento?

- el 56% con la ayuda del compás;
- el 50% con la posición relativa de los barcos;
- el 37% en función del viento real (cataviento);
- el 13% con enfilaciones a tierra;
- el 13% con relación a la posición de la boya de sotavento;
- el 6% a veces en función de la dirección del mar de fondo o de las olas.

(Los regatistas podían escoger varias respuestas.)

Con viento de popa, ¿en qué momento decides trasluchar si el viento es oscilante?

- el 54% trasluchа cuando el viento ha regresado a la dirección media;
- el 38% traslucha en cuanto cruzan bien por delante de la flota;
- el 30% traslucha en cuanto el viento empieza a abrirse;
- el 8% traslucha en cuanto han ganado una plaza;
- el 8% traslucha en cuanto el viento ha sobrepasado su dirección media;
- el 8% traslucha en función de la racha para continuar planeando (tabla de surf).

(Los regatistas podían escoger varias respuestas.)

Con viento oscilante, más de la mitad de los regatistas (aquí Alain Fédensieu, campeón de Francia 2000 ***en Mumm 30)*** *trasluchan cuando el viento regresa a la dirección media.*

CONSEJOS DE LOS CAMPEONES

Manejar correctamente las oscilaciones con viento de popa

► **Jean-Yves Bernot.** «Los trimadores son los que tienen más información sobre el viento, ya que ellos sienten la presión en las velas. Deben guiar al timonel con la voz, y este último informa al táctico. Eso sucede a popa. No olvidéis que hay que jugar con la fuerza y con la dirección del viento. Es esencial con viento en portante de más de 15 nudos.»

► **Luc Gellusseau.** «Intentad situaros en la flota para poder negociar las oscilaciones y comunicar bien con los trimadores.»

► **Philippe Presti.** «¡Eso pasa siempre en popa! No tiene sentido mirar a proa. Preferid navegar despejados, más que en solitario, es posible navegar trasluchados. Buscad las zonas de viento más que las oscilaciones.»

► **Luc Pillot.** «Un tripulante (en el piano, por ejemplo) anuncia la velocidad y el rumbo del barco, mientras que el timonel y los que atienden las escotas dialogan regularmente. De esta forma, la vigilancia es muy atenta y aumentan las posibilidades de utilizar bien el viento, es decir, de hacer la ruta más directa».

► **Thierry Péponnet.** «¡Tirad el bordo que os acerque más a la boya!»

► **Nicolas Hénard.** «Mirad a popa y lejos, esto os permitirá anticipar las oscilaciones y las rachas.»

► **Marc Bouët.** «Sin duda, es más difícil juzgar variaciones de viento en fuerza y en dirección cuando éste es portante. Con viento de popa no descanséis:

1. Se gana más (o se pierde) en portante que en ceñida.
2. Cread una comunicación permanente entre el timonel y los trimadores de spi, para mantener el rumbo óptimo y distinguir el viento que amaina del que se abre, las rachas de viento que se cierra.
3. Vigilad el cataviento o la dirección del viento real en la electrónica.
4. Permaneced en las zonas donde el viento sea más fuerte.
5. Aprended a conocer bien vuestro barco. La táctica puede ser diferente según el ángulo de descenso. Cuanto más recto desciende el barco, tanto más primordial es la colocación con relación a los otros barcos para evitar los desventes (todos los barcos están en una zona reducida) y poder situarse en el interior de la marca de sotavento. Cuanto más angulado es el descenso (en especial con poco viento), tanto más hay que utilizar el viento.
6. Estimad bien la pérdida en la trasluchada. Si es poca, no dudéis en multiplicarlas.
7. Averiguad bien dónde está el viento para no ir al revés.

► **Bertrand Chéret.** «Tened siempre un tripulante que mire de dónde viene el viento ¡es decir, hacia popa! En match-racing, incluso en el nivel alto, un segundo de falta de atención puede ser fatal. Haced todo lo posible por no quedar encerrado entre dos barcos, ya que, en estas condiciones, la ruta os es impuesta.

Además, aunque no haya desvente evidente, el viento es más fuerte en los extremos del grupo que en el interior. Por último, no tengáis miedo de trasluchar.»

► **Bertrand Pacé.** «Leed bien el compás al mismo tiempo que miráis el cataviento. Es frecuente que con viento de popa, ¡la fuerza del viento sea más importante que la dirección!»

► **Christine Briand.** «Las diferencias de ángulo debidas a la fuerza del viento son aún más importantes en vientos portantes que en ceñida. Prestad pues mucha atención de no transformar una racha en un viento que se cierra y viceversa. Ayudaos si es posible con la electrónica y con los trimadores, que deben sentir la fuerza del viento en las escotas del spi.

LIMITAR LOS RIESGOS

13.4. ESTRATEGIA CON VIENTO DE POPA QUE ROLA Y OSCILA

► *Una estrategia que apunta a limitar los riesgos*

Navegar con viento que rola y oscila es muy frecuente. Las referencias que constituyen los rumbos medios en cada bordo con viento oscilante no son de ninguna ayuda, dado que evolucionan permanentemente, de ahí lo difícil de la situación. No se pueden despreciar las oscilaciones. Adoptamos por tanto una estrategia que apunta a limitar los riesgos: aprovechamos el borneo jugando a la vez con las oscilaciones.

Estos First 300 en match-racing no pueden despreciar las oscilaciones del viento que sopla de tierra. Limitan los riesgos jugando con las oscilaciones sin desaprovechar las roladas.

• **Si el viento rola a la derecha,** debemos ir hacia la izquierda del campo de regatas. Cuando el viento se abre mucho, trasluchamos para reajustar.
• **Si el viento rola a la izquierda,** debemos ir hacia la derecha del campo de regatas. Cuando el viento se abre mucho, trasluchamos para reajustar.

• **Con viento de popa que rola a la derecha y oscila, debemos ir a la izquierda del campo de regatas y aprovechar las oscilaciones favorables para reajustar.**

• **Con viento de popa, en un viento que rola a la izquierda oscilando, debemos ir a la derecha del campo de regatas y aprovechar las oscilaciones favorables para reajustar.**

▸▸ PREGUNTAS A LOS REGATISTAS

Con viento de popa que tiene tendencia a rolar y oscilar ¿en qué momento reajustáis?

• el 71 % traslucha en el momento que el viento se abre mucho;
• el 57 % traslucha en el momento que cruzan delante de la flota;
• el 13 % hace otra cosa (ver comentario).

(Los regatistas podían escoger varias respuestas.)

A bordo de Corum Saphir durante la Admiral's Cup 93. El viento fuerte es sostenido y se abre mucho y se prepara una nueva trasluchada. En este viento que ha rolado y oscilado toda la noche, cada «abertura» se salda con una trasluchada; así, al amanecer, se han ganado varias posiciones.

Jean-Yves Bernot, Alain Gautier, Luc Pillot, Thierry Péponnet y **Luc Gellusseau** trasluchan para reajustar solamente si cruzan bien delante de la flota.

Philippe Presti, Maud Herbert, Bertrand Chéret, Christine Briand y **Bertrand Pacé** también reajustan si cruzan bien delante, pero tampoco dudan para aprovechar un viento que se abre trasluchando.

Nicolas Hénard es el único de los regatistas que elige reajustar únicamente cuando está demasiado descentrado con relación a la flota, o para ganar una posición.

Franck David y **Loïck Peyron** reajustan en el momento que el viento se abre mucho, salvo si la sistemática es verdaderamente sobre un bordo preciso.

Marc Bouët, finalmente, añade que tiene siempre en cuenta la fuerza del viento y que intenta permanecer en los pasillos de viento.

CONSEJOS DE LOS CAMPEONES

Con viento de popa, ¿cómo manejáis un viento que rola y oscila?

► **Jean-Yves Bernot.** «En portante, si la fuerza del viento real es inferior a 20 nudos, privilegiad más la fuerza del viento que las roladas. Y en la boya de sotavento, ¡buscad el interior!»

► **Christine Briand.** «Aseguraos bien de que lo que se llama una rolada lo sea de verdad (y no una oscilación o un fenómeno de costa puntual). Observad el compás, anotad todos los rumbos y mirad si podéis encontrar una frecuencia de las oscilaciones. Observad bien las rachas. Finalmente, vigilad la flota y vuestra layline, sobre todo si el bordo es largo.»

► **Bertrand Chéret.** «Medid bien la pérdida en la trasluchada (incluyendo la variación del ángulo de arranque). Si la pérdida es reducida, ¡no dudéis en trasluchar! En vela ligera, una trasluchada con viento suave debe constituir una ganancia.»

► **Franck David.** «¡Tened ojos detrás de la cabeza!»

► **Thierry Péponnet.** «Situaos con relación a la flota, para proteger el lado bueno e intentad reajustes aprovechando las oscilaciones del viento.»

► **Nicolas Hénard.** «Id del lado "tendencia favorable" y jugad con las oscilaciones para reajustar con relación a la flota ¡y ganar así algunas posiciones!»

► **Bertrand Pacé.** «Tirad siempre el bordo que acerque más. Los borneos con viento de popa son más lentos y largos que en ceñida (ya que avanzamos con el viento). Si dos o tres roladas son posibles en ceñida, a menudo hay una sola con vientos de popa.»

► **Luc Gellusseau.** «Favoreced generalmente la rolada, ya que seguir las oscilaciones obliga a multiplicar las maniobras. Tened cuidado de manejar bien la fuerza del viento con relación a la flota y anticipad el problema de la pérdida en la trasluchada con relación a la distancia que os separa de los otros barcos. Esto puede implicar una toma de la layline demasiado pronto en el caso de un viento débil, ¡sin dejar de prestar atención a no quedar fuera del cuadro!»

► **Maud Herbert.** «Permaneced siempre dentro de la racha.»

Maud Herbert, quíntuple campeona del mundo de tabla de surf olímpica.

CAPÍTULO 14 - LA TÁCTICA CON VIENTO DE POPA

14.1 - El compás con viento de popa 206

14.2 - ¿Viento que amaina o viento que se abre en popa? 210

14.3 - ¿Viento que arrecia o viento que se cierra en popa? 211

14.4 - Las laylines con viento de popa 213

CAPÍTULO 14:

¡No es tan fácil, el portante! Por otra parte es aquí donde se miden las más grandes separaciones. Hace falta mucha concentración, ojos detrás de la cabeza y una comunicación continua entre el timonel y los trimadores. En resumen, no es el momento de dejarse llevar, cuando todo —y sobre todo el viento— ¡os anima a ello!

EQUIPO

14.1. EL COMPÁS CON VIENTO DE POPA

En regata, el compás tiene un papel esencial para el táctico y el timonel. Como en ceñida, permite discernir el viento que se abre del que se cierra, el viento que amaina del que arrecia. No obstante, en este tema, las opiniones difieren: algunos regatistas no son adeptos a la rosa.

Algunos regatistas, como en este Laser, prefieren sólo sus sensaciones.

► ¿Cómo interpretar la lectura del compás con viento de popa?

Si la fuerza del viento no varía, el compás permite discernir el viento que se abre del que se cierra.

• **Amurados a estribor, si el rumbo aumenta, el viento se abre; el rumbo disminuye, el viento se cierra** *(figuras 1 y 2)*.

1 Amurado a estribor en portante, si el rumbo de compás aumenta (+), el viento se abre (+).

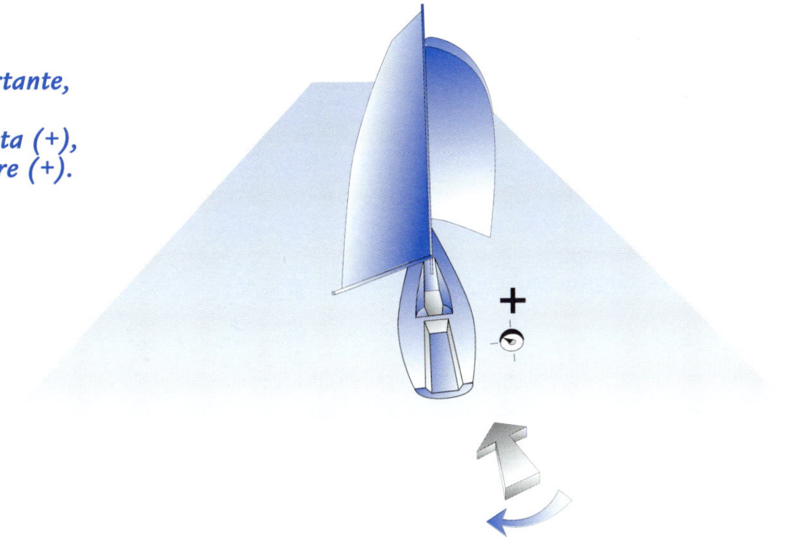

2 Amurado a estribor en portante, si el rumbo de compás disminuye (-), el viento se cierra (-).

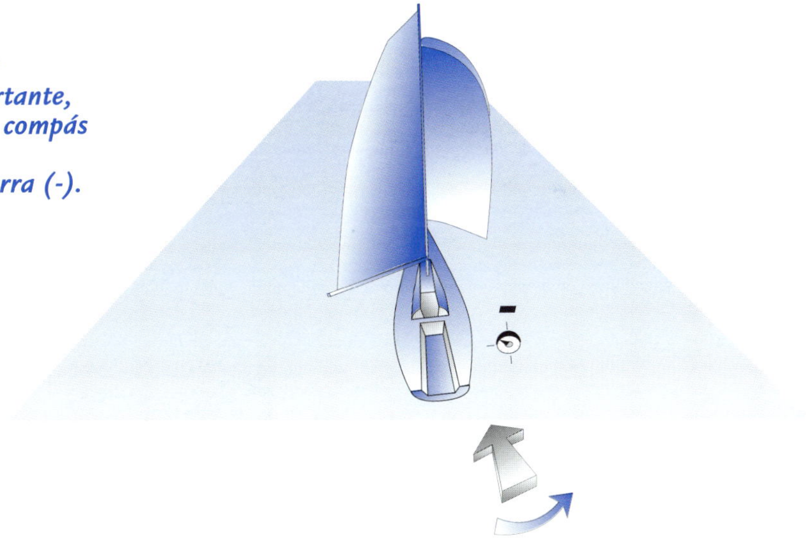

• **Amurados a babor, si el rumbo aumenta, el viento se cierra; el rumbo disminuye, el viento se abre** *(figuras 3 y 4)*.

En principio, estas nociones no siempre son fáciles de integrar. Para el regatista principiante, lo más fácil es hacer un pequeño esquema cada vez que duda.

Tenemos que guardar siempre en la memoria el hecho de que un viento que se cierra con viento de popa en un recorrido olímpico significa que nos acercamos más rápido a la marca de sotavento y al contrario, que un viento que se abre implica una velocidad de menor aproximación.

La lectura del compás es lo que permite confirmar las impresiones del táctico y validar la estrategia puesta en escena.

③ Amurado a babor en portante, si el rumbo de compás aumenta (+), el viento se cierra (-).

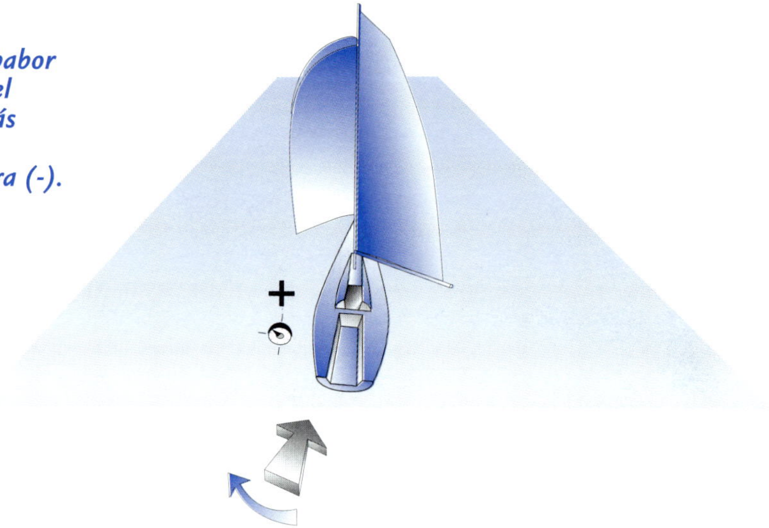

④ Amurado a babor en portante, si el rumbo de compás disminuye (-), el viento se abre (+).

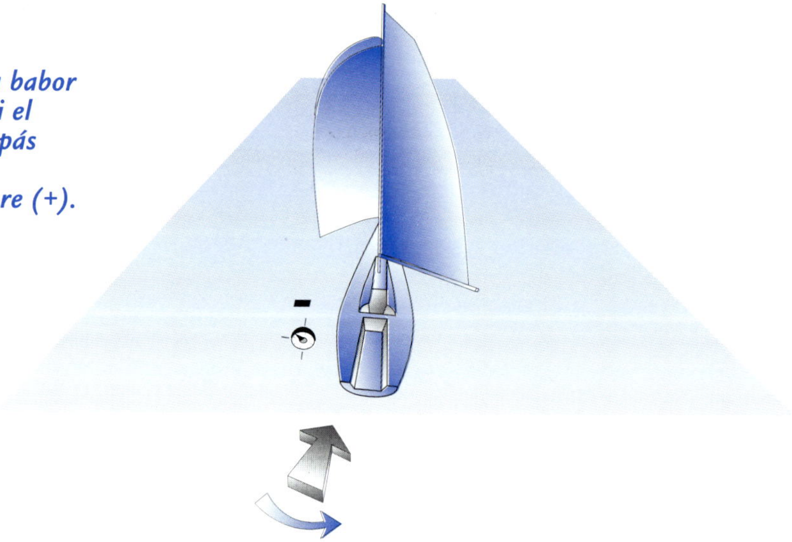

▸▸ PREGUNTAS A LOS REGATISTAS

Con viento de popa, ¿lees regularmente el compás?

- el 61 % lo mira frecuentemente;
- el 38 % lo mira de tanto en tanto;
- el 15 % hace que un tripulante indique el rumbo permanentemente;
- el 7 % lo mira continuamente.

(Los regatistas podían escoger varias respuestas.)

Con viento de popa, ¿cómo memorizas los rumbos del compás?

- el 54% los apunta en el barco (cofres, pasamanos, cabina);
- el 45% los memoriza;
- el 45% los apunta en un cuaderno;
- el 28% no los recuerda.

(Los regatistas podían escoger varias respuestas.)

Incluso en el nivel alto, un tercio de los regatistas preguntados tienen dificultades para memorizar los rumbos en portantes. Solución: ¡anotar los rumbos cerca del compás, en los cofres o los pasamanos!

Es interesante destacar que, incluso en los niveles más altos, casi uno de cada tres regatistas tiene dificultades ¡para recordar los rumbos en portante! Es cierto que con viento de popa, los trimadores -que tienen directamente la presión del viento en las escotas- están más cerca de sentir las evoluciones del viento, tanto en dirección como en fuerza. Timoneles y tácticos funcionan más por intuición y se apoyan en las informaciones que les dan sus trimadores.

Philippe Presti confiesa que nunca mira el compás con viento de popa.

Marc Bouët considera que el compás es secundario con viento portante.

Luc Gellusseau reconoce que se concentra menos en los rumbos de bordo a bordo con viento de popa que en ceñida; **Bertrand Pacé** no duda en afirmar que, más que el rumbo de compás, el cataviento es lo más importante en portante.

Finalmente, **Michel Desjoyeaux** compara siempre el rumbo de compás y el del waypoint, que mira en los repetidores (palo o bañera).

SENSACIONES

14.2. ¿VIENTO QUE AMAINA O VIENTO QUE SE ABRE EN POPA?

PREGUNTAS A LOS REGATISTAS

Con viento de popa, ¿cómo determinas la diferencia entre un viento que amaina y uno que se abre en popa?

• Para **Bertrand Chéret,** una información preventiva mediante la observación del campo de regatas es muy útil. Con el entreno, las reacciones del organismo son bastante convincentes. «Es destacable que los buenos timoneles con viento portante sienten sus sensaciones al mismo nivel que el provecho que pueden sacar de las olas. Pueden deslizarse con la racha antes que los demás y arrancar después orzando.»

• Para **Luc Pillot,** es importante mantener el mejor rumbo. En ambos casos, seguramente hará falta orzar un poco; después podremos hacer el balance dos o tres esloras más lejos.

• **Thierry Péponnet** determina la diferencia entre un viento que amaina y un viento que se abre gracias a la tensión en las escotas. «Es importante que el que trabaja con ellas diga lo que siente. Una disminución del viento se expresa primero por una escota que flaquea, después por un regreso a la misma presión cuando el timonel orza. Al contrario, en el curso de un viento que se abre, la corrección en la caña mantiene la tensión en la escota, que no ha cambiado.»

Más allá de las sensaciones en la caña y lo que marque la electrónica de a bordo (cataviento y ángulo de viento aparente), la tensión en las escotas es un excelente indicador para diferenciar un viento que amaina de uno que se abre.

• **Bertrand Pacé** se mantiene fiel a la veleta, al compás, y pregunta a los que manejan las escotas, mientras que Luc Gellusseau se sirve sobre todo del ángulo de viento aparente marcado por la electrónica.

• Para **Marc Bouët,** hay que partir de las sensaciones. Una comunicación permanente entre los observadores (que anuncian rachas y disminuciones de viento), los trimadores y el timonel debe permitir un primer análisis. Después de eso, el compás sólo tiene la función de confirmar. «Se trata pues de un funcionamiento prácticamente invertido en relación a la ceñida. Si el viento amaina, hay que evitar una maniobra inoportuna, y entonces estar seguro de que se abre para trasluchar.»

• **Alain Gautier** determina siempre esta diferencia con la dirección del viento indicada y sus sensaciones.
• Para **Franck David,** el planning sigue siendo su mejor referencia, al igual que para **Maud Herbert** quien añade que, «en una bajada del viento, hay que hacer pumping para retomar un poco más de velocidad».
• Finalmente, **Jean-Yves Bernot** vigila principalmente la electrónica (veleta, velocidad del viento real y después compás) y los barcos a su alrededor.

SENSACIONES

14.3. ¿VIENTO QUE ARRECIA O VIENTO QUE SE CIERRA EN POPA?

» PREGUNTA A LOS REGATISTAS

Con viento de popa, ¿cómo determinas la diferencia entre un viento que arrecia y uno que se cierra?

Con viento de popa, la mayoría de los regatistas preguntados tiene el mismo método para diferenciar una bajada del viento de un viento que se abre y uno que se cierra de un aumento del viento. Ya sea **Luc Gellusseau, Bertrand Chéret, Jean-Yves Bernot, Bertrand Pacé, Christine Briand, Alain Gautier, Loïck Peyron, Nicolas Hénard, Maud Herbert, Marc Bouët** o **Philippe Presti,** todos utilizan las mismas referencias, las mismas sensaciones (ver apartado anterior).

Franck David añade que determina la diferencia entre una disminución del viento y un aumento del viento con la posibilidad que tenga de abatir o no. **Thierry Péponnet** considera que, en un aumento de viento, «el que está en la escota puede largar el spi y el timonel abatir conservando la misma presión en la escota, mientras que en un viento que se cierra, el servidor de la escota no puede largar el spi sin perder tensión. El abatimiento que haga el timonel debe ser más comedido». Para **Luc Pillot,** finalmente, «la comunicación y las sensaciones permiten reaccionar y abatir. Además, el viento que arrecia se ve más fácilmente que el que amaina».

Con viento portante, estamos en presencia de un aumento del viento cuando el hecho de abatir largando escota de spi permite mantener la misma tensión en la escota. Es el caso aquí en JOD 35.

CONSEJOS DE LOS CAMPEONES

Utilizar bien el compás con viento de popa

► **Thierry Péponnet.** «Utilizo el compás para confirmar mis impresiones, pero doy prioridad a la observación global sobre el agua, la evolución general de la flota y los ángulos de los barcos, así como a su velocidad relativa.»

► **Philippe Presti.** «Con viento de popa, ¡el compás me sirve para encontrar la baliza de sotavento!»

► **Marc Bouët.** «Para mí, el compás en ceñida es tan primordial, como secundario con viento de popa. El ángulo del barco con relación al viento es más fluctuante que en ceñida, y el compás no puede dar una indicación precisa de la dirección del viento real. En un barco grande, con una electrónica muy fiable (¡es raro!), hay que utilizar el indicador de viento real. En un barco pequeño, estad muy atentos al cataviento y a las sensaciones intercambiadas entre el timonel, el trimador de spi y el que observa las zonas de viento.»

► **Luc Gellusseau.** «Intentad confiar esta responsabilidad al trimador de la mayor. Como en ceñida, estad pendientes de la lectura del compás. ¡Atención! En portante, amurados a estribor, hacemos un mejor rumbo (o VMG) gracias a un viento que se cierra (–=+), e inversamente si vamos amurados a babor. Es lógico, ¡pero a veces lo olvidamos!»

► **Bertrand Chéret.** Con viento fuerte y mar formada, el mantenimiento del rumbo no es evidente. No dudéis en tomar una referencia en tierra y controlad vuestra ruta de tanto en tanto.»

► **Christine Briand.** «Mirad a menudo el compás y anotad los rumbos. Combinad si es posible la observación del compás con la del anemómetro. Insistid en que el trimador diga qué siente en las manos con la escota. Para el timonel, es peligroso seguir un rumbo con el compás. Pienso que es preferible –si la fuerza del viento es relativamente estable– timonear con el ángulo del viento, a fin de mantener siempre el mejor VMG. De esta manera, es igualmente fácil ver las roladas del viento.»

► **Luc Pillot.** «Hace falta que un tripulante anuncie la velocidad y el rumbo del barco y que el timonel y los trimadores dialoguen con regularidad. Así mantenemos una buena vigilancia y aumentamos las posibilidades de utilizar correctamente el viento y de hacer la ruta directa.»

► **Nicolas Hénard.** «Al igual que en ceñida, no utilicéis el compás al principio, y aprended a observar vuestros adversarios, tanto de cerca como de lejos.»

► **Bertrand Pacé.** «Más importante que el compás, es el ángulo que hacéis con relación a la marca de sotavento y los datos que os indica la veleta (yo utilizo una Windex), que son esenciales.»

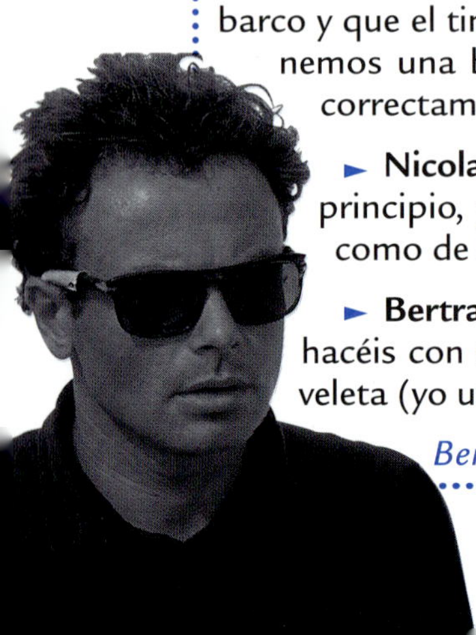

Bertrand Pacé.

⏩ ANÉCDOTAS

El compás con viento portante, ¡a veces es importante!

► **Nicolas Hénard.** «Más que en ceñida, podemos -para un VMG igual- tener ángulos muy diferentes. Me ha ocurrido a menudo anunciar un viento que se abría u otro que se cerraba, cuando en realidad era que el timonel modificaba debido a una ola o a un oponente.»

► **Luc Gellusseau.** «De noche con spi, habíamos fijado el ángulo de viento real en los jumbos (repetidores bajo la botavara); había de 12 a 15 nudos de viento real. Justo encima estaba indicado el rumbo de compás. Debíamos hacer el 155 ¡y teníamos el mismo ángulo de viento real (155)! Pasó un momento y el viento se abrió considerablemente, el timonel olvidó el rumbo de compás y se concentró en el ángulo de viento real. Después de diez minutos ¡nos confirmaba que hacía la ruta sin problemas! De hecho, ¡había orzado 20 grados!»

MEDIDA

14.4. LAS LAYLINES CON VIENTO DE POPA

⏩ PREGUNTA A LOS REGATISTAS

Con viento de popa, ¿cómo determináis las laylines?

- el 78%, a ojo;
- el 57%, con el compás de marcaciones;
- el 15%, con las alidadas;
- el 15%, según referencias precisas en la cubierta del barco;
- el 7%, con la veleta.
- el 7%, con relación al GPS.

(Los regatistas podían escoger varias respuestas.)

La gran mayoría de los regatistas determinan las laylines a ojo... ¡pero no es una razón para poner la tripulación en dificultades queriendo descender demasiado con las olas!

Como en ceñida, la gran mayoría de los regatistas preguntados (casi 80%) define las laylines a ojo, es decir según sus sensaciones, su intuición, y esto es así sobre todo cuando están en barcos pequeños o en match-racing, y lleva el timón. El compás de marcaciones es empleado por el táctico cuando éste no gobierna, lo que supone un barco mayor. Cabe destacar que **Bertrand Pacé** sigue siendo un adepto de la veleta, mientras que **Michel Desjoyeaux** utiliza siempre el GPS.

CONSEJOS DE LOS CAMPEONES

Dirigirse correctamente a las laylines con viento de popa

► **Jean-Yves Bernot.** «Como en ceñida, ¡sed cuidadosos y precisos! Preferid la colocación abajo y la salida de la boya: entrad con espacio, pero salid apretados.»

► **Marc Bouët.** «Prestad atención a los aumentos del viento que modifican el ángulo de descenso, en particular con viento débil. Salvo si navegáis en un pelotón de barcos, evitad ir demasiado cerca de las laylines y, si la definición es difícil, no dudéis en buscar más opiniones. En caso de duda, evitad un último bordo demasiado largo, demasiado cerca de la layline.»

En este duelo al límite de la trasluchada, los dos barcos están en el interior del cuadro y a una decena de esloras (90 metros) de la marca de sotavento.

► **Nicolas Hénard.** «¡Acabad siempre en el interior del cuadro! Se puede hacer un poco de popa redonda si hace falta, pero al menos estamos dentro.»

► **Thierry Péponnet.** «No olvidéis asumir un ángulo de arrancada más cerrado -es decir, más orzado, lo que permite acelerar- durante cierto tiempo, según el tipo de barco y la fuerza del viento. Evitad llegar en la layline de estribor si tenéis que virar la boya por babor (y viceversa), ¡ya que la trasluchada cuesta cara para salir en ceñida! Finalmente, cuidado cuando hay poco viento: los ángulos de virada varían enormemente a la mínima racha o a la más pequeña disminución de viento.»

► **Luc Pillot.** «Como en ceñida, absteneos de determinar una layline desde demasiado lejos; más vale hacerla con la corriente en el eje del barco. Finalmente, no dudéis y procurad tener la opinión de vuestros tripulantes.»

► **Franck David.** «En tabla de surf, más vale tomar un poco de margen. La pérdida de tiempo con dos trasluchadas suplementarias es enorme, pero querer acabar completamente en popa redonda para pasar la boya no es mucho mejor, ¡ya que no se planea!»

► **Christine Briand.** «En los triángulos, si no tenéis electrónica a bordo, observad a los otros, anotad los rumbos, colgaos del cuello un compás de marcaciones. En las grandes regatas, y con electrónica a bordo, utilizad la función "rumbo sobre fondo" del GPS. Y, si hay corriente y largos bordos, construid vectores de corriente.»

► **Michel Desjoyeaux.** «Personalmente, antes de la salida, casi siempre fijo la boya de sotavento en el GPS: eso me permite evitar los fuera de cuadro y me da una buena noción de la distancia restante y de la separación con relación a la ruta (diferencia CTW-HDG). Con los Figaro Bénéteau, los ángulos de descenso son bastante cerrados y los fuera de cuadro se pagan caro; salvo con poco viento, que es al revés. Trasluchad menos a menudo, aunque salgáis un poco del cuadro, ¡eso os permitirá llegar con velocidad a la boya de sotavento!»

► **Bertrand Chéret.** «A menudo se pierde más trasluchando demasiado pronto que demasiado tarde. En este último caso, tendréis la ventaja de llegar a la baliza con buena velocidad y según una trayectoria más forzada.»

► **Luc Gellusseau.** «Anticipad bien y plantead la cuestión: ¿a cuánto estamos de la layline? Esto permite sensibilizar a toda la tripulación sobre el hecho de que se aproxima una y el timonel puede aportar precisiones sobre la calidad del viento. Es importante clarificar las informaciones y hacer una buena selección antes de tomar las decisiones. ¡Confrontad las opiniones con calma!»

► **Bertrand Pacé.** «Si no estáis sobre la layline, en el 90% de los casos vale más efectuar dos trasluchadas en lugar de tratar de acercarse a la boya con un solo bordo: ¡a menudo cuesta muy caro!»

Si no estamos sobre la layline más vale hacer dos trasluchadas y no mantener un solo bordo con viento en popa redonda.

CAPÍTULO 15 - SITUACIONES TÁCTICAS CON VIENTO PORTANTE

15.1 - Atacar con viento de popa 218

15.2 - Defenderse con viento de popa 220

15.3 - Cómo situarse en un cruce 221

15.4 - No perder de vista los objetivos estratégicos 223

CAPÍTULO 15:

En portante, el barco perseguidor puede ser ofensivo con respecto a quienes le preceden. Pero, en la cercanía de una situación de contacto, ¿cómo situarse?
¿Hay que cruzar el eje del rival antes de trasluchar?
¿Mejor trasluchar a barlovento de él?
Éstas son algunas de las preguntas clásicas que se plantean cuando se va camino a la boya de sotavento.

MARCAJE

15.1. ATACAR CON VIENTO DE POPA

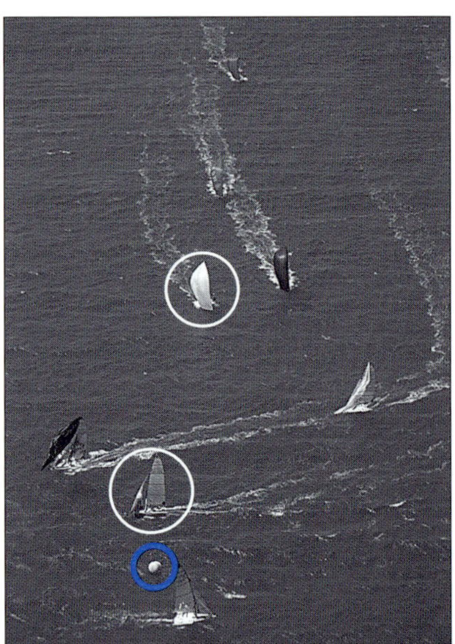

En viento de popa, la situación está invertida con relación a la ceñida. El barco perseguidor puede adoptar una táctica ofensiva y buscar reducir la separación con los barcos en cabeza cogiéndoles su viento.

No es posible molestar al adversario permanentemente. El ataque empleado más a menudo consiste en empujarlo hacia un bordo y en marcarlo enseguida cuando regresa al centro del campo de regatas.

He aquí una situación clásica de marcaje, en un bordo de portante en 49. Observad, amurados a babor y a estribor (círculos blancos), los barcos situados entre el barco rival y la boya (círculo azul).

La posición ideal *(figura 1)* es la que permite trasluchar algunos segundos después que el adversario desventándolo en el nuevo bordo. Al barco en cabeza no le queda otra opción que proseguir su bordo en el desvente o trasluchar de nuevo. El perseguidor espera entonces algunos segundos para acompañar retomando una posición de espera.

1 ***Azul traslucha algunos segundos después de Blanco. Este último, en el desvente, sólo puede proseguir su ruta o trasluchar de nuevo para librarse.***

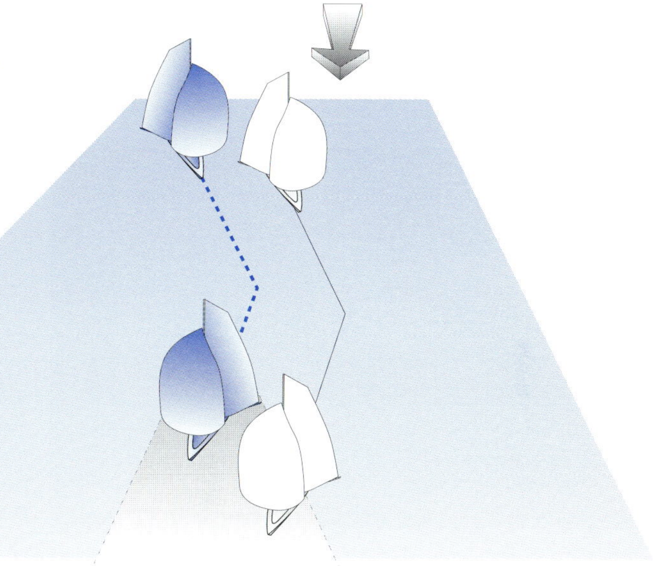

De este modo, es posible jugar al gato y al ratón varias veces, hasta que se consiga bloquear al adversario sobre la layline *(figura 2)*. Es el objetivo reconocido por todo regatista de match-racing.

2 ***Azul, que ha trasluchado justo detrás de Blanco, lo ha desventado durante toda la manga antes de bloquearlo sobre la layline. Blanco debe trasluchar dos veces y Azul vira la boya en cabeza.***

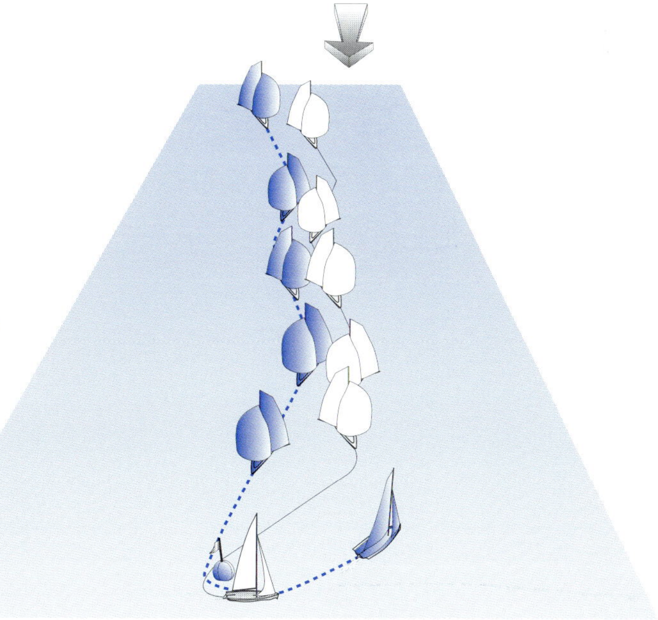

VIGILANCIA

15.2. DEFENDERSE CON VIENTO DE POPA

No siempre es fácil defenderse con viento de popa. Ante todo hay que estar vigilante y saber aprovechar las oportunidades en cuanto se presentan.

Como en ceñida, la regla básica consiste en no dejarse encerrar en los lados del campo de regatas. Todas las astucias son buenas para trasluchar en la primera ocasión y desembarazarse de un perseguidor molesto.

El 49 de barlovento no está muy lejos de desventar a su adversario. En la próxima racha, éste no tendrá otra elección que dejarse «pasar por encima» o trasluchar para librarse.

Ocurre que una racha o un mejor reglaje da una ventaja momentánea que permite trasluchar cuando se está seguro de tener viento claro en el nuevo bordo. Hay que aprovechar la ocasión sin esperar demasiado.

③ *Blanco aprovecha oportunamente el cruce con el barco en ceñida para librarse del control de Azul. Entonces puede trasluchar sin ser molestado.*

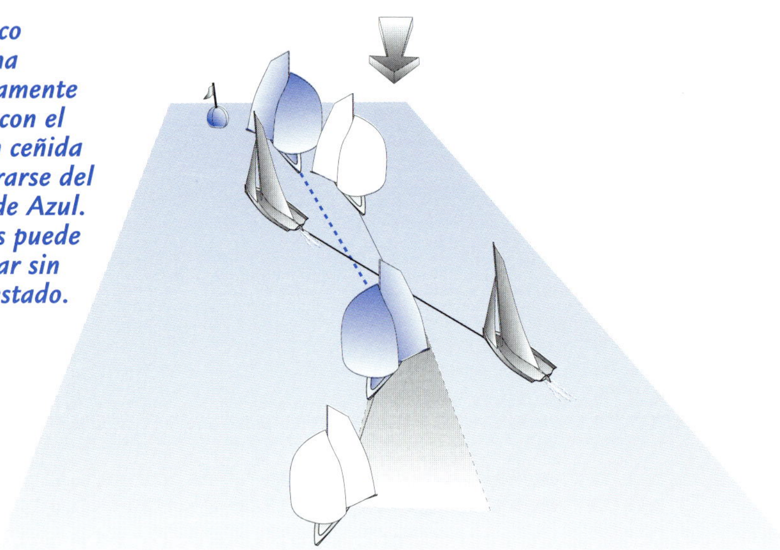

El cruce con otro participante también puede hacer que, momentáneamente, el adversario se vea impedido de trasluchar *(figura 3)*. Ese momento no dura más que algunos segundos, pero un buen táctico verá llegar la ocasión y podrá avisar discretamente a la tripulación que la trasluchada es imminente. De manera general, cuidado con no desvelar las intenciones al adversario. Cada uno se prepara mentalmente la maniobra imaginándola en la cabeza, sin por ello hacer ningún movimiento.

SITUACIÓN

15.3. CÓMO SITUARSE EN UN CRUCE

Las rachas son a menudo el primer criterio de elección para el momento escogido para trasluchar con relación a un adversario. Siempre es interesante sacar provecho de un soplo favorable para ganar algunas esloras. Es la observación del campo de regatas lo que prima entonces. Con tripulación, el táctico puede hacerse ayudar por un tripulante que observa las rachas y su desplazamiento.

Si el viento no varía demasiado en fuerza, el momento en que se traslucha cuando hay un cruce depende esencialmente de la estrategia definida previamente. En resumen, podemos decir que existen dos casos tipo, según el viento tenga que abrirse o cerrarse.

• **Si en el nuevo bordo el viento debe abrirse,** es más interesante la posición a barlovento *(figura 4)*. Entonces se traslucha antes de cruzar el eje del adversario.

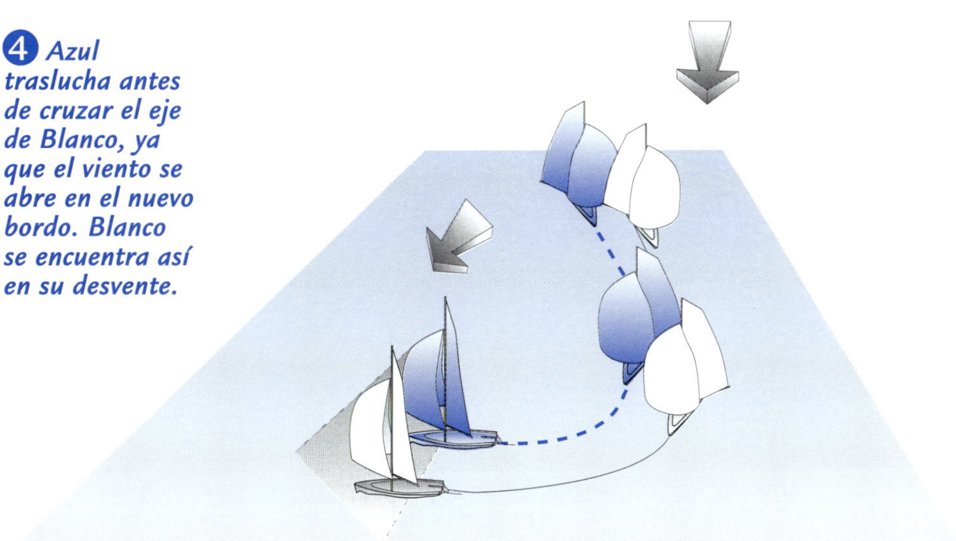

4 ***Azul traslucha antes de cruzar el eje de Blanco, ya que el viento se abre en el nuevo bordo. Blanco se encuentra así en su desvente.***

Sólo se desventa al adversario obligándolo a trasluchar cuando se está seguro que el beneficio será la consecuencia de la próxima rotación de viento.

- Si se está seguro de la jugada, lo ideal es desventarlo y obligarlo a la trasluchada. La distancia será así tanto más importante en el siguiente borneo del viento; y los beneficios también.
- Si no se está del todo seguro de la jugada, más vale ser «modesto» y no obligar al adversario a trasluchar, con el riesgo de verle cruzar por delante con una cómoda ventaja tres minutos después si el viento no ha evolucionado como se había previsto.

• **Si en el nuevo bordo el viento debe cerrarse,** la posición a barlovento sólo es interesante con la condición de estar seguros de desventar al rival muy rápidamente, y después de «pasarle por encima» *(figura 5)*. Entonces hay que situarse bien por delante del adversario. Si no, la posición a sotavento es preferible. Permite ganar algunas esloras en el próximo borneo *(figura 6)*.

5 ***Si en el nuevo bordo el viento se cierra, la posición a barlovento sólo es interesante si hay seguridad de desventar al rival muy rápidamente, y así «pasarle por encima». Es lo que hace Azul.***

6 ***Si el viento se cierra, generalmente es preferible la posición a sotavento. Azul consigue desplazarse a sotavento y se sale del control de Blanco.***

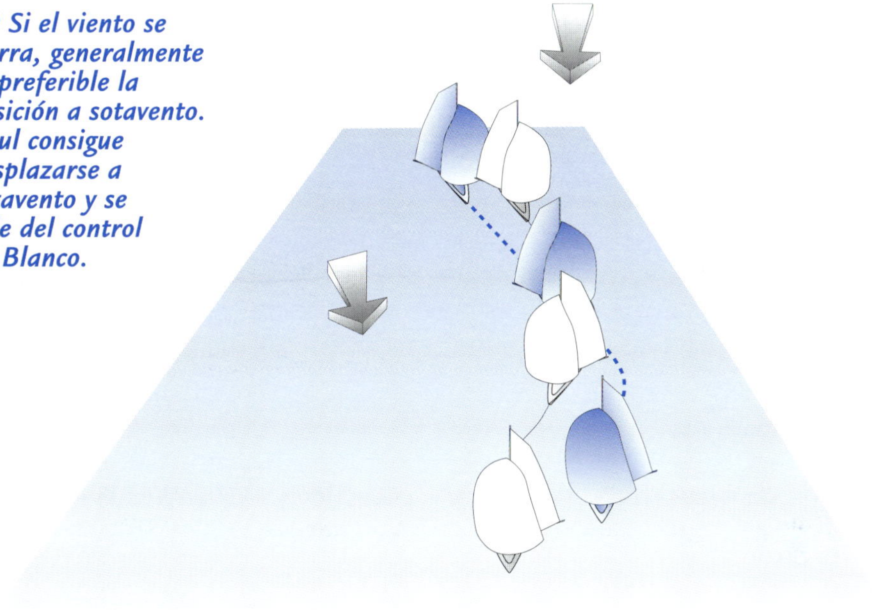

RAZONAMIENTO

15.4. NO PERDER DE VISTA LOS OBJETIVOS ESTRATÉGICOS

Atacar un adversario con viento de popa es un juego divertido al que uno se presta fácilmente. Pero cuidado con no perder los objetivos estratégicos. No regateamos en match-racing. Adelantar un barco es una buena cosa, a condición de que al mismo tiempo a uno no le adelanten otros diez barcos mientras se navega en el lado malo del campo de regatas. Nunca hay que olvidar que una rolada del viento de 10° genera una ganancia o una pérdida de 180 metros entre dos barcos distantes 1.000 metros.

Inversamente, es frustrante padecer un ataque individual y estar obligado a responderlo, viendo cómo desfila la flota por el otro lado del campo de regatas. Es muy frecuente oír a un táctico que grita a su adversario: «¿No ves que todo el mundo nos va a pasar? ¡Concéntrate un poco en la flota y no sólo en mí!

Una buena estrategia con viento de popa pasa por una concertación de toda la tripulación y no únicamente del táctico.

CAPÍTULO 16

LA BOYA DE SOTAVENTO

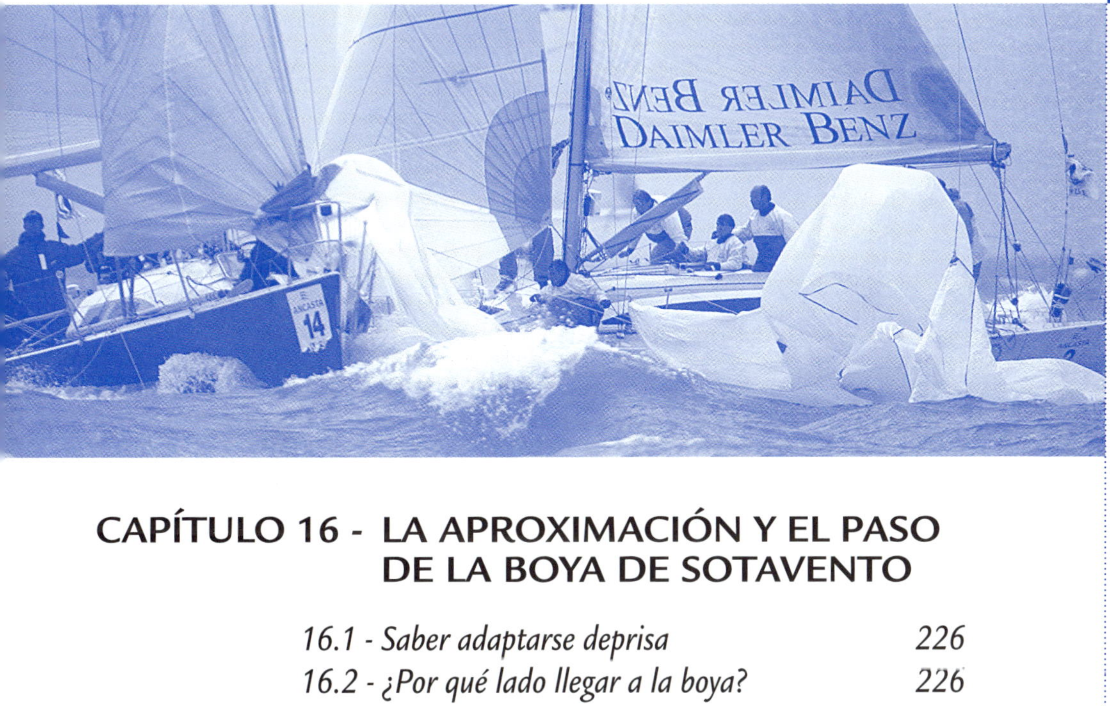

CAPÍTULO 16 - LA APROXIMACIÓN Y EL PASO DE LA BOYA DE SOTAVENTO

16.1 - Saber adaptarse deprisa 226
16.2 - ¿Por qué lado llegar a la boya? 226
16.3 - La fuerza del viento sobre las dos laylines 229
16.4 - El compromiso en la boya de sotavento 230
16.5 - La corriente en la boya de sotavento 231
16.6 - Definir la estrategia de la manga siguiente 232
16.7 - La maniobra en la boya de sotavento 232

CAPÍTULO 16:

*Acaba la manga de viento portante...
Si bien la flota es ahora un poco menos
compacta que en lo alto del recorrido,
el paso de la boya de sotavento sigue
siendo delicado. A menudo el spi
aún está arriba. Hará falta arriarlo,
y quizá trasluchar. Las maniobras
exigen timing y precisión. Y la táctica,
¡no bajar la guardia!*

INTRODUCCIÓN

16.1. SABER ADAPTARSE DEPRISA

Como sucede en el paso de la marca de barlovento, un buen análisis de las situaciones posibles generalmente permite salir bien parado en la boya de sotavento. Hay que tener los distintos casos en la cabeza y poder adaptarse rápidamente a la situación, sin perder segundos preciosos. Aquí también, los campeones salen a menudo airosos de las situaciones más difíciles.

COLOCACIÓN

16.2. ¿DESDE QUÉ LADO LLEGAR A LA BOYA?

Ésta es la primera cuestión que el táctico debe plantearse bastante pronto en la manga con viento de popa: ¿Desde qué lado llegar a la boya de sotavento? ¿Os parece prematuro? Sabed que, durante las pruebas del circuito mundial de 50 pies IOR, las velocidades de los barcos eran tan cercanas que la cuestión de coger el compromiso de la boya de sotavento ¡se planteaba al principio de la manga!

Este Mumm 36 que llega en la layline babor (para un recorrido por babor) tiene una maniobra más fácil que su adversario, en la layline estribor.

Podemos escoger entre llegar a la boya por la layline estribor o por la layline babor *(figura 1)*.

1 Blanco y Azul llegan a la marca de sotavento, sobre la layline babor y estribor respectivamente. Azul tiene preferencia, pero tendrá que trasluchar.

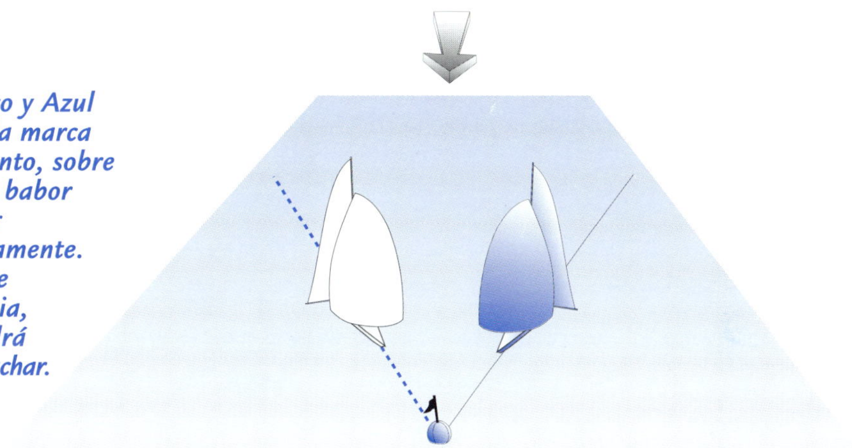

Examinemos los aspectos a tener en cuenta en la aproximación a la boya.

► La dirección del viento en la boya de sotavento

Cuestión primordial: el viento ¿está (o estará) más a la izquierda o más a la derecha que el viento con el que navegamos actualmente? Como en ceñida, la respuesta a esta pregunta da una buena indicación.

• **Si el viento en la boya de sotavento está más a la izquierda que el viento actual, hay que preferir una aproximación a la boya por el lado derecho.** Este cambio de dirección del viento puede ser considerado como una pequeña rolada del viento a la izquierda. El participante que llega a la boya por la derecha del campo de regatas cruza por delante del que ha escogido la izquierda *(figura 2)*.

❷ El viento en la boya de sotavento está más a la izquierda. Blanco, que llega por la derecha del campo de regatas, pasa delante de Azul.

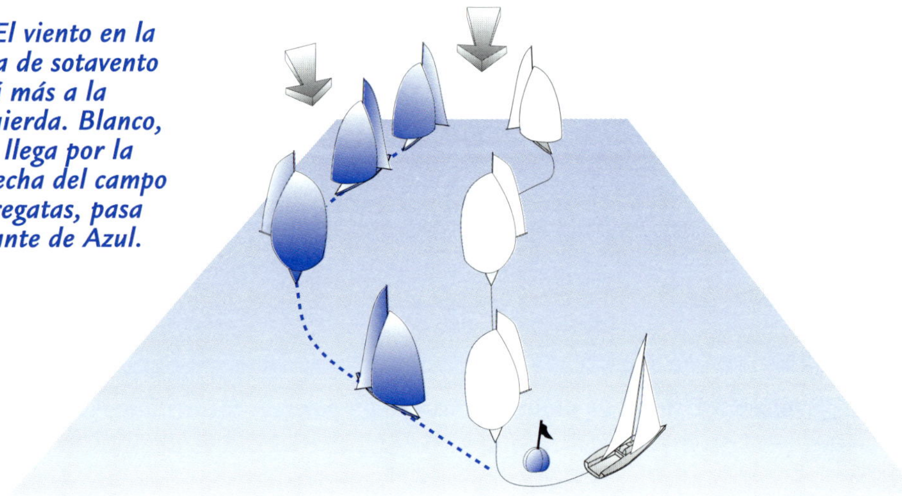

• **Si el viento en la boya de sotavento está más a la derecha que el viento actual, hay que favorecer el lado izquierdo.** Este cambio de dirección del viento puede ser considerado como una pequeña rolada del viento a la derecha. El participante que llega a la boya por la izquierda del campo de regatas cruza por delante del que ha escogido la derecha *(figura 3)*.

❸ El viento en la boya de sotavento está más a la derecha. Blanco, que llega por la izquierda del campo de regatas, pasa delante de Azul.

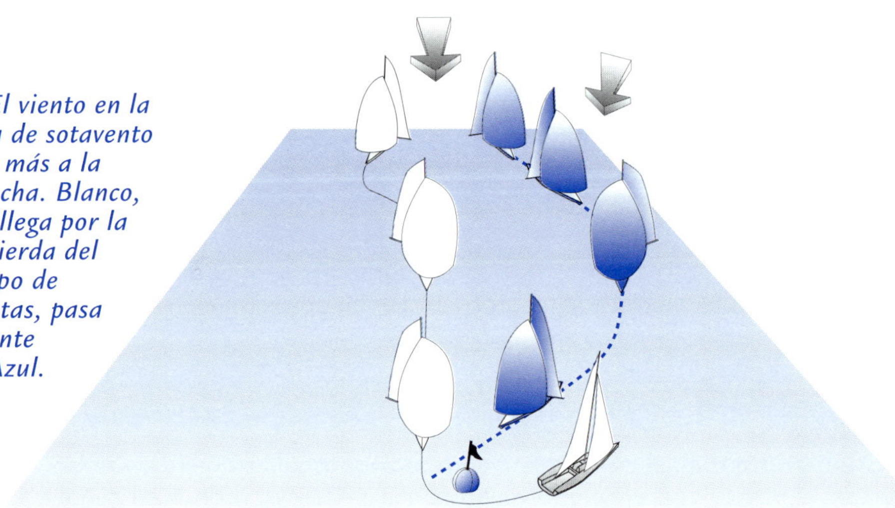

► ¿Cómo conocer la dirección del viento en la boya de sotavento?

El rumbo de los barcos cercanos a la boya de sotavento generalmente permite estimar bien la dirección del viento en ese lugar. ¿Están más o menos orzados que nosotros?

A falta de barcos, podemos mirar la bandera del barco-comité, la bandera de la boya o cualquier otro signo visual fiable.

Todo es bueno para observar: las banderas de las boyas, la del barco-comité o incluso, como aquí, la de la lancha del entrenador... ¡con la condición de que esté parada!

OBSERVACIÓN

16.3. LA FUERZA DEL VIENTO SOBRE LAS DOS LAYLINES

La fuerza del viento cerca de la boya de sotavento también es un criterio de elección decisivo, sobre todo si las variaciones son importantes. Para ello se observan las rachas que se desplazan sobre el agua y la escora de los participantes que están a proa.

Escogemos el lado con más viento, sobre todo si el viento es débil *(figura 4).*

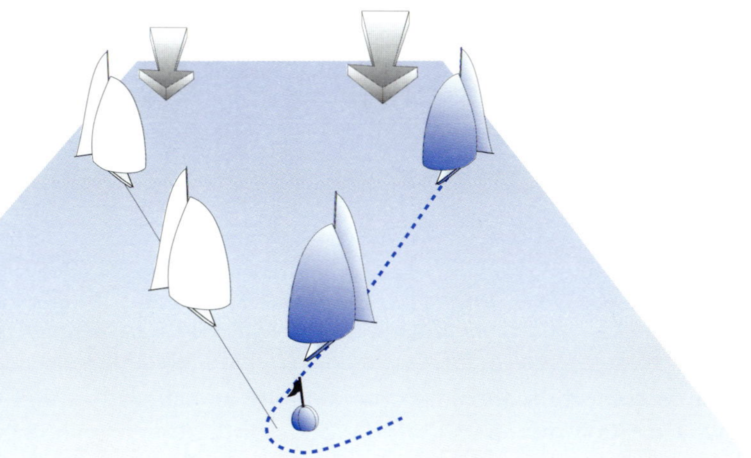

4 *Azul, que ha escogido el lado con más viento del campo de regatas, el de la derecha, llega antes que Blanco, que tiene menos viento.*

REGLAMENTO

16.4. EL COMPROMISO EN LA BOYA DE SOTAVENTO

El compromiso es una noción importante *(figura 5)*.

5 Azul está comprometido con Blanco en el momento que éste entra en el círculo de las dos esloras. Blanco debe pues dejar sitio a Azul, que sale en cabeza de la boya de sotavento.

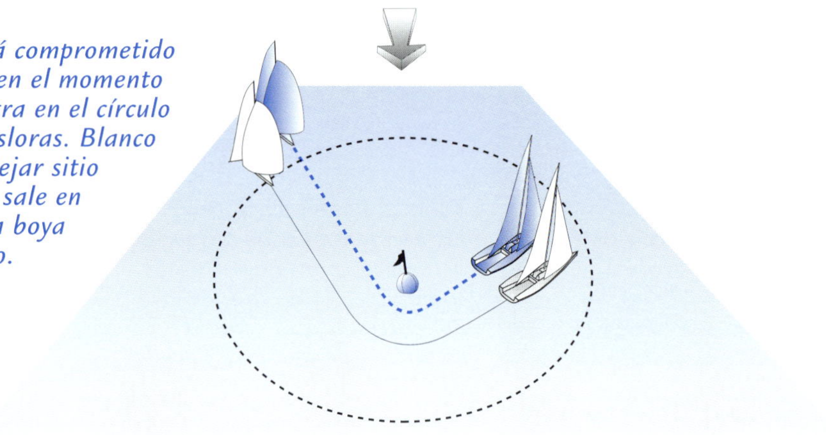

«Cuando los barcos están comprometidos, el barco exterior debe dejar al interior espacio para virar o pasar la marca u obstáculo, y si el barco interior tiene derecho de paso, el barco exterior también debe mantenerse apartado. Otras partes de la regla 18 incluyen excepciones a esta regla» (Regla 18.2(a) regla básica).

Estos dos clase América no están comprometidos. El que está en cabeza no tiene obligación de dejar sitio a su adversario.

El barco comprometido sale normalmente en cabeza después de haber virado la boya. De esta forma, a menudo es interesante situarse en una posición que permita encontrarse comprometido en el interior al llegar al círculo de las dos esloras.

EVALUACIÓN

16.5. LA CORRIENTE EN LA BOYA DE SOTAVENTO

La corriente en la boya de sotavento es el último aspecto importante que se debe tener en cuenta en la aproximación final.

Sed cuidadosos cuando la corriente os lleva hacia la boya. ¡Anticipad y preparaos más pronto para arriar el spi!

• **Si la corriente nos «sube»**, vale más tomar un pequeño margen a sotavento de lo que nos parece ser la layline *(figura 6)*.

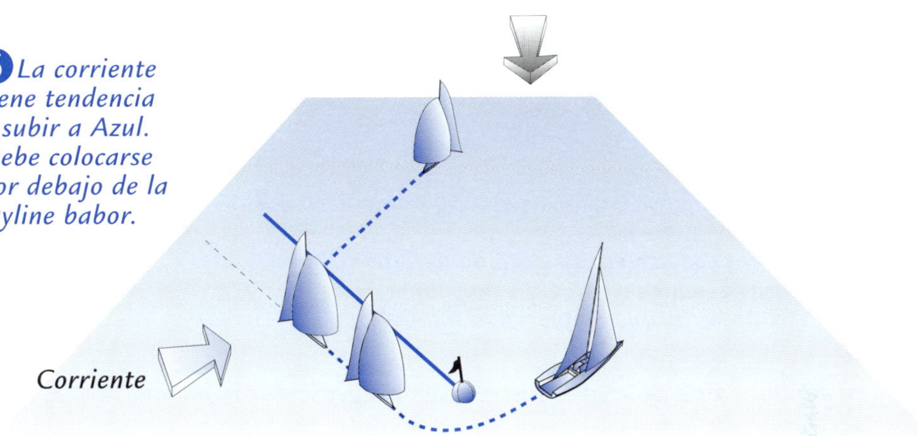

6 La corriente tiene tendencia a subir a Azul. Debe colocarse por debajo de la layline babor.

• **Si la corriente nos «desciende»**, podemos trasluchar algo antes de lo que nos parece que es la layline *(figura 7)*.

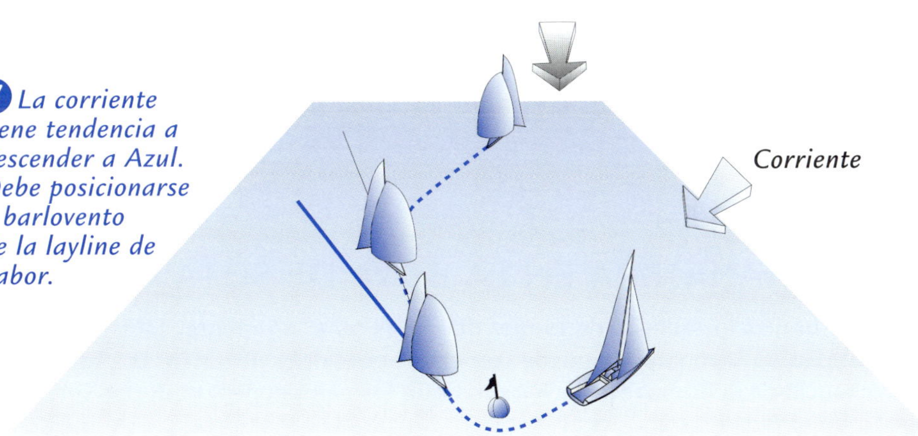

7 La corriente tiene tendencia a descender a Azul. Debe posicionarse a barlovento de la layline de babor.

ANTICIPACIÓN

16.6. DEFINIR LA ESTRATEGIA DE LA MANGA SIGUIENTE

No esperemos a tener la proa junto a la boya de sotavento para preguntarnos sobre la estrategia que adoptaremos en la manga siguiente. Este análisis debe hacerse al final de la manga con viento de popa, antes de que las cosas se precipiten en las últimas esloras, a la hora de tomar la boya. Veremos más adelante cuáles son las estrategias posibles en la última ceñida.

La boya de sotavento se acerca. Es hora de definir la estrategia para la manga siguiente y de comunicarla a los tripulantes antes de que empiecen la maniobra.

Debemos definir el tipo de viento con el que navegamos: rolada persistente, viento oscilante o viento que rola y oscila, por ejemplo. Deducimos de ello la forma como deseamos virar la boya y comunicamos esa información a la tripulación:

- Virar en cuanto sea posible.
- Virar en el minuto siguiente al paso de la marca.
- Virar en cuanto vire el participante de detrás.
- No hay virada, ya que deseamos a toda costa ir al lado derecho del campo de regatas.
- Empezar la manga amurados a estribor y esperar la primera cerrada de viento para virar.

PRUDENCIA

16.7. LA MANIOBRA EN LA BOYA DE SOTAVENTO

He aquí resumido lo esencial de lo que debemos tener en mente, sabiendo que el menor retraso en la maniobra puede tomar proporciones desastrosas. Además de la importancia de la anticipación, veremos que los campeones no dudan en tomar un poco de «margen» para evitar estar en dificultades si se produce un incidente, incluso pequeño; una braza de spi que se encalla al largarla, por ejemplo.

Este First Class 8 ha virado perfectamente la boya de sotavento. El spi ya ha sido arriado, la tripulación está en la banda y el trimador acaba de cazar el génova durante la arrancada. Una maniobra limpia que permite empezar la nueva manga en buenas condiciones.

Anticipar la maniobra

Todo el análisis de la aproximación a la boya de sotavento se efectúa entre dos y tres minutos antes de llegar a ella; anunciamos a la tripulación la maniobra que se realizará a fin de que haya tiempo para prepararla. Como en la boya de barlovento, cada maniobra exige una preparación específica. Nos mantenemos entonces en la que ha sido anunciada, a fin de evitar las viradas de boya comprometidas.

Izar el buen génova

Por regla general, en recorridos de tipo olímpico, más vale llevar demasiado trapo en proa que demasiado poco: el largo de ceñida no excede los 20 minutos. Entonces no es raro que los veleros conserven el génova grande con 20 nudos de viento real.

Arriar el spi en el buen momento

Si queremos arañar una plaza o dos arriando el spi en el último momento, corremos el riesgo de precipitarnos; y de perder mucho más de lo que esperábamos ganar. El buen timing depende de la fuerza del viento, pero también de la corriente en la boya y del nivel técnico de la tripulación. La distancia de la boya en la que empezamos a arriar varía generalmente entre dos y cinco esloras. El spi debe recogerse a bordo cuando el timonel empieza a orzar.

Se tarda un tiempo en dominar el spi y, aunque el génova ya está cazado, este Clase América no puede virar enseguida, incluso si su adversario o su táctica le obligase a ello.

► *Dejar sitio a los barcos comprometidos antes de las dos esloras*

Entre marinos fair-play y entre regatistas conocedores de las reglas, debemos dejar sitio para que los barcos comprometidos tomen la boya por el interior antes del círculo de las dos esloras.

► *No comprometerse con retraso*

Si no estamos comprometidos con un barco cuya eslora llega al círculo de las dos esloras, debemos dejarle sitio para tomar la baliza y dar la vuelta por el exterior.

► *Cuidar la trayectoria*

El objetivo es estar ciñendo con la tripulación en la banda (o, en vela ligera, con el tripulante listo para salir al trapecio) cuando la eslora llega a la altura de la boya. Para realizar esta bonita trayectoria, no apuntamos a la marca, sino a un punto situado a una o dos esloras de la boya. Cuando llegamos a este punto, empezamos a orzar.

Cuando la flota está muy agrupada en la boya de sotavento, no hay que dudar en prolongar un poco el bordo para liberarse de los desventes antes de orzar para ponerse a ceñir.

TÉCNICA

La definición de las tres maniobras de sotavento

• **Arriada a sotavento:** es la maniobra clásica más generalizada y más sencilla, ya sea amurado a estribor o a babor. El spi se arría a sotavento en el momento de la orzada, y entra por debajo del génova *(figura 8)*.

8 ***El barco amurado a babor arría su spi a sotavento, y después toma la boya.***

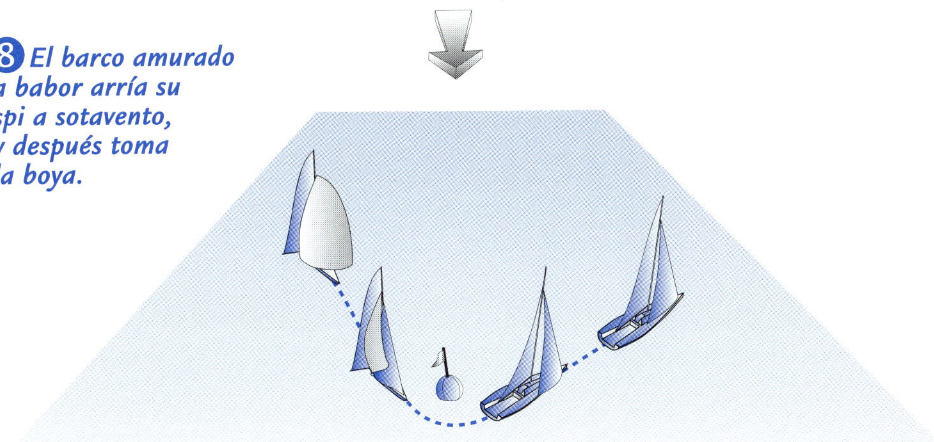

• **Famosa babor:** se trata de llegar a la boya con el spi en una amura, para salir en ceñida por la otra amura. En un recorrido en el que hay que dejar la boya a babor, el barco llega pues a un largo amurado a estribor. El génova se prepara a babor, y se hiza. El spi se arría y se baja el tangón. Entonces, el barco traslucha y empieza la orzada hacia la boya. Para una famosa babor a un largo, el spi más bien es entrado por babor *(figura 9)*.

9 ***El barco amurado a estribor arría el spi antes de trasluchar y toma la boya.***

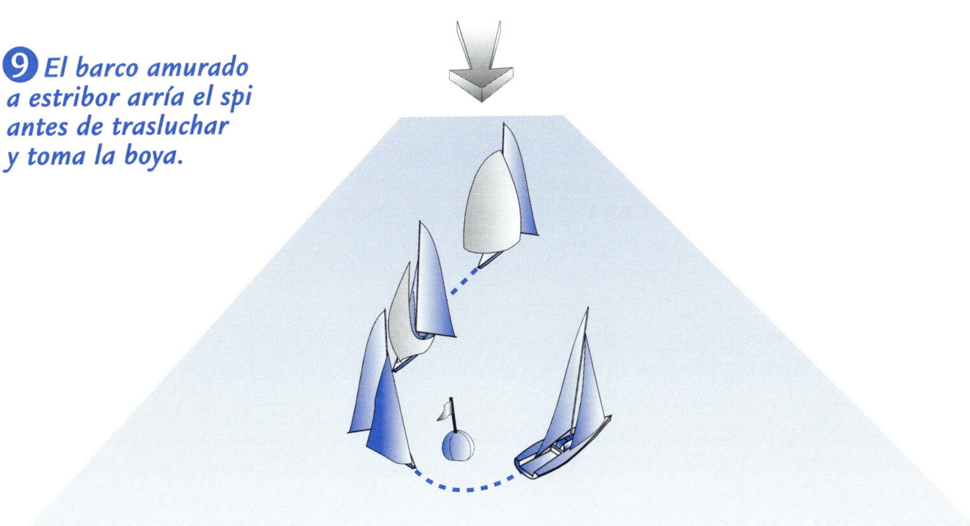

• **Famosa estribor:** se trata igualmente de llegar a la boya con spi amurados a una banda, para salir en ceñida amurados a la otra. Pero, esta vez, el barco llega en popa redonda. El génova se iza pronto, y después se guarda el tangón, quedando el spi portando sin tangón. Se arría el spi en el momento que el barco empieza a trasluchar y toma la boya orzando. Para una famosa estribor, es preferible arriar el spi por barlovento ya que, a partir de la trasluchada, el spi se vuelve naturalmente a estribor *(figura 10)*.

10 ***El barco amurado a estribor en popa redonda mantiene el spi sin tangón, lo arría por barlovento antes de trasluchar y después toma la boya.***

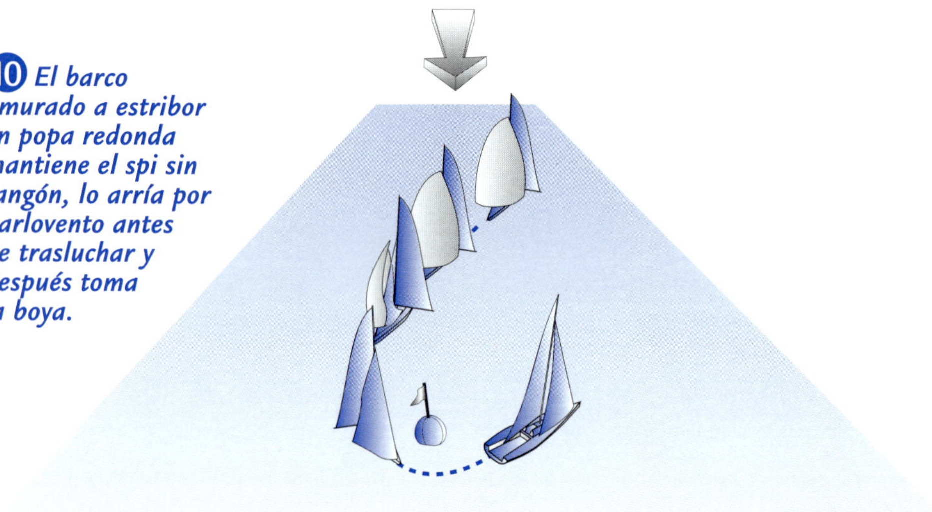

» PREGUNTA A LOS REGATISTAS

En la boya de sotavento, ¿tienes una maniobra habitual en función del viento y de su evolución prevista?

►Los dos tercios de los regatistas preguntados sistematizan la maniobra que harán en la marca de sotavento, contra el 37% que confiesa no hacerlo. Entre ellos, **Christophe Auguin, Loïck Peyron, Maud Herbert, Philippe Presti, Thierry Péponnet** y **Christine Briand** deciden en función de la situación del momento.

►**Thierry Péponnet** prevé una layline a una distancia de la boya que le permita arrancar bien el barco antes de arriar el spi, más que tener que integrar una trasluchada en la virada de la marca, «a menos que se deba ganar un compromiso». Además, evita virar enseguida después del paso de la boya, sobre todo con flota, en la que los desventes de los barcos que aún van con spi y el oleaje levantado por los barcos que convergen en la boya son a menudo muy molestos.

►Los otros regatistas dan todos preferencia a una sistemática en la marca de sotavento, como **Luc Gellusseau, Marc Bouët** o **Bertrand Chéret** (ver p. 238).

►**Jean-Yves Bernot** da preferencia a llegar por el interior en «famosa» sin tangón, antes de precisar «que podemos arriar el spi con mucha antelación». Finalmente, como en ceñida, se mantiene fiel a su lista de control de táctica-estrategia: situación en la boya y qué hacer después de la boya (lo que implica un resultado en portante).

►**Luc Pillot** escoge la maniobra primero en función del siguiente envío del spi, después evidentemente en función de la manera de llegar a la marca, antes de añadir: «En ciertos casos, el compromiso no es posible».

►En un recorrido clásico (babor), **Nicolas Hénard** acaba amurado a babor si llega a la boya solo o casi solo. En cambio, si está con un paquete de barcos, prefiere acabar amurado a estribor «layline-layline menos dos esloras», para estar comprometido.

►Siempre que puede, **Bertrand Pacé** da preferencia a la arriada clásica.

Si ve que al principio de la ceñida el viento se cierra, **Franck David** no duda en hacer un exterior en la boya de sotavento, y después abatir para ganar velocidad. La opción a menudo da sus frutos en la manga.

►Finalmente, **Alain Gautier** considera que en solitario es indispensable una sistemática «¡ya que hay mucho trabajo!». Por orden hay que llenar el lastre, enviar el génova, adoptar los reglajes de la mayor para la ceñida (templado de la driza, del pujamen, del cunningham, etc.), volver a cazar estay de popa, cazar el génova y no arriar el spi demasiado tarde... En resumen, la maniobra debe empezar pronto, para llegar a la marca con un buen tiempo.

Generalmente, y con más motivo con viento fuerte, ¡dad preferencia a la arriada clásica a sotavento!

TRUCOS DE REGATISTA

►*La forma de anunciar una maniobra en «famosa» de Luc Gellusseau*

Luc Gellusseau es muy metódico en su forma de virar la marca de sotavento. Procura dar el timing para la maniobra. Veamos cómo anuncia él una famosa:

«Izada de génova dentro de tres esloras y a continuación tangón. Dos esloras... una eslora... OK génova y tangón ahora (podemos retrasar el momento en que desenganchamos el tangón). Spi a la izquierda en dos esloras... una eslora... ¡OK spi! Trasluchada en una eslora... "Main in" (cazar mayor). "Estoy en ceñida en 7, 6, 5, 4, 3, 2, 1 (él va contando)..." Y Luc concluye: Esto tiene la ventaja de ajustar la tripulación y el barco en todas las fases de la maniobra; funciona bastante bien.»

►*La forma de virar la boya de sotavento de Marc Bouët*

El objetivo de Marc Bouët es salir bien de la boya de sotavento, para atacar la ceñida en buenas condiciones.

«Para lograrlo, evito tener uno o varios barcos en el interior. Maniobro sin asumir riesgos inútiles y anuncio a la tripulación las esloras que faltan hasta la boya. Sobre todo, no hay que empezar la maniobra en el último momento, ya que la ganancia que se puede conseguir conservando el spi dos esloras más es escasa, y si se pasa la marca sin haberlo arriado la pérdida puede ser importante. Además, antes del inicio de la ceñida, hay que saber si se quiere virar o continuar en el mismo bordo. Por último, evito correr riesgos relativos al reglamento (por ejemplo dejo espacio suficiente si estoy al exterior) y presto atención a los compromisos tardíos.»

►*Los consejos de Bertrand Chéret en la marca de sotavento*

Para Bertrand Chéret hay tres consideraciones que se deben tener en cuenta:

«1. Saber cómo queremos salir de la baliza en función de los adversarios. Esta cuestión debe ser planteada mucho antes de la maniobra y la tripulación debe ser prevenida, si es posible. Ejemplo: "Buscamos salir arriba, viramos junto a la boya...".

2. En función de esto, llegar al obstáculo con buena velocidad.

3. En consecuencia, definir la buena trayectoria para el timonel y los trimadores.

Ejemplo: si buscamos salir arriba, nos aproximamos a la boya con holgura y orzamos en la salida prestando más atención a los reglajes y al asiento que a la colocación en la regata. Viramos en la boya y quitamos el tangón, esto hace que el spi pueda entrar un poco antes.

Si queréis salir a la derecha del campo de regatas (en el caso de una marca dejada a babor), comprometido en posición interior, os interesa apartar al máximo el barco exterior siguiendo una trayectoria suave, y cerraros junto a la boya en la salida (es posible orzar hasta el desvente del foque). Inversamente, si estáis en situación de barco exterior, empujad el o los barcos interiores hacia una mala trayectoria, dejándoles agua tardíamente: cuanto más corto es el radio de giro, tanto más se frena el barco.»

CONSEJOS DE LOS CAMPEONES

La elección de la maniobra a sotavento

► **Bertrand Pacé.** «Procurad estar adelantados más que retrasados, y cuidad vuestro timing cuando la corriente empuja contra la boya.»

► **Nicolas Hénard.** «Anticipad los embrollos, ya que podéis perder o ganar veinte posiciones en la boya de sotavento...»

► **Christine Briand.** «Dad preferencia a las maniobras más sencillas. Si vosotros y vuestra tripulación no estáis seguros de la marcha a seguir para las famosas, arriad por el tambucho de proa y utilizad al número uno como "tangón humano".»

► **Jean-Yves Bernot.** «La colocación es primordial. Dad a conocer vuestros derechos de paso con antelación. Cuidad especialmente vuestra salida de la boya, con riesgo de salir muy orzado, e incluso casi proa al viento, si es necesario. No conviene que un participante pueda incorporarse a barlovento y os tenga así toda la manga ceñida.»

► **Luc Pillot.** «¡Todo es cuestión de anticipación! No os dejéis atrapar por las prisas. Por ejemplo, cuando falta un minuto y medio, más o menos para la boya de sotavento, empezad la maniobra volviendo a poner los reglajes de ceñida.»

► **Maud Herbert.** «En tabla de windsurf la maniobra es sencilla: hay que salir lo más orzado posible; como es posible tocar las boyas, no dudéis en pegaros a la marca.»

► **Bertrand Chéret.** «Lo importante es empezar la ceñida en las mejores condiciones de colocación y de velocidad. Salvo que necesitéis comprometeros o liberaros del compromiso, no perderéis gran cosa arriando el spi un poco pronto; y perderéis mucho conservándolo demasiado tiempo.»

► **Alain Gautier.** «No arriéis demasiado tarde con relación al compromiso.»

► **Thierry Péponnet.** «Buscad la sencillez, conservad el máximo de velocidad y evitad dar agua a uno o a varios barcos.»

Alain Gautier

► **Philippe Presti.** «La zona de la boya de sotavento suele estar bastante atestada. Conviene pues imponerse y no dejar dudas sobre vuestras intenciones de trayectorias. Cuidad vuestra salida de boya, ya que esto condiciona vuestras posibilidades de elección: virada o todo recto.»

► **Franck David.** «Haced vuestra elección táctica para la ceñida y anticipad vuestra maniobra: virada inmediata, bordo en la misma amura, etc.»

▸▸ ANÉCDOTAS

Maniobra a sotavento: la buena elección

► **Bertrand Chéret.** «Copa América 1987 en Perth. El viento es fuerte -30 nudos y más- y la mar especialmente corta y profunda. *White Crusader* llega a toda velocidad para comprometerse con *French Kiss*. En esas condiciones, no tiene posibilidades de "trabajar" la ola, va recto y se clava en la ola. Varios tripulantes de proa son arrancados de cubierta y van al agua con el génova, y *French Kiss* se califica para la semifinal.»

► **Luc Gellusseau.** «Semana de Kiel 1991 a bordo del 45 pies *Corum*. Arriada clásica con fuerte viento. Todo va bien, pero la tripulación, aunque fuerte, tiene dificultades para entrar el spi: de hecho, la driza está enrollada en el palo de un pequeño velero. De pronto, salimos en ceñida con el barco enganchado a la horizontal a sotavento de nosotros. ¡Bastante extraño!»

He aquí un ejemplo de buen timing en la boya de sotavento.
Es importante para hacer bien la táctica desde el inicio de la nueva manga.

► **Luc Pillot.** «Campeonato de First Class 8. Maniobrando el tangón, el número uno agujerea la mayor en su parte baja cuando faltan algunas esloras para la boya de sotavento. Tomamos entonces un rizo, enviamos el génova y arriamos el spi para llegar a la baliza. ¡Afortunadamente todo el mundo reaccionó bien!»

► **Bertrand Pacé.** «Liberty Cup en Nueva York. Había tanta corriente que era necesario dar la vuelta a la boya con el espi y arriar después de la baliza. ¡Sorprendente al principio!»

► **Thierry Péponnet.** «Circuito mundial de 50 pies en 1993. No es raro que cinco o seis barcos lleguen juntos a la boya de sotavento. Generalmente es aquel que ha anticipado mejor (muy a menudo desde la boya de barlovento) quien conserva el interior. Hace falta entonces guardar el máximo de velocidad hasta dos esloras de la baliza y, en ese momento, evitar poner la proa a barlovento o sotavento del barco que os precede, para salir pegado a la boya. Pero cuando cinco o seis barcos se presentan en la boya, dos esloras se convierten rápidamente en tres o cuatro... Rod Davis no dudó, durante una manga, en comprometerse peligrosamente sobre el tercero y el cuarto, sin por eso infringir el reglamento, saltó de golpe dos barcos y ganó su reclamación en tierra. ¡Había que atreverse!»

CAPÍTULO 17 - EL MARCAJE Y LA GESTIÓN DEL RIESGO

17.1 - Asegurar el marcaje 244
17.2 - Marcaje riguroso de un competidor en ceñida 246
17.3 - Marcaje laxo de un competidor en ceñida 250
17.4 - Combinación de técnicas de marcaje 251
17.5 - Marcaje de varios barcos en ceñida 254
17.6 - Marcaje cerca de las laylines en ceñida 255
17.7 - Virar a sotavento de un competidor 258
17.8 - Marcaje con viento de popa 262
17.9 - La línea de llegada 270

CAPÍTULO 17:

No basta elaborar la mejor estrategia
y llevar bien la táctica. También hace falta
no olvidar marcar a los adversarios
y no tomar riesgos exagerados, una vez en cabeza
de la regata. Marcaje y manejo del riesgo
son fundamentales. Demostración.

PEQUEÑOS BENEFICIOS

17.1. ASEGURAR EL MARCAJE

La jugada de Trafalgar... Viejo y mal recuerdo. ¿Viejo? No tanto. En regata, algunos sucumben periódicamente. En las discusiones típicas cuando ha acabado la regata, oímos a menudo cosas como ésta: «Estaba en mala posición en la boya de sotavento. Por eso, intenté una jugada radical. No funcionó, retrocedí de la 15ª a la 23ª plaza».

Este tipo de maniobras funciona una de cada diez veces. En el conjunto de las regatas, con este juego, perdemos más de lo que ganamos: después de todo, es la regularidad la que da beneficios. A veces los campeones parece que «ganan poco», pero ante todo apuntan a una gran regularidad. Generalmente, aseguran su puesto intentando arañar uno o dos en cada bordo. Sin riesgos exagerados.

En este capítulo vamos a ver cuáles son las principales técnicas de marcaje utilizadas para mantener la posición y la forma de administrar el riesgo.

Existen varios métodos de marcaje. Hablamos a menudo de un marcaje «riguroso» o de un marcaje «laxo», a distancia. Vamos a ver qué significa esto y qué marcaje se adapta a una situación determinada. Analizaremos igualmente las soluciones de que disponen los participantes que están marcados.

Con el objeto de limitar los riesgos, no sirve de nada competir con un adversario poco peligroso en la clasificación o multiplicar las viradas. ¡Permaneced en contacto con los barcos que queréis marcar!

El manejo del riesgo

La estrategia ha sido definida en función de la evolución prevista del viento y de la corriente. Sabemos pues a qué lado del campo de regatas queremos ir en función de estos parámetros.

Ante todo es esta estrategia la que dicta las elecciones del táctico.

Algunas reglas elementales permiten reducir los riesgos al mínimo:

- **Identificar los adversarios peligrosos en la clasificación general.** Inútil competir con un participante que no entraña ningún peligro. Siempre es enojoso verlo pasar por proa, pero las consecuencias son mínimas.
- **Limitar los riesgos permaneciendo entre los perseguidores y la marca de barlovento.**
- **Evitar hacer más viradas que nuestros rivales, a fin de no perder terreno.**
- **Mantenerse en contacto con los participantes que deseamos marcar.** En efecto, cuanto más grande es la separación, más repercusiones importantes tiene una pequeña rolada u oscilación.

Ejemplo: si dos participantes están distanciados de 100 metros, una rolada de 10 grados da una ventaja de 18 metros al que está en el lado bueno de la rolada. Y si la separación es de 500 metros, la ganancia es de 85 metros. Entonces, los riesgos se incrementan a medida que aumenta la separación con un rival.

COLOCACIÓN

17.2. MARCAJE RIGUROSO DE UN COMPETIDOR EN CEÑIDA

Para impedir que un adversario pase, lo ideal es estar entre él y el punto al que se quiere llegar (boya o línea de llegada). Tampoco hay que descartar molestarle un poco para obligarle a navegar en un viento perturbado *(figura 1)*.

1 Azul marca a Blanco desventándolo y permaneciendo entre él y la boya a la que se quiere llegar.

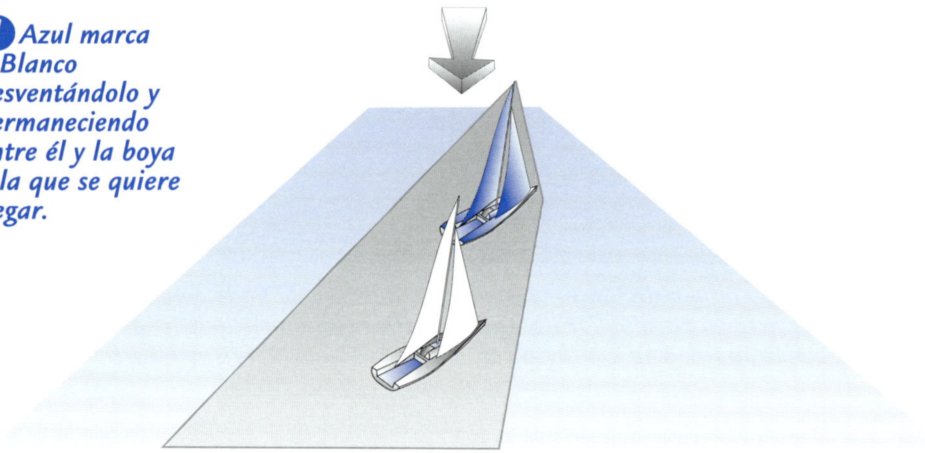

Aquí, el barco blanco navega en un viento perturbado por las velas de azul. La separación entre los dos participantes debería entonces aumentar.

Lo ideal para el barco azul es estar en fase con el barco blanco. Cada vez que **Blanco** vira, **Azul** vira simultáneamente, manteniendo así a su adversario en su desvente.

Azul no debe esperar que **Blanco** haya terminado su virada para iniciar la suya. Debe efectuarla en fase con él, sin lo cual **Blanco** acabará creando un desfase. Diremos entonces que ha «cruzado las viradas» *(figura 2)*.

Esta situación puede ser peligrosa, sobre todo con viento oscilante, si **Blanco** aprovecha mejor las oscilaciones que **Azul,** que lo precede.

El marcaje riguroso es a menudo utilizado en match-racing. Esta técnica puede igualmente ser empleada en flota, a condición de que el adversario al que hay que marcar sea uno solo.

Principal inconveniente: la multiplicación de viradas hace que los dos barcos pierdan terreno en relación al resto de la flota.

A razón de una a dos esloras perdidas por virada, la ventaja puede fundirse rápidamente. Tratando de impedir que un participante nos pase, corremos el riesgo de que otros se nos adelanten.

Las pérdidas son aún más importantes cuando hay batallas de falsas viradas o viradas tan seguidas que los barcos no tienen tiempo de coger velocidad antes de la maniobra siguiente.

② No virando suficientemente rápido, Azul acaba creando un desfase del que Blanco saca provecho. Éste tiene la posibilidad de navegar en viento claro.

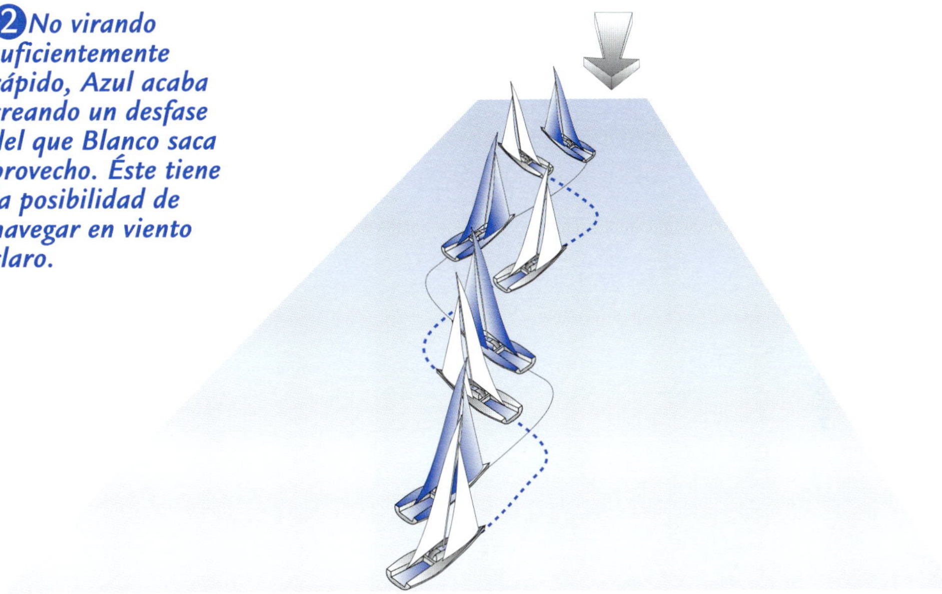

Es por ello, en regatas en flota, que un marcaje laxo es a menudo preferible y menos arriesgado que un marcaje riguroso.

Un marcaje más laxo evita a menudo el duelo de viradas. Aquí, los dos barcos tienen viento claro.

► Cómo aprovechar el marcaje riguroso de un competidor

Para el participante que está detrás, la única oportunidad de salirse es conseguir crear un desfase, o sea de cruzar las viradas *(ver figura 2 de página 247)*.

Para ello hay que encadenar viradas rápidas o aprovechar a otro participante que impida virar a vuestro adversario.

El First Class 8 de barlovento ha conseguido crear un pequeño desfase con su adversario.

Cuando los dos barcos no están en fase, existe una técnica eficaz para el participante de atrás que permite reducir la separación.

Tomemos un ejemplo. **Blanco** navega amurado a babor en tanto que **Azul** viene amurado a estribor. Cruza delante de **Blanco,** hace dos esloras más y vira de manera que le moleste bien.

El mal reflejo de **Blanco** entonces es virar inmediatamente.

Es preferible esperar algunos segundos el desvente efectivo de **Azul**.

El timonel del barco blanco puede entonces mover la caña (figura 3).

③ *Virando en el desvente, Blanco pasa el eje del viento en el momento en que la resistencia al avance es menor. Reduce pues su pérdida en la virada.*

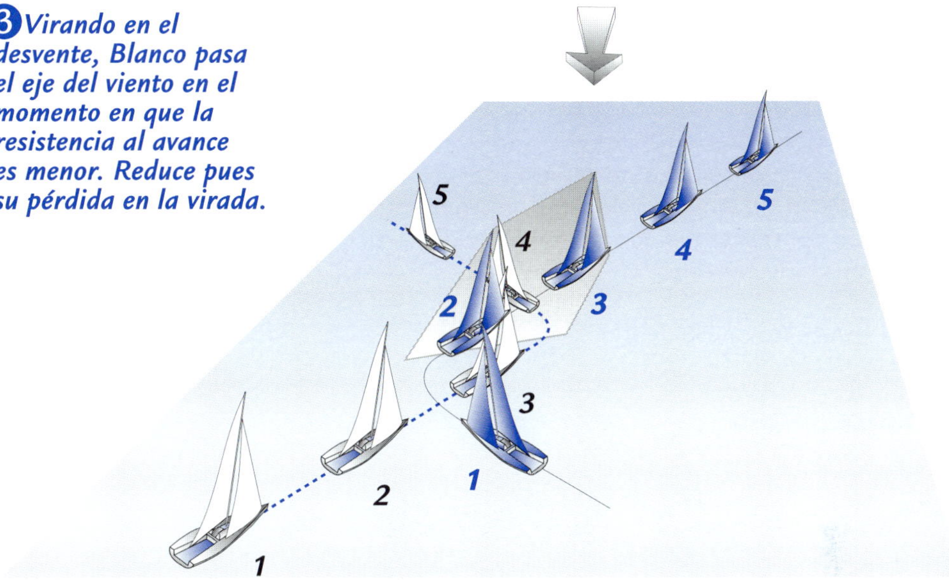

Una vez que los barcos han recuperado velocidad, **Blanco** y **Azul** viran de nuevo y se encuentran en una situación de cruce análoga a la precedente.
Azul, que piensa que ha perturbado el viento de **Blanco** habiéndole «virado encima», no comprende que la separación entre ambos barcos no aumenta de un bordo al otro.

La explicación es sencilla: el velero **Blanco** pasa el eje del viento en el momento que la resistencia al avance es menor a causa del desvente. La pérdida de velocidad en la virada es pues reducida.

Además, el barco blanco se beneficia de un ligero viento que se abre amurado a estribor al salir de la virada, lo que le ayuda a recuperar velocidad.

Los estudios llevados a cabo por varios sindicatos, durante las últimas campañas de la Copa América, han mostrado que los beneficios podían ir de un cuarto a media eslora en cada virada.

Si el viento es estable, el segundo barco puede así aproximarse mucho al primero si el número de viradas es importante.

En 1992, en San Diego, *America³* fue probablemente uno de los participantes que mejor había comprendido este efecto, mientras que otros, como los japoneses de *Nippon Challenge* en 1995, corrieron mangas de ceñida con más de 20 viradas sin conseguir aumentar la separación con su perseguidor, a pesar de una táctica de marcaje que a ellos les parecía agresiva.

Probablemente, no habían analizado la situación lo suficiente.

COLOCACIÓN

17.3. MARCAJE LAXO DE UN COMPETIDOR EN CEÑIDA

El marcaje laxo consiste en no molestar al competidor, permaneciendo entre él y la baliza *(figura 4)*. A igual velocidad, disminuimos los riesgos de verlo pasar. **De hecho, nos contentamos con acompañar al participante hasta la baliza de barlovento sin darle cancha.**

4 ***Azul reduce los riesgos controlando a Blanco y marcándolo a distancia, sin darle cancha.***

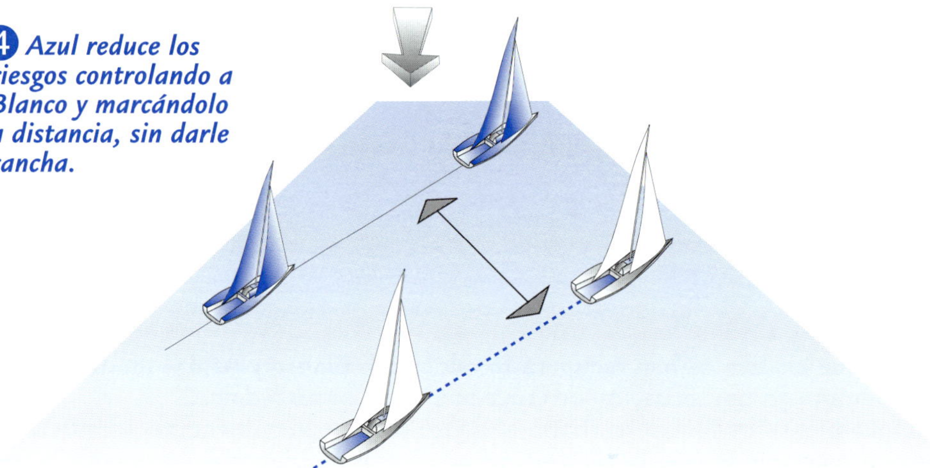

La posición ideal es estar por el través (o ligeramente a proa por el través), a barlovento. Si la distancia entre los participantes es importante, una posición a proa, ligeramente a sotavento, también es posible *(figura 5)*, sobre todo si el viento tiene tendencia a cerrarse.

5 ***Cuando la distancia es importante y el viento tiene tendencia a cerrarse, a Azul le interesa mantenerse ligeramente a sotavento de Blanco.***

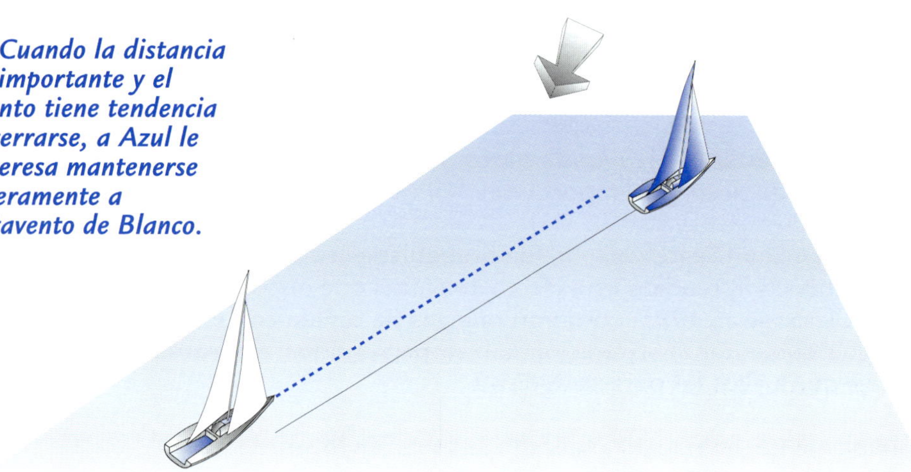

Cuando tirando bordos, conseguimos descruzar las viradas para aprovechar las variaciones del viento, tenemos muchas posibilidades de reducir la separación, incluso de pasar delante.

Generalmente esta técnica se adapta bien a una regata de flota.

El participante marcado intentará virar una o dos veces. Basta con acompañarlo para mostrarle que no le será fácil. Lo más frecuente es que se contente entonces con su plaza actual para evitar perder terreno en relación a sus perseguidores.

En las grandes flotas de monotipos, podemos tener hasta cinco o seis participantes que navegan paralelamente.

COMBINACIÓN

17.4. COMBINACIÓN DE TÉCNICAS DE MARCAJE EN FUNCIÓN DE LA ESTRATEGIA

► *Un lado del campo de regatas está favorecido*

Cuando un lado del campo de regatas está favorecido, ya sea a causa de la corriente, ya sea porque el viento rola, podemos utilizar un marcaje riguroso en un bordo y un marcaje laxo en el otro. El objetivo es estar en el lado bueno e impedir que lo coja el otro participante.

Ejemplo: la derecha del campo de regatas es favorable, ya que el viento rola suavemente hacia ese lado, que además tiene más viento.

En la figura 6, el barco azul está en una posición cómoda. Se beneficia de la rotación y del aumento del viento algunos segundos antes que el barco blanco.

Incluso si ambos barcos están próximos y la diferencia no es muy importante, es probable que esa diferencia se mida en esloras al final de la manga. El objetivo de **Azul** es siempre permanecer más a la derecha que **Blanco**.

6 Permaneciendo a la derecha del campo de regatas, donde el viento es más fuerte y rola a la derecha, Azul aumenta la separación con Blanco.

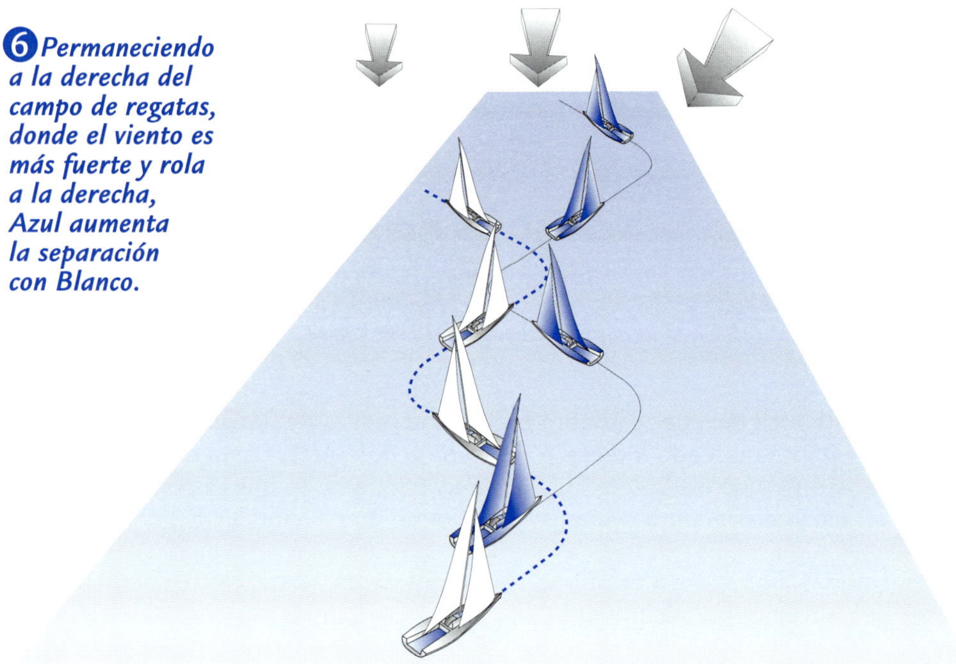

Para conservar esta posición favorable, basta efectuar un marcaje laxo amurado a estribor y uno riguroso amurado a babor.

Siempre en la figura 6, efectuando un marcaje riguroso, **Azul** obliga a virar a Blanco, a menos que éste acepte navegar con viento perturbado y perder así varias esloras.

Azul espera entonces que **Blanco** cruce el eje de su espejo de popa para virar y efectuar un marcaje laxo amurado a estribor.

Si **Blanco** vira otra vez, **Azul** realiza un nuevo marcaje riguroso amurado a babor y un marcaje laxo amurado a estribor, mostrando así sus intenciones.

Si el grueso de la flota nunca va más a la derecha que **Azul**, éste vira para acompañarla. En el 95% de los casos, **Blanco**, que también quiere ir a la derecha, hará tres esloras de más e igualmente virará.

Ningún lado es favorable

Es frecuente que con viento oscilante las posiciones evolucionen más deprisa y que sea más difícil mantener la posición. La clave del éxito consiste en permanecer en fase con el viento; fácil de decir...

El objetivo de cada participante es estar más en fase con las oscilaciones del viento que el otro.

El error típico *(figura 7)* consiste en cruzar una eslora a proa de un barco con viento que se abre, virar para marcarlo y obligarlo así a virar.

El participante en cabeza navega con viento que se cierra, en tanto que el participante obligado a virar se encuentra en un bordo con viento que se abre. En el siguiente cruce, la separación se reduce a una o dos esloras.

¡Podemos perder toda nuestra ventaja en dos bordos!

7 Blanco cruza por delante de Azul, después vira para marcarlo, antes de encontrarse con un viento que se cierra. Azul que, amurado a estribor, se beneficia del viento que se abre, reduce la separación.

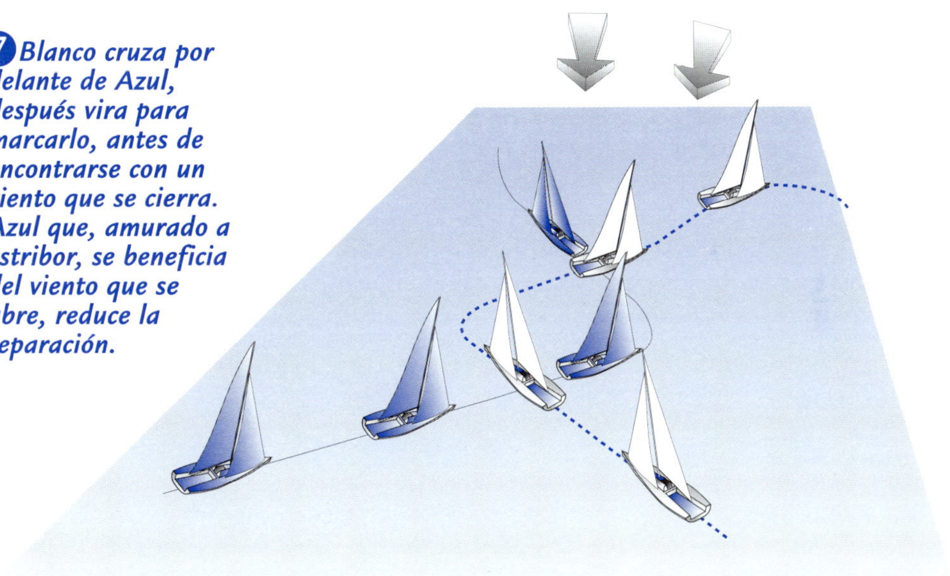

La regla con viento oscilante es la siguiente:

- **Efectuamos un marcaje a distancia cuando el bordo no es favorable,** a fin de no forzar al adversario que marcamos a navegar en el buen bordo.

- **Hacemos un marcaje riguroso si estamos seguros de que estamos en el bordo favorable,** a fin de obligar al adversario a navegar en el bordo desfavorable.

ARITMÉTICA

17.5. MARCAJE DE VARIOS BARCOS EN CEÑIDA

Frecuentemente es importante el poder controlar a varios competidores en ceñida. ¿Qué hacer cuando dos participantes parten en bordos opuestos?

Por el momento, el barco más a barlovento (1) parece controlar la situación, y efectúa un marcaje laxo. Pero su adversario más adelantado (2) reduce la separación a barlovento, y es amenazador.

Viramos para tratar de molestar a uno de los dos participantes, para obligarle a virar otra vez y a colocarse de nuevo en el mismo bordo que el otro.

Una vez que todos los participantes están en el mismo bordo, sólo queda realizar un marcaje laxo *(figura 8)*.

8 ***Azul, al virar, ha puesto a un adversario en su desvente, y le obliga a virar para controlar a los barcos amurados a estribor, que están a sotavento de él, efectuando un marcaje laxo.***

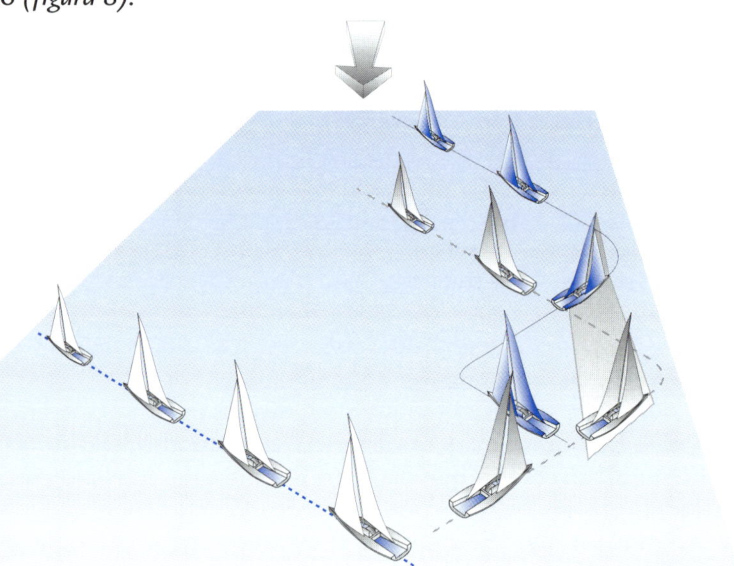

COLOCACIÓN

17.6. MARCAJE CERCA DE LAS LAYLINES EN CEÑIDA

En una prueba de match-racing, la obsesión de un participante que está controlado es acercarse a una layline. No puede actuar como desea y entonces se ve obligado a seguir a su adversario. Inversamente, al que está en cabeza le interesa llevar a sus perseguidores al borde del cuadro.

Una vez que está en la layline, el velero que va en cabeza puede virar delante de su adversario, en su eje, y molestarlo *(figura 9)*.

9 Una vez sobre la layline, Azul vira delante de Blanco y en su eje. Blanco puede hacer un contra bordo como padecer el desvente. Haga lo que haga, perderá terreno.

En este caso, **Blanco** tiene dos soluciones: padecer el desvente o hacer un contra bordo para tener viento claro. En ambos casos, perderá mucho en relación a **Azul**.

• **Para llevar un adversario a la layline,** lo marcamos suavemente en el bordo que acerca a la layline y de forma más reñida en el bordo que aleja de la layline, obligándole así a virar y a regresar a la layline *(figura 10)*.

• **Cuando nos aproximamos a la layline, la elección del momento de la virada es crucial.** Si es tardía, significa que haremos camino de más. Si es prematura, implicará dos viradas adicionales cerca de la boya o de la línea.

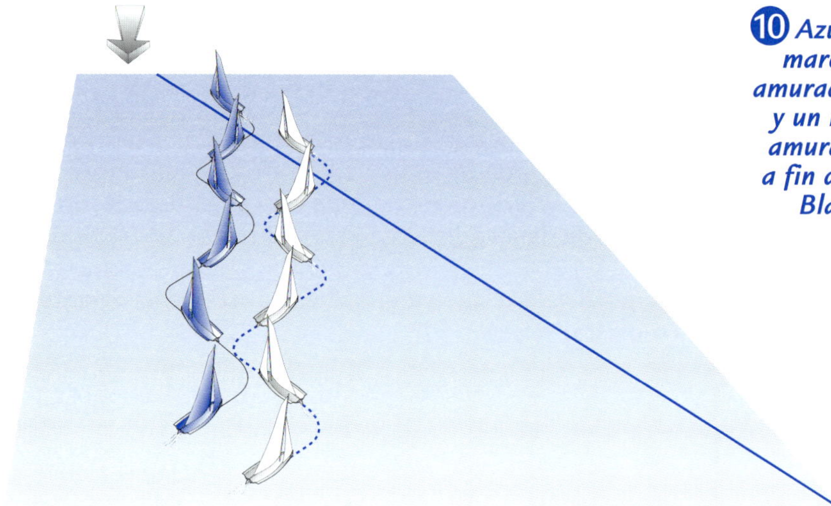

10 ***Azul efectúa un marcaje riguroso amurado a estribor y un marcaje laxo amurado a babor, a fin de empujar a Blanco hacia la layline.***

• **El competidor que está en cabeza debe dejar que su perseguidor tome la iniciativa de elegir el momento en que debe virar** para pasar la boya de barlovento o la línea de llegada. Basta para ello virar un poco por detrás del través del participante que se está marcando cuando nos aproximamos a la layline *(figura 11)*.

Esta posición es muy cómoda. Cuando el rival a sotavento decide virar, basta con virarle encima (marcaje riguroso). Si está sobre la layline, bien podrá hacer toda la manga en el desvente o bien hacer dos bordos adicionales. Si está debajo de la layline, los dos barcos harán dos viradas de más.

Si el de sotavento no vira al llegar a la layline, lo que a menudo es el caso, lo mejor es tener la seguridad de que se está en la layline para virar. El perseguidor está entonces por encima de la layline; hace ruta de más. Generalmente, es en ese instante que se crean las mayores separaciones.

11 *Azul se sitúa ligeramente por detrás de Blanco, para que pueda elegir el momento en que vira. Seguidamente puede controlarlo en la layline.*

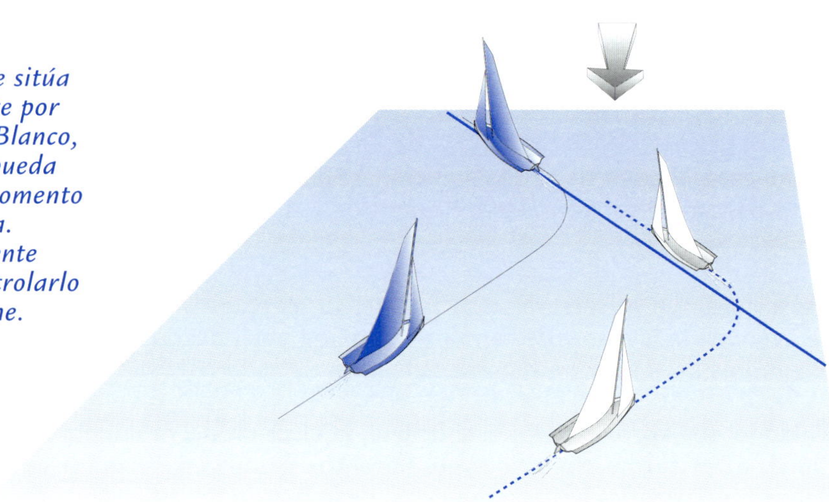

• **Para el competidor de sotavento, la maniobra consiste en escoger un compromiso rumbo/velocidad que favorezca el rumbo en las cercanías de la layline.** Reduce entonces la separación lateral y longitudinal con el participante que le marca. Espera que el barco en cabeza vire al llegar a la layline y vira dos esloras a barlovento. Esta solución permite reducir o, en el peor de los casos, mantener la distancia con el participante que está delante *(figura 12)*.

⓬ Aquí, la maniobra de Blanco consiste en reducir la separación lateral con Azul, y esto para tratar de regresar a su nivel.

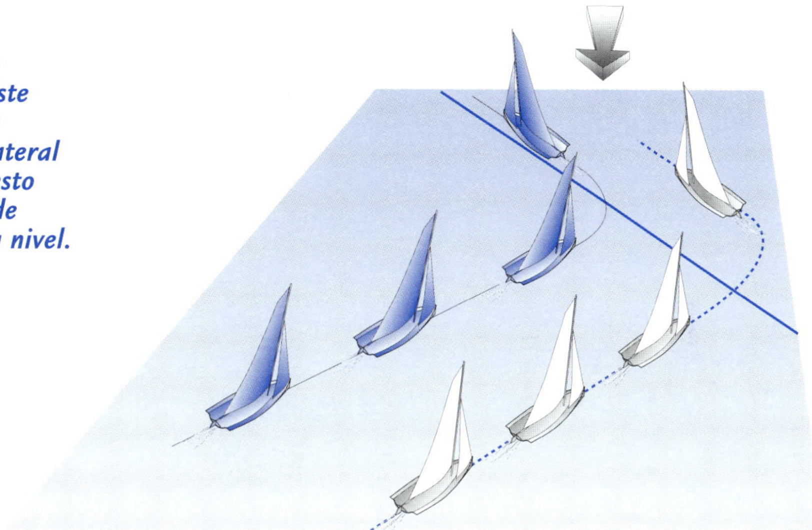

Al contrario, el barco que elije un compromiso «velocidad» cuando está a sotavento aumenta la separación lateral y longitudinal. Se encuentra pues más lejos cuando el participante en cabeza vira en la layline *(figura 13)*.

⓭ Inversamente, si Blanco opta por un compromiso velocidad en las cercanías de la layline, es mucho más vulnerable y pierde terreno.

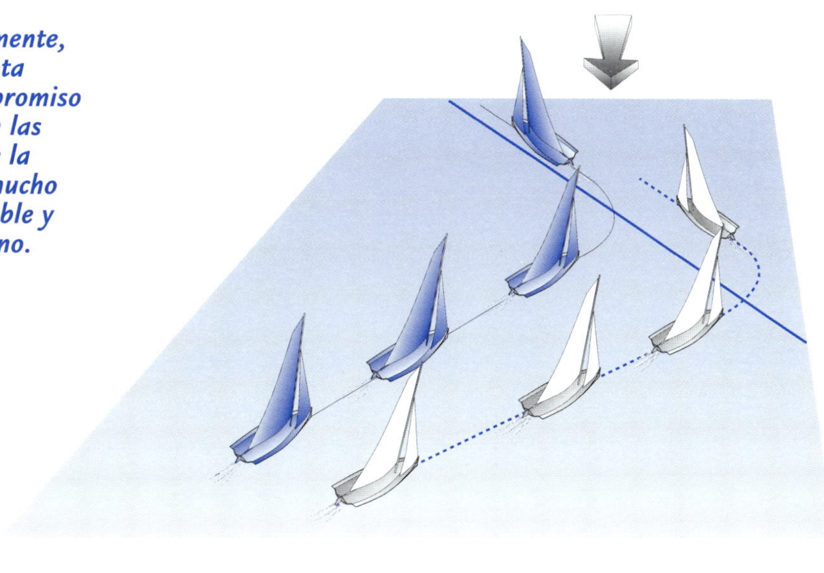

COLOCACIÓN

17.7. VIRAR A SOTAVENTO DE UN COMPETIDOR EN POSICIÓN FAVORABLE

Existe una posición favorable en ceñida: la de sotavento, por delante *(figura 14)*.

14 Azul, que vira a sotavento de Blanco, queda en posición favorable.

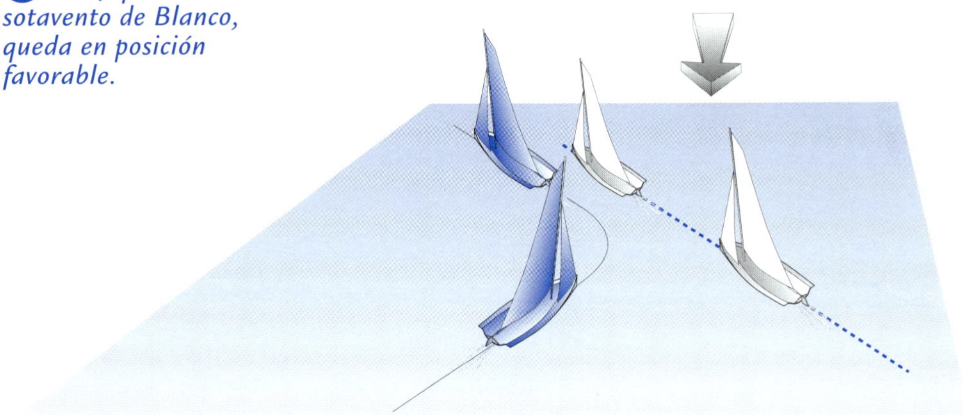

Virar a sotavento de un competidor en posición favorable es un táctica eficaz a condición de que sea utilizada en el momento oportuno. Esta posición sólo se puede conseguir si se está a punto de cruzar casi a proa del adversario *(figura 15)*.

15 Azul, amurado a babor, casi podría cruzar por delante de Blanco. Virando a sotavento, se sitúa en una posición favorable.

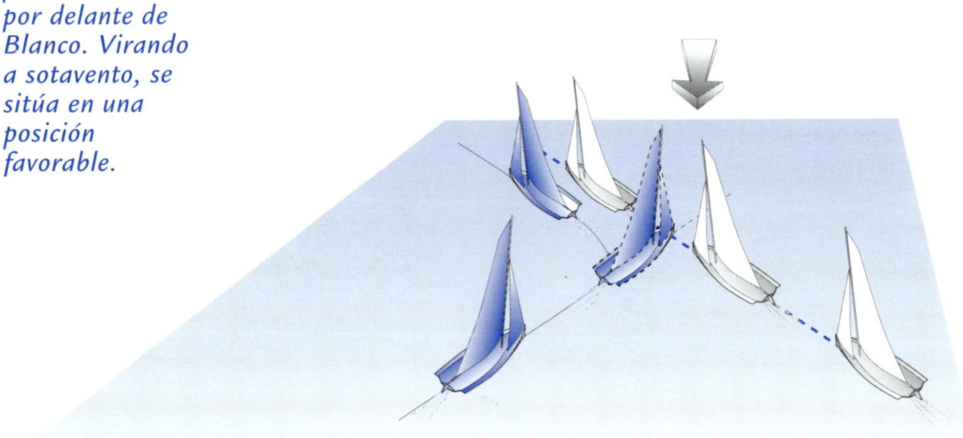

El Figaro Bénéteau nº 12, gobernado por el inglés Eddie Owen, ha preferido virar a sotavento en posición favorable, frente a su adversario, el australiano Peter Gilmour, número uno mundial de match-racing. Se encuentra ahora en buena posición para sacarlo y obligarle a virar.

Inversamente, si el barco que vira no tiene una ventaja suficiente, es preferible virar más lejos o bien abatir para pasar a popa de un competidor amurado estribor para no verse tapado por él *(figura 16)*.

16 *Azul, amurado a babor, no tiene ventaja suficiente sobre Blanco. Es preferible que vire a sotavento o que abata para pasarle por popa.*

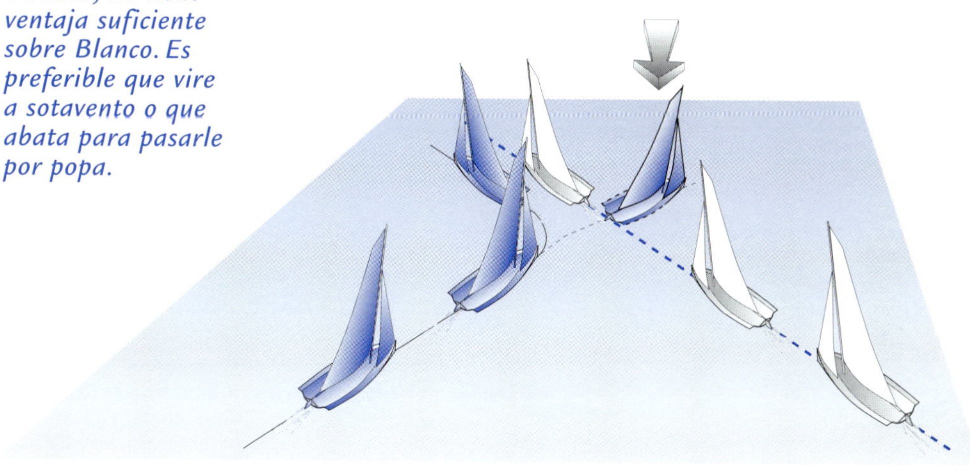

La pregunta que el táctico debe plantearse es: la posición relativa de los dos barcos, ¿nos permite virar en posición favorable a sotavento, o no? Cuanto más lenta sea la virada, más adelantado hay que estar respecto al competidor para conseguir situarse favorablemente a sotavento.

Varias situaciones tipo hacen que interese virar a sotavento de un competidor:

1. **Estamos en el lado bueno del campo de regatas desde el punto de vista estratégico.**

Virar a sotavento del adversario lo obliga a virar e ir al lado malo *(figura 17)*.

17 Virando a sotavento de Blanco, Azul lo obliga a virar e ir hacia el lado malo del campo de regatas, situado a la derecha.

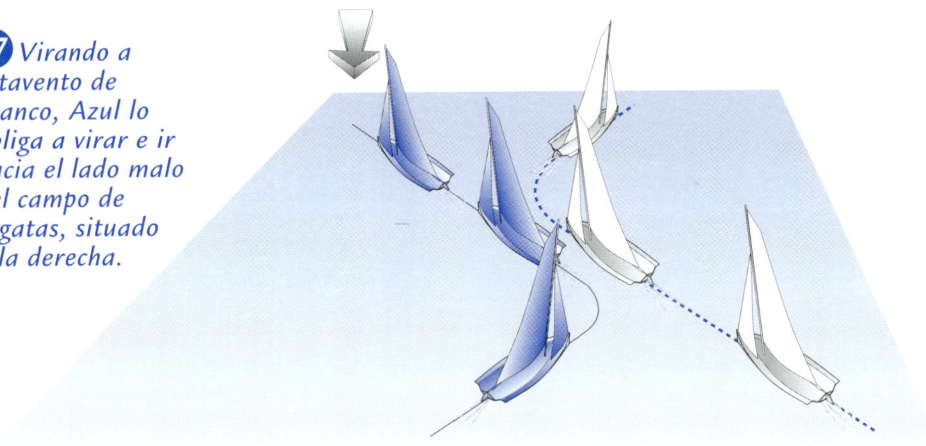

Para que el adversario situado justo a barlovento se vea forzado a virar e ir al lado malo del campo de regatas, hay que estar perfectamente concentrados en la marcha del barco, como lo están en este JOD 35.

2. **Estamos en la layline, o cerca de ella.**
Inútil, pues, hacer camino de más. En cambio, es interesante que el adversario se vea obligado a efectuar dos viradas más e ir por encima de la layline *(figura 18)*.

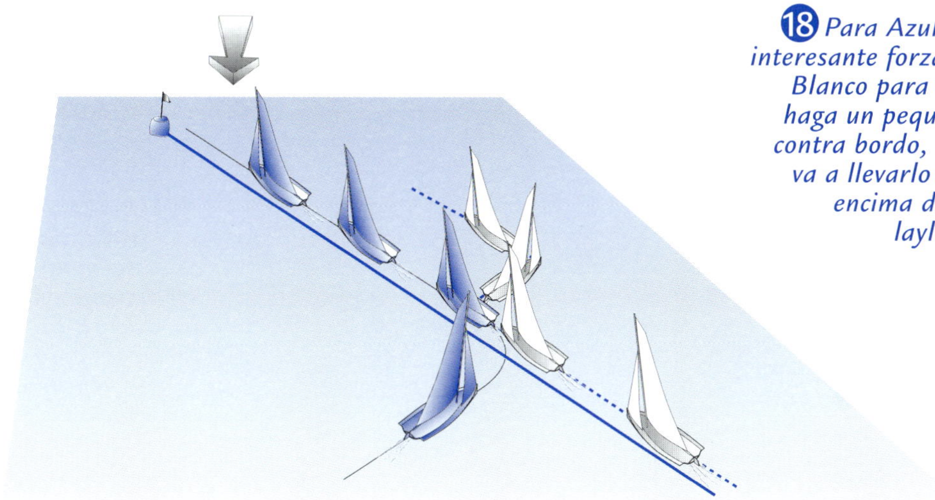

18 Para Azul, es interesante forzar a Blanco para que haga un pequeño contra bordo, que va a llevarlo por encima de la layline.

3. **Ningún lado es favorable.**
Amurados a babor casi cruzamos por delante de un adversario y no deseamos perder esta ventaja abatiendo detrás de él. Una solución es entonces virar a sotavento en posición favorable *(figura 19)*.

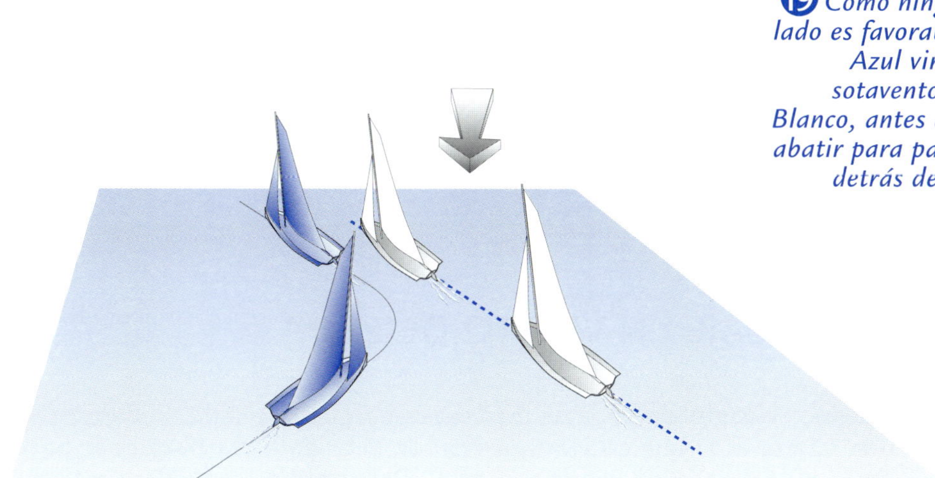

19 Como ningún lado es favorable, Azul vira a sotavento de Blanco, antes que abatir para pasar detrás de él.

► *¿Qué defensa adoptar frente a un competidor que va a virar a sotavento de nosotros?*

No hay maniobra milagrosa. La mejor de las defensas consiste a menudo en abatir un poco antes de que el adversario vire. Esto permite coger un poco de velocidad.

Virará más pronto a causa de la ruta más baja. Una vez que ha pasado el eje del viento, aprovechamos el excedente de velocidad para orzar un poco y crear una separación lateral. En algunos casos, esta separación bastará para no ser molestado *(figura 20)*.

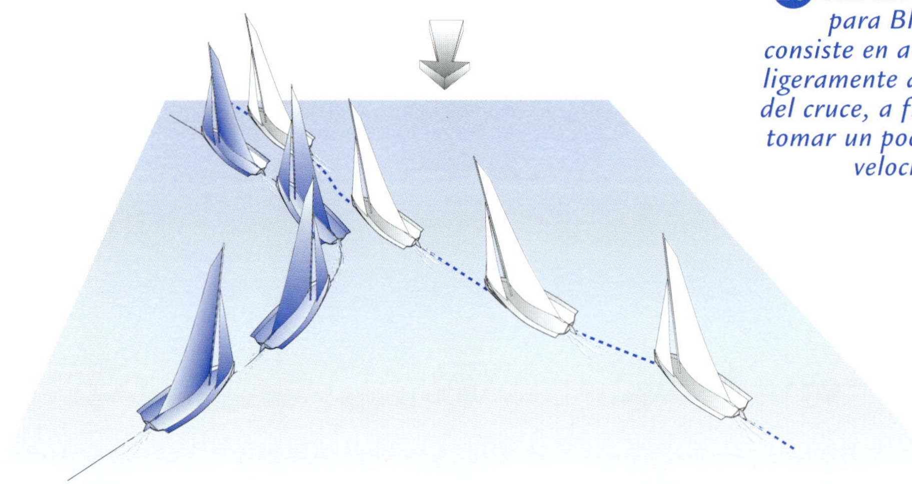

20 Una solución para Blanco consiste en abatir ligeramente antes del cruce, a fin de tomar un poco de velocidad.

En el supuesto de que esta defensa no haya sido suficiente y nos encontremos rápidamente molestados por el velero que acaba de virar, no sirve de nada esperar un milagro. Hay que meter la caña inmediatamente. Cuanto más esperamos, más terreno y más velocidad perdemos. La virada será más perjudicial cuanto más lento vaya el barco. ¡Es inútil, pues, esperar a estar parados para virar!

COLOCACIÓN

17.8. MARCAJE EN VIENTO DE POPA

Tácticamente, el viento de popa es más excitante que la ceñida. El competidor que va en cabeza es el que está en posición de debilidad; el perseguidor puede desventar a los adversarios que le preceden. Por tanto a menudo es más fácil «rehacerse» con viento de popa que en ceñida. Pero hay una gran diferencia. En ceñida, un barco sometido a marcaje riguroso sólo tiene una solución: virar. No ocurre lo mismo con viento de popa: puede trasluchar, orzar o abatir un poco para liberarse del desvente *(figura 21)*.

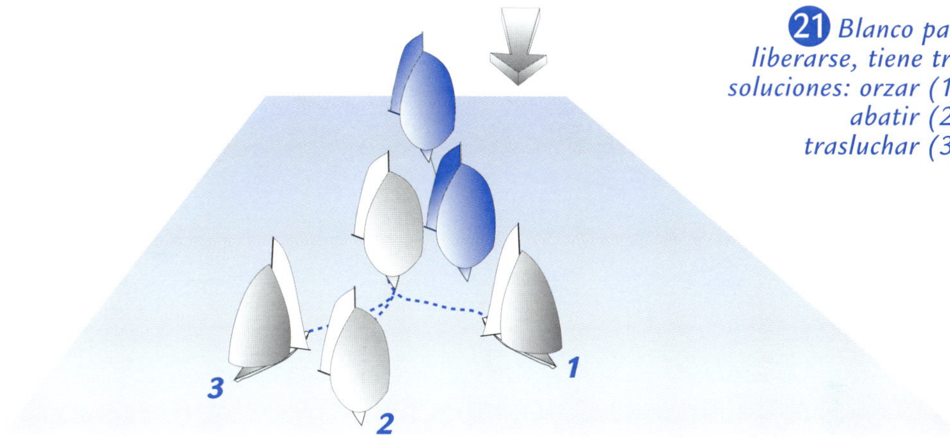

21 *Blanco para liberarse, tiene tres soluciones: orzar (1), abatir (2), trasluchar (3).*

Así, pues, se presentan dos casos...

Marcaje con viento fuerte de popa

Si el viento es fuerte, el viento aparente viene generalmente de atrás. El spi no se desventa y el competidor en cabeza elige. Si estima que está en el bordo bueno, puede orzar o abatir para librarse del desvente. Si está en el bordo malo, traslucha.

En el bordo bueno y con fuerte viento sostenido, este Soling, en match-racing durante la Semana Preolímpica de Sydney 2000, para librarse del desvente de su adversario puede elegir entre orzar o abatir.

► *Marcaje con viento débil de popa*

Para el barco en cabeza la situación es mucho más delicada. Si sufre el desvente, su spi cae y la velocidad disminuye rápidamente. Entonces ya es demasiado tarde para trasluchar, orzar o abatir *(figura 22)*.

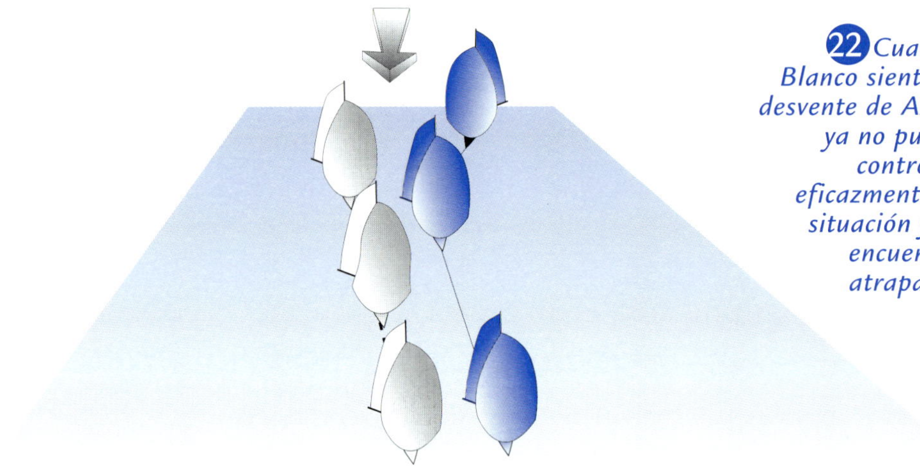

22 Cuando Blanco siente el desvente de Azul, ya no puede controlar eficazmente la situación y se encuentra atrapado.

El barco en cabeza generalmente tiene dos opciones posibles: orzar para coger velocidad y tener viento claro delante de su competidor, o trasluchar *(figura 23)*.

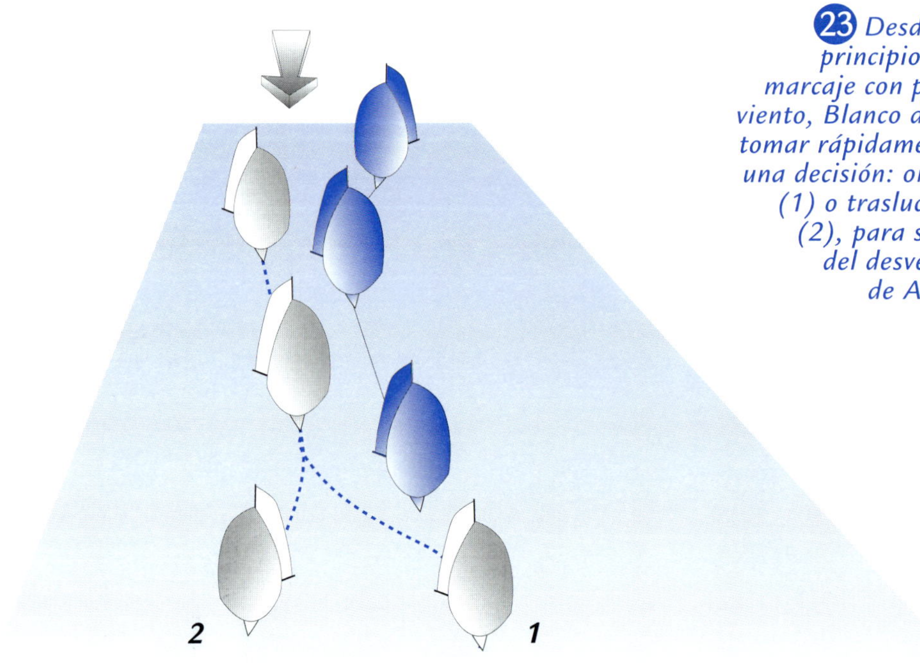

23 Desde el principio del marcaje con poco viento, Blanco debe tomar rápidamente una decisión: orzar (1) o trasluchar (2), para salir del desvente de Azul.

► *El desvente con viento de popa*

Es el eje del viento aparente lo que materializa la zona de desvente con viento de popa. Para conocer esa dirección, se mira la veleta en el tope de palo.

En la figura 24, Blanco está en el desvente de Azul.

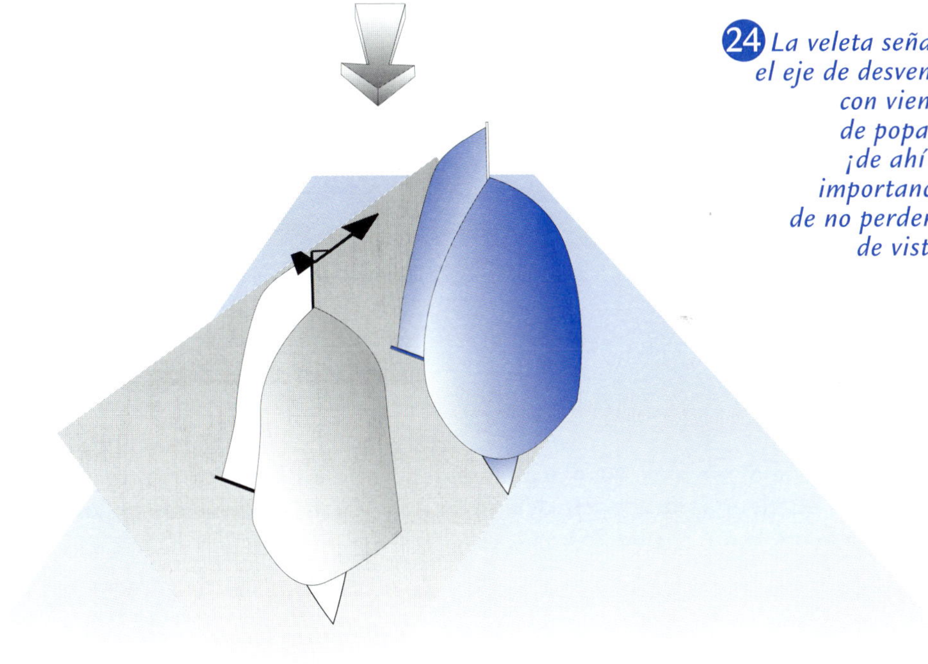

24 *La veleta señala el eje de desvente con viento de popa... ¡de ahí la importancia de no perderla de vista!*

► *La proximidad de las laylines con viento de popa*

Una situación de ataque frecuente consiste en trasluchar a barlovento de un competidor situado en la layline para desventarlo. En la figura 25 *(ver página siguiente),* Azul traslucha para tratar de molestar a Blanco.

Éste tiene entonces tres soluciones:

1. **Llega a situarse otra vez delante de Azul orzando.** Conserva entonces su lugar. Es el caso más favorable.

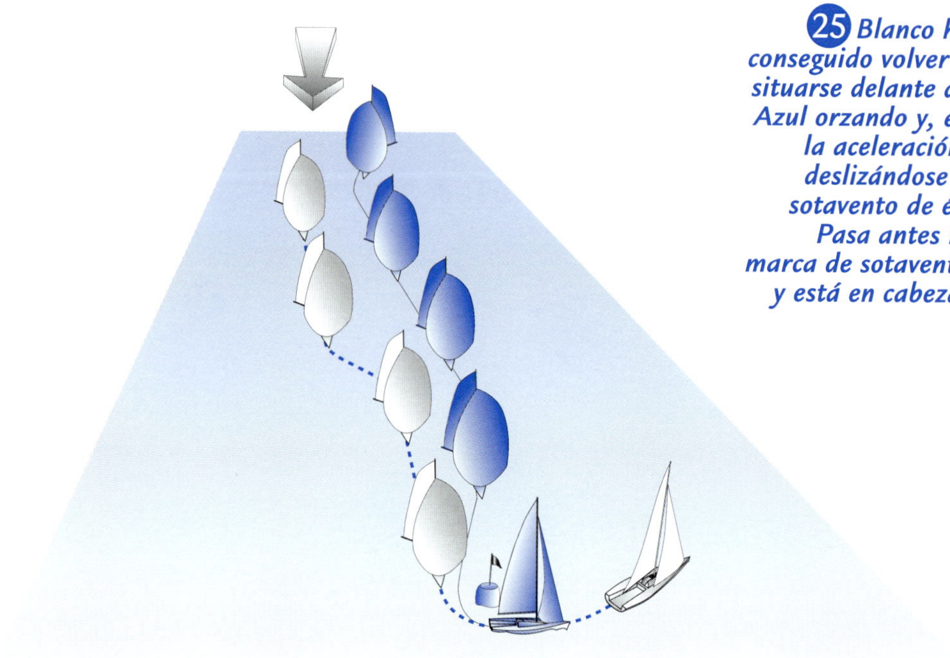

***25** Blanco ha conseguido volver a situarse delante de Azul orzando y, en la aceleración, deslizándose a sotavento de él. Pasa antes la marca de sotavento y está en cabeza.*

2. **Ya no puede orzar más.** Azul acaba desventándolo completamente. Entonces, Blanco no puede más que orzar detrás de Azul y volver a ponerse en su eje. Ha perdido una posición *(figura 26)*.

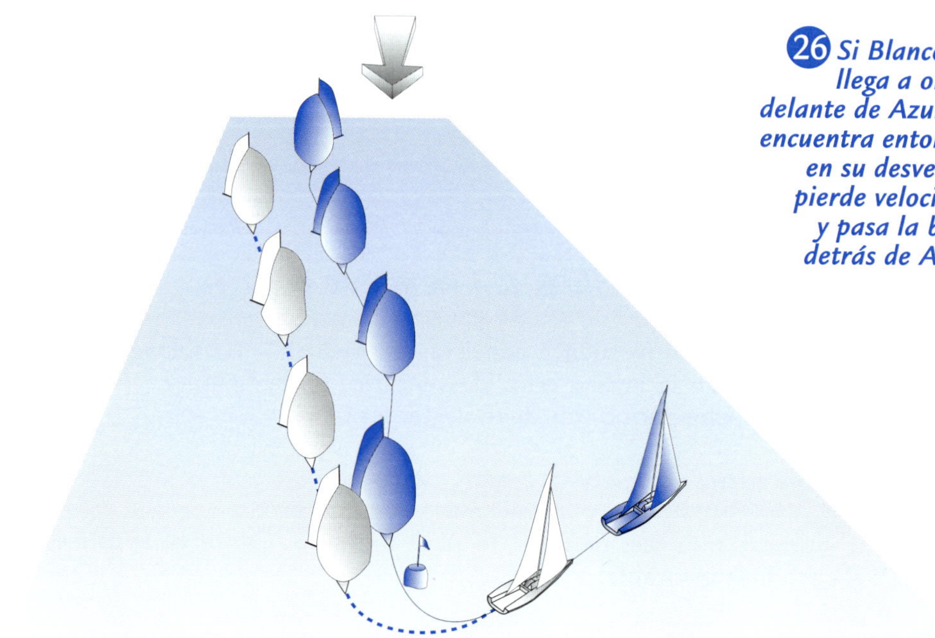

***26** Si Blanco no llega a orzar delante de Azul, se encuentra entonces en su desvente, pierde velocidad y pasa la boya detrás de Azul.*

3. **Traslucha para librarse del desvente de Azul.** En este caso, Azul pasará delante, dado que Blanco ya estaba en la layline. El contra bordo no será más que camino hecho en exceso. Esta solución generalmente no es la buena *(figura 27)*.

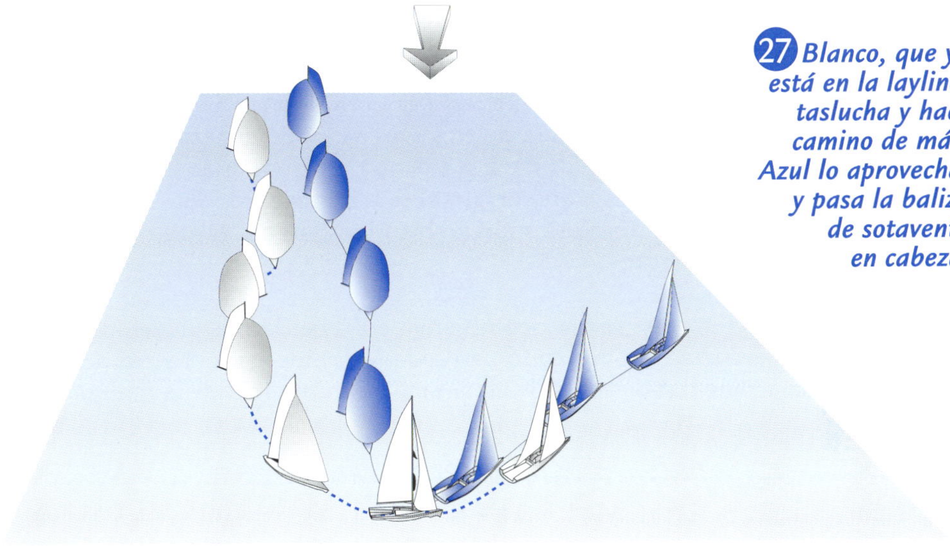

27 ***Blanco, que ya está en la layline, taslucha y hace camino de más. Azul lo aprovecha, y pasa la baliza de sotavento en cabeza.***

⏩ PREGUNTA A LOS REGATISTAS

¿Existe una posición favorable con viento de popa?

Todo el mundo sabe que en ceñida, existe una posición favorable, a sotavento y por proa. Para la inmensa mayoría de los regatistas, existe también una posición favorable con viento de popa: no todos están de acuerdo en su definición, pero sus consejos están llenos de lecciones.

Para **Marc Bouët,** esta posición depende del ángulo de descenso de los barcos: «En medio de barcos que descienden muy recto, es muy difícil permanecer sin ser desventado desde el principio al final de la manga. Antes de la baliza de barlovento, hay que escoger un lado y mantenerse en él. Si es necesario, podemos considerar la posibilidad de volver a cruzar hacia el centro, pero, en mi opinión, hay que acabar igualmente por un lado, en el interior si es posible. En cambio, si los barcos navegan por arriba (con spi asimétrico, por ejemplo), es más fácil escapar de los desventes. Los barcos se separan más unos de otros, y es interesante aprovechar las roladas. Pero cuidado: las ganancias o las pérdidas pueden ser aún más importantes».

Para **Christophe Auguin,** esta posición se sitúa con toda lógica «fuera de los conos de desvente».

Christophe Auguin en su victoriosa llegada en la tercera Vendée Globe.

Para **Thierry Péponnet,** «con viento flojo, detrás a menos de una eslora», y para **Bertrand Pacé,** «con viento que se cierra, a sotavento, con la condición de navegar con flujo laminar».

Para **Luc Pillot,** «es la posición que le permite trasluchar delante de su perseguidor sin quedar en su desvente, incluso si sigue en la trasluchada».

Para **Bertrand Chéret,** las cosas pueden ser complejas: «En esta situación, hemos constatado que, en una línea de tres barcos, el de cabeza se encontraba menos perturbado que el central. Está claro que estamos más cómodos en el exterior de un grupo, situados transversalmente a barlovento, que integrados en la línea. En el exterior nos interesa marcar bien los barcos, ya que cuanto más cerca están, más se molestan».

Finalmente, **Luc Gellusseau** se fija dos objetivos: «Tener la misma velocidad que los barcos que se cruzan (sobre todo cerca de la layline babor) y no acercarse demasiado a la layline babor antes de estar en el último tercio de la manga».

CONSEJOS DE LOS CAMPEONES

Manejar bien los desventes

El manejo de los desventes es esencial; eso depende de la posición en la flota, del número de barcos con que nos encontramos, por ejemplo cuando varias series regatean simultáneamente en el mismo recorrido. Frecuentemente se dan casos en los que hay que tener en cuenta a otros barcos que están subiendo en ceñida, mientras se navega en portante. Una vez más, hay que anticipar.

► **Jean-Yves Bernot.** «Es una cuestión de anticipación. Debemos evitar "tropezar" con un barco que no sabíamos que estaba ahí. Valorad también la pérdida del desvente con relación a otros factores. Un desvente es tan molesto que queremos escapar de él a toda costa. Puede ser un gran error estratégico si esto nos conduce al lado malo.»

► **Bertrand Pacé.** «Mirad la veleta (viento aparente) y la del adversario. Cuando el desvente está muy cerca del viento aparente, ¡la veleta es una muy buena referencia!»

► **Luc Gellusseau.** «Mirad la dirección que marca la veleta, ¡ya que ésa es la dirección en que hay que tener el viento claro! Por otro lado, no es la veleta del otro barco o el ángulo de viento real lo que cuentan, sino la vuestra y el ángulo de viento aparente.»

Michel Desjoyeaux, cuando venció en la Vendée Globe 2000-2001.

Como dice Xavier Rohart, quinto en Finn durante los Juegos de Sydney 2000, lo importante es escapar del desvente del perseguidor para tomar la boya en cabeza.

► **Michel Desjoyeaux.** «Lógicamente, hay que procurar navegar con viento claro. Y en los desventes, ¡no dudéis en saliros lo más deprisa posible!»

► **Bertrand Chéret.** «He constatado que los debutantes, a menudo se dejan atrapar, ya que reaccionan con demasiada amplitud a los ataques. Haciendo esto, dificultan el seguimiento de los reglajes y alargan su ruta. Cerca de la boya de sotavento, los barco se juntan y se molestan. Conviene tener la valentía de esperar antes de reajustar y de llegar a la boya con velocidad; eso os permitirá escurriros.»

► **Loïck Peyron.** «Cuidad vuestros reglajes, ya que el objetivo es ser más rápido para escapar de los desventes.»

► **Thierry Péponnet.** «Situaos siempre por delante del otro con relación al viento. Evitad cruzar los desventes con spi. En portante, manteneos por delante del eje de la veleta de vuestro adversario.»

► **Luc Pillot.** «En portante, el número uno o el que está a cargo del piano mira detrás, y muestra, con el brazo extendido, el eje del desvente o el de la veleta. Si pasa por delante o por detrás, no estáis en el desvente. Por otro lado, dos trasluchadas seguidas permiten a veces hacer una manga más tranquila.»

► **Nicolas Hénard.** «En catamarán, evitad virar. Es fácil lanzaros a sotavento y daros una paliza para salir de un desvente.»

► **Philippe Presti.** «Utilizad la veleta. Hay que tener en cuenta los desventes, ¡pero no hay que centrar la atención en ellos! Hay situaciones en las que los desventes son menos marcados, como cuando el viento es inestable.»

► Finalmente, esta anécdota citada por **Jean-Yves Bernot** resume bien la complejidad del manejo de los desventes. «Navegación en ceñida en el Solent. Todo el mundo va en fila para protegerse de la corriente. Lógicamente, acabamos en el desvente del barco precedente. Los impacientes tiran un pequeño bordo para librarse del desvente... y se encuentran con una corriente mucho más fuerte; pierden diez esloras antes de ser desventados por un número aún mayor de barcos... En cambio, había que jerarquizar la pérdida debida al desvente frente a otros factores, ¡y saber ser pacientes!»

CONCLUSIÓN

17.9. LA LÍNEA DE LLEGADA

En general, como la línea de salida, la de llegada tiene un lado favorable. Cuando está bien montada (perpendicular al viento), podemos cruzarla en cualquier sitio: todos los puntos de la línea están a la misma distancia del eje del recorrido. En cambio, cuando la línea no es perpendicular al viento, uno de los extremos está más cerca que el otro.

Una regata nunca está terminada mientras no se ha franqueado la línea de llegada. Después de haber elegido pasar junto al barco-comité, la tripulación francesa Audineau-Farnarier vence al otro 49 sobre la línea...

Para un ojo poco entrenado, es difícil ver cuál es el lado favorable de la línea de llegada. El barco-comité y la boya del extremo de la línea no tienen el mismo tamaño; eso complica las cosas.

Una forma de evaluar el lado favorable es imaginar la línea en el espacio y compararla con la dirección del viento. En la figura 28, el extremo lado comité es el favorable.

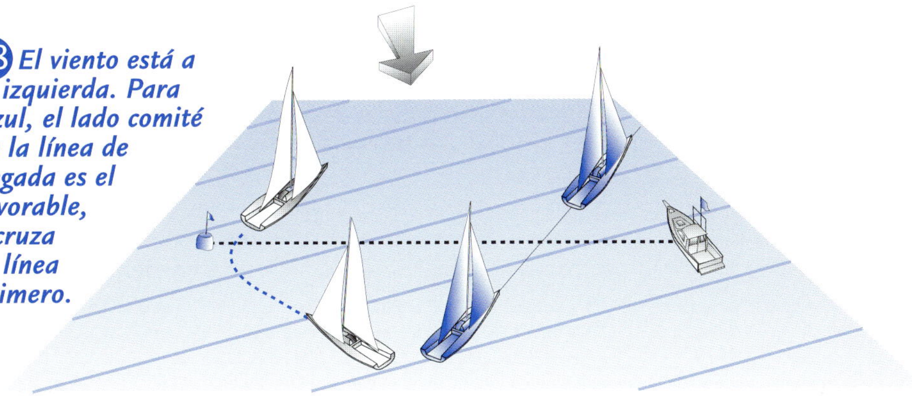

28 *El viento está a la izquierda. Para Azul, el lado comité de la línea de llegada es el favorable, y cruza la línea primero.*

En la figura 29, el extremo lado boya es el favorable. La dirección del viento puede ser estimada con la ayuda de varios indicios. Observamos las banderas que ondean en el barco-comité y en la boya, o la mediana entre el rumbo seguido por dos competidores en ceñida que navegan en bordos opuestos.

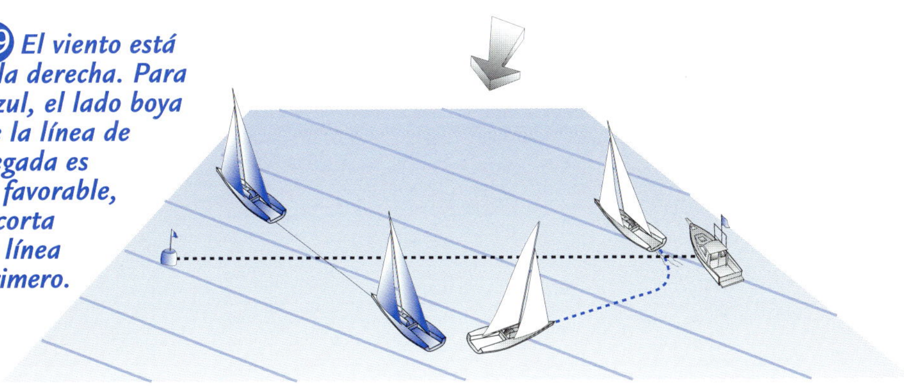

29 *El viento está a la derecha. Para Azul, el lado boya de la línea de llegada es el favorable, y corta la línea primero.*

CAPÍTULO 18 - EL RECORRIDO COSTERO

18.1 - Sabed ser pacientes y oportunistas 274

18.2 - Aprovechad la ola de un competidor más rápido 276

18.3 - No permanezcáis en la ola de un competidor más lento 277

18.4 - ¿Existe una posición favorable navegando mar adentro? 277

18.5 - La estrategia para varios días 278

CAPÍTULO 18:

Dejemos el escenario de una regata entre dos o tres boyas para hacer navegación de altura. En un recorrido costero, las mangas de ceñida y de portante pueden analizarse de la misma forma. En cambio, este tipo de recorrido generalmente induce a bordos a un descuartelar o a un largo. Éstos requieren un estudio particular. Explicación.

ESTRATEGIA

18.1. SABED SER PACIENTES Y OPORTUNISTAS

Todos los grandes principios que hemos estudiado en los capítulos precedentes son aplicables a un recorrido costero para las mangas de ceñida y las de viento en popa.

La gran diferencia está en las mangas a un descuartelar o a un largo, donde todos los barcos se siguen sin poder adelantarse; las «carreras de caballos de madera», en la jerga de los regatistas. Las oportunidades para adelantar a un competidor no son frecuentes.

El objetivo consiste generalmente en hacer la ruta más directa esperando que los adversarios cometan un error. Los campeones son pacientes. No van a intentar opciones extremas a sotavento o a barlovento de la flota: en general, estas opciones se saldan con varias esloras perdidas en la siguiente marca. Siguen con calma el tren de barcos, esperando que alguno cometa un error.

En grandes regatas, es posible que pasemos varias horas, incluso días, borda con borda, esperando una oportunidad. Entonces, el elemento que prima es el diferencial de velocidad. Los trimadores deben intervenir permanentemente para adaptar las velas a la fuerza del viento, a su dirección y al estado de la mar.

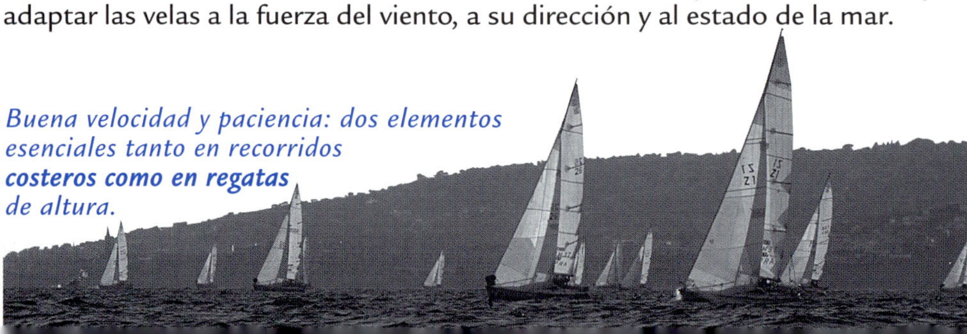

Buena velocidad y paciencia: dos elementos esenciales tanto en recorridos ***costeros como en regatas*** *de altura.*

► *Preparar bien el recorrido*

La regla básica consiste en preparar bien el recorrido. El navegante o el táctico deben conocer todos los rumbos, teniendo en cuenta la corriente. Anticipará igualmente la elección de las velas para la manga siguiente: génova o spi, por ejemplo. Podemos incluso pensar con dos mangas de anticipación en el caso del cambio de una vela. Entonces, es útil decirle al tripulante de proa con qué driza izará la vela de proa, a fin de facilitar el cambio que vendrá más tarde. Antes de la salida de la regata, no hay que dudar en organizar un briefing con la tripulación; esto permite que todo el mundo imagine y prevea mejor las conductas que se tendrán y las maniobras que se harán. Con tripulación reducida, podremos anotar en la bañera los diferentes rumbos del recorrido sobre un adhesivo tipo Vileda.

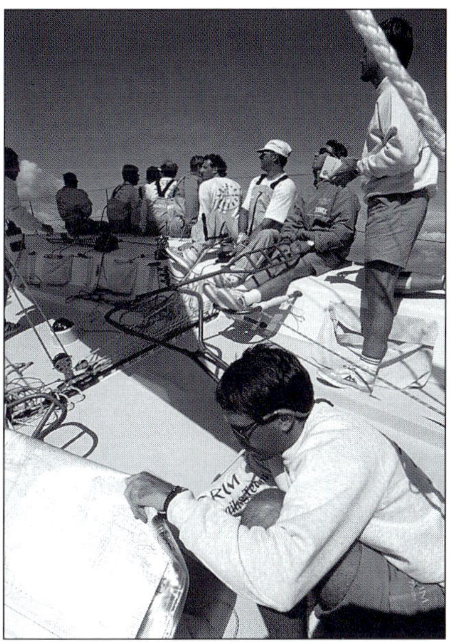

En las regatas de altura –aquí la Admiral's Cup–, lo imperativo es una buena preparación de la navegación. Observad que, para proteger la carta, el navegante utiliza una bolsa impermeable, que permite afinar la navegación y la estrategia permaneciendo en la bañera sin riesgo de mojar los papeles.

► *Implicar a la tripulación en la estrategia*

Durante los largos bordos de ceñida o al descuartelar, la concentración de una parte de la tripulación en la banda suele disminuir. Es en esos momentos cuando podemos perder o ganar unos puestos preciosos.

Aparte del hecho de que es posible que los tripulantes no indispensables se tomen un descanso, para el táctico y el navegante es esencial informar lo más frecuentemente posible a toda la tripulación de la reactualización de la estrategia. Después de cada balance estratégico, anunciad a todo el mundo lo que vais a hacer, preguntad a los trimadores acerca de sus sensaciones, a los tripulantes de proa sobre el timing de una maniobra que se hará próximamente; en resumen, ¡implicad a toda la tripulación! Nunca lo repetiremos bastante: la comunicación a bordo de un barco en regata es un eslabón indispensable del éxito, y esto no debe estar reservado a los recorridos en una bahía y los olímpicos.

Finalmente, todo el mundo tiene necesidad de descanso... incluido el táctico. Una perfecta lucidez es esencial para tomar las buenas decisiones al final de la noche, a media marea o en el paso anunciado de un frente. Cuando las cosas parecen más bien claras, no dudéis en delegar vuestra función en un tripulante fresco el tiempo necesario para recuperaros. Además, éste es un excelente sistema para responsabilizar a aquellos que tienen cierta sensibilidad por la táctica-estrategia.

A imagen de Paul Cayard, ganador de la Whitbread 1997-1998 con EF Language, los regatistas puros salidos de la vela olímpica y de la Copa América aplican desde ahora una nueva forma de navegar, construyendo estrategia y táctica tanto en etapas largas como en recorridos costeros.

ATAQUE

18.2. APROVECHAD LA OLA DE UN COMPETIDOR MÁS RÁPIDO

Navegar detrás de un barco más rápido (a barlovento o a sotavento) permite planear sobre su ola y beneficiarse así de un apreciable incremento de velocidad.

Cuando un competidor más lento tiene tendencia a molestar, sobre todo no hay que dudar en abatir o, como aquí, orzar, a fin de librarse para proseguir la ruta sin perder terreno inútilmente.

PASIVIDAD

18.3. NO PERMANEZCÁIS EN LA OLA DE UN COMPETIDOR MÁS LENTO

Inversamente, hay que evitar a toda costa permanecer en las olas de un competidor más lento. Suele ser difícil salir de ese tren de olas. La única maniobra consiste en orzar o abatir sensiblemente para librarse de ellas. A menudo, de noche, por una falta de lucidez debida al cansancio, nos dejamos «adormecer» por un competidor cercano más lento. De ahí la importancia que toda la tripulación pueda descansar por turnos, para seguir incidiendo.

COLOCACIÓN

18.4. COLOCARSE BIEN A UN LARGO

▸▸ PREGUNTA A LOS REGATISTAS

¿Existe una posición favorable a un largo?

De todos los regatistas que hemos preguntado, sólo **Philippe Presti, Maud Herbert** y **Thierry Péponnet** piensan que no existe posición favorable a un largo. Aquí también, las opiniones difieren.

Michel Desjoyeaux considera que está en una posición favorable «en la ola del barco de proa y a barlovento de él».

Para **Luc Pillot**, «sin estar desventado, la posición favorable permite mostrar a los barcos de proa y de popa que estáis atentos, ¡pero sin veleidades de orzar como un animal!».

Nicolas Hénard confirma «que a un largo cerrado, hay que defender siempre el barlovento», mientras que para **Bertrand Pacé**, «es a sotavento donde hay que atacar, exactamente como en ceñida.»

Nicolas Hénard, doble campeón olímpico de Tornado.

Para **Marc Bouët**, la posición favorable a un largo es a barlovento en el 90% de los casos: «Por regla general, no toleréis un adelantamiento por barlovento. Un paso por sotavento sólo es posible si el viento es débil, si el bordo es abierto (más de 135°) y si la corriente empuja a barlovento».

Finalmente, para **Christine Briand**, «la posición favorable a un largo es sobre la ola de un barco más rápido».

REGATA DE ALTURA

18.5. LA ESTRATEGIA PARA VARIOS DÍAS

Los navegantes del Figaro, las regatas transatlánticas, la Whitbread o la Vendée Globe deben ser también finos meteorólogos. Y la mayoría de los tácticos añaden a su preparación una formación regular en meteorología.

Con la ayuda de herramientas muy eficientes (ficheros de viento, programas de *routage*,[1] cartas meteorológicas por fax, fotos de satélites...) y por medio de la informática embarcada, deben definir una estrategia a largo plazo (4 días y más), a medio plazo (de 1 a 4 días) y a corto plazo (para el día).

1. Es un término francés aceptado mundialmente que define la técnica de trazar la mejor ruta teniendo en cuenta las particularidades del barco y la previsión meteorológica. *(N. del T.)*

Destaquemos también que, en pruebas que incluyen un recorrido costero o en las etapas del Tour de Francia a vela por ejemplo, la estrategia a corto plazo (para la jornada) puede ser decisiva.

Tomemos un ejemplo simple y conocido: saliendo del extremo de la Bretaña, el navegante y el táctico deben atravesar el golfo de Vizcaya. Veamos a qué problemas deben enfrentarse (caso estratégico elaborado con la complicidad de Jean-Yves Bernot).

► *Estrategia a largo plazo* *(figura 1)*

La decisión compromete la ruta para los próximos tres días. Con relación a la situación meteorológica (presencia de una depresión *D*), ¿es mejor escoger un rumbo al oeste *(1)*, a fin de tocar rápidamente vientos portantes que seguirán al frente, o vale más echar bordos de ceñida hacia el sur *(2)*, esperando tocar un nuevo sistema meteorológico más favorable?

Ésta es toda la estrategia que se debe aplicar y adaptar en función de la meteorología y los objetivos.

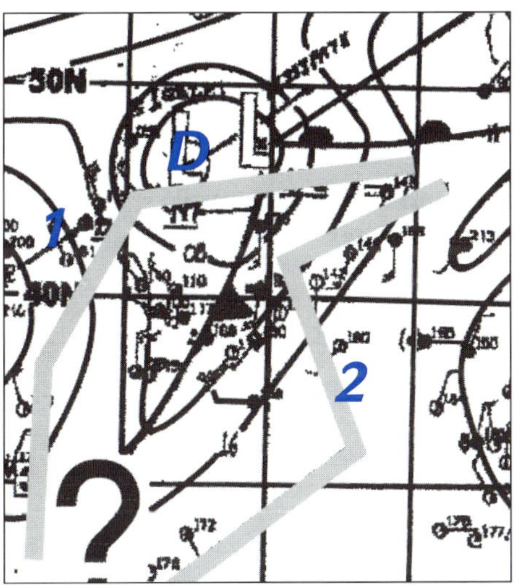

1

Toda la dificultad consiste en escoger una estrategia: ¿ir a buscar vientos portantes al oeste, o hacer bordos para ganar en el sur? ¡Eterno dilema!

► *Estrategia a medio plazo* *(figura 2)*

La decisión compromete la ruta para las próximas 24 horas.
¿Hay que arriesgarse a alejarse 50° de la ruta para ir a buscar vientos portantes del noroeste detrás del frente? ¿Qué debemos hacer si el frente acelera su avance? ¿Y si lo aminora?

Gracias a sus conocimientos de meteorología y a su experiencia, el táctico sabe que, entre ***A*** y ***B***, la ruta *2* será mejor si el frente se desplaza lentamente. Irá a buscar el nuevo viento.

En cambio, si el frente se desplaza rápidamente, la ruta *1* será mejor, ya que el nuevo viento llegará más deprisa.

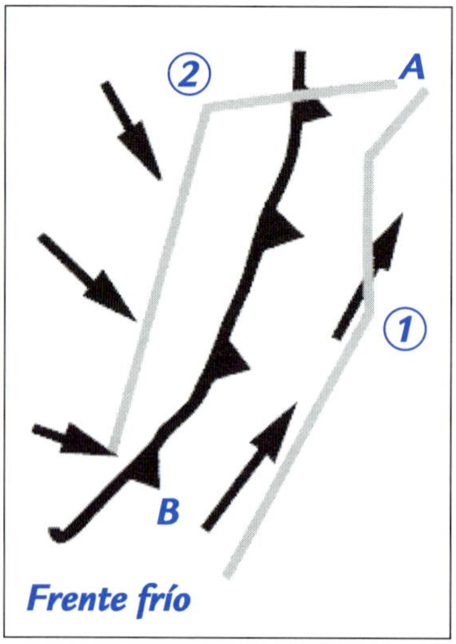

2

Según la velocidad de desplazamiento del frente frío adoptaremos una estrategia diferente: ruta 1 en ceñida para coger un nuevo viento si el frente va deprisa, ruta 2 en portante si el frente va despacio.

► *Estrategia a corto plazo* (*figura 3*)

El problema es saber ahora cómo optimizar la ruta del día, utilizando de la mejor manera las roladas del viento y las condiciones metorológicas locales encontradas.

En función de lo que indican la electrónica y las polares del barco, el navegante escogerá una ruta en forma de sinusoide (orzando y abatiendo) más que una rectilínea, a fin de aprovechar bien estas variaciones de viento.

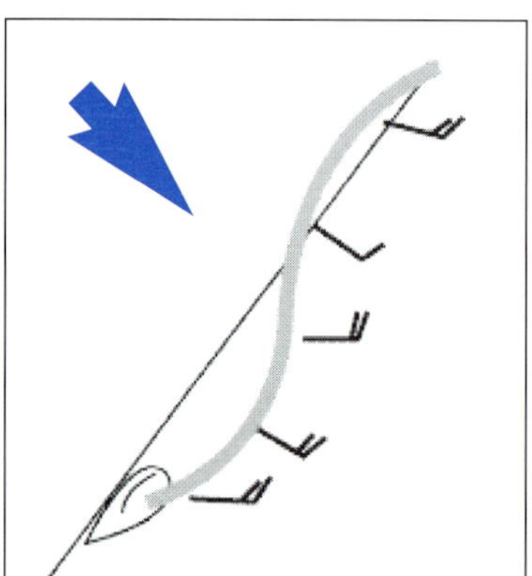

3

La estrategia consiste en seguir las variaciones del viento, tanto en dirección como en fuerza. Hay pues que evitar a toda costa ir demasiado recto, ¡incluso a un largo!

Aunque aparentemente la situación es sencilla, vemos que en principio el navegante y el táctico deben decidir entre tomar la ruta oeste y la ruta sur para los tres próximos días.

Después tendrán que escoger entre alejarse del punto al que deben llegar (cabo Finisterre) o hacer una ruta más abajo, pero en función del desplazamiento del frente en las próximas 24 horas.

Son sus conocimientos y el estudio de las cartas meteorológicas lo que les permitirá evaluar el riesgo, y después decidir.

Finalmente, para la jornada, van a decidir aprovechar las mínimas variaciones del viento, privilegiando el rendimiento con relación a los ábacos, para ir lo más deprisa posible sin por ello alejarse del rumbo perseguido... ¡Nada fácil!

La estrategia en regatas de altura debe integrar por igual la gestión de las maniobras y los reglajes, como aquí en el monocasco de 60 pies Open PRB de Michel Desjoyeaux, vencedor de la Vendée Globe 2000-2001, y el tiempo pasado en la mesa de navegación, como Bernard Gallay a bordo de Voila.fr en la misma Vendée Globe.

CAPÍTULO 19 - RECLAMACIONES; FRENTE AL JURADO

19.1 - No menospreciéis el reglamento ni al jurado 284
19.2 - Frente al jurado 290

CAPÍTULO 19:

Ser el primero en el agua no siempre basta. Efectivamente, la regata puede definirse tiempo después de haber acabado, sobre el «tapete verde», en la sala del jurado. Casi siempre los campeones prefieren evitar esta confrontación, ya que nunca se puede estar seguro del resultado. Dicho esto, ya sea que pongamos una reclamación o que debamos explicarnos ante el jurado, es importante observar ciertas reglas.

TAPETE VERDE

19.1. NO MENOSPRECIÉIS EL REGLAMENTO NI AL JURADO

Evidentemente, la primera cualidad de un buen regatista es conocer las reglas de la ISAF. La segunda, es saber hacerse respetar en el agua; de este modo, se evita el tener que defenderse frente al jurado. Anotad enseguida el siguiente punto: hay muchas menos reclamaciones en los grandes campeonatos que en las regatas locales o de clubes.

Si, a pesar de todo, debéis presentaros frente al jurado, he aquí algunos consejos básicos ignorados demasiado a menudo...

- Preparad bien vuestro ataque, o vuestra defensa.
- Pedid una copia de la reclamación antes de la instrucción, para poder estudiarla a fondo; esto es fundamental.
- Desarrollad un argumentario preciso y bien construido.
- Aseguraos un testigo fiable para apoyar vuestra demostración, sobre todo si vuestro adversario directo presenta uno. Escogedlo bien: más vale tener pocos testigos que mantengan el mismo discurso que vosotros y que conozcan las reglas, antes que

Es muy común que los regatistas principiantes confundan jurado y comité de regata. Este último no juzga las reclamaciones, sino que está a cargo de la puesta en escena y de la organización de la regata.

demasiadas personas que se van a contradecir y os harán perder crédito. Thierry Péponnet, reputado por su rigor, tanto en su condición de táctico en el agua como frente a las reclamaciones, resume bien el comportamiento que se debe adoptar: «Ser educado, saber callar y escuchar, y utilizar los argumentos del adversario o de los testigos».

• Leed regularmente el Reglamento de regatas. No es necesario saber los números de las reglas, pero hay que tener todas las situaciones tipo en la cabeza, a fin de poder anticipar y reaccionar a tiempo en el agua.

Los regatistas profesionales pasan numerosas horas con consejeros en reglamento estudiando casos complejos. Sin llegar a esto, un estudio en profundidad del libro de Bernadette Delbart, Reglas de regata, y del Caso ISAF, interpretación de las reglas de regata, ambos editados por la Federación Francesa de Vela, es indispensable para estar cómodos frente a una reclamación y delante del jurado.

• Por último, intentad ante todo resolver amistosamente la situación, incluso cuando el reglamento os dé la razón, y sobre todo si el adversario no es peligroso en la clasificación general. Evitaréis así largas horas de espera y de estrés, que son perjudiciales para la regata del día siguiente, y de esta forma podréis ganar el reconocimiento de un adversario.

El jurado: una institución poco conocida y en plena evolución

Seamos honestos, el jurado no siempre tiene buena prensa entre los regatistas, sobre todo entre quienes regatean de forma ocasional. A menudo son percibidos -erróneamente- como policías, cuyo único fin es castigar duramente aplicando el reglamento al pie de la letra. Algunas tripulaciones principiantes, poco hechas a los reglamentos, limitan a menudo el rol del jurado al de supervisor, es decir, de procurador, para rellenar o aspirar a un «parte amistoso» en un contacto entre barcos que ha provocado roturas. ¡No es el caso ni mucho menos! Los que no son especialistas de la regata tienen una percepción errónea del jurado, fruto del desconocimiento.

Es cierto que durante largo tiempo, los miembros de esta institución han procurado ser vistos como unos «señores», hombres de cierta edad, con chaqueta azul y corbata, muy estrictos en la forma que la organización del campeonato los acogía, y algunas de cuyas decisiones no iban siempre en la línea de la equidad deportiva. Las cosas han cambiado, sobre todo gracias al claro rejuvenecimiento de los cuadros, aunque, en el ánimo de numerosos regatistas franceses, el jurado se sigue percibiendo en primer lugar como un representante de FFV.[1] Los clichés tienen larga vida...

El jurado aún no forma parte de la familia de regatistas, al contrario que el comité de regata, con quien existe cierta complicidad.

El discurso de Bernard Bonneau, reputado juez internacional, a cargo de la reglamentación y del arbitraje de la FFV, y que ha integrado el sacrosanto «Rules Comittee» de la ISAF, va al encuentro de estas ideas recibidas «Si bien el jurado continúa siendo algo enigmático para los regatistas noveles, y un lugar que no se debe frecuentar para los regatistas más veteranos, los regatistas de alto nivel consideran que el jurado debe hacer que se aplique el reglamento para que haya una perfecta equidad en el deporte de la regata».

Luc Pillot, Jean-Yves Le Deroff, Thierry Péponnet y Nicolas Hénard: los campeones olímpicos de Seul.

Actualmente, la función del jurado sobrepasa ampliamente el cuadro de la sanción pura, y si los anglosajones -que tienen una verdadera cultura en este ámbito- no disocian el jurado de la regata (¡lo que no significa que ello no implique efectos perversos!), hay que reconocer que las cosas han evolucionado mucho en Francia. Aparte de los problemas ligados a la lengua (inglesa, lógicamente), los regatistas franceses han trabajado mucho en este ámbito y actualmente se las arreglan francamente bien frente al jurado.

Una anécdota reveladora

La anécdota que sigue -dolorosa y reveladora del choque de culturas para nosotros, los franceses- sin duda no se reproduciría en la actualidad. Fue en la Copa del mundo de match-racing en Cannes, 1986.

1. Federación Francesa de Vela. *(N. del T.)*

En match-racing –aquí a bordo del France 2-3 durante la Copa América–, es el táctico quien, con la ayuda de una bandera roja y amarilla, reclama contra el adversario... pero debe esperar la decisión de los árbitros.

Los barcos, Selection, eran proporcionados por la organización y sorteados cada mañana. Henos aquí poco antes de una regata de calificación para la final.

Aparejando la mayor en nuestro barco, gobernado por Marc Pajot, nos damos cuenta de que falta el grillete del puño de escota. De la caja de herramientas que siempre llevamos a bordo, sacamos un grillete de recambio y aparejamos la vela. Ganamos esta decisiva regata delante del neozelandés Chris Dickson... y después observamos que cruza la línea de llegada con la bandera «B» izada.

Cuál no será nuestra sorpresa, de vuelta en tierra, que efectivamente presenta reclamación por «¡grillete no conforme a la regla!».

Tan seguros estamos de nuestra cicunstancia –de todas formas en el barco no había grillete–, que preparamos nuestra defensa de forma un poco desenvuelta. Lo que nos vale ser descalificados por los Kiwis ¡por grillete 20 milímetros más corto!

Dickson había visto que hacíamos algo antes de la salida y que el punto de escota de la mayor sobrepasaba la marca negra de medición pintada en la botavara. Cuestión reglamento, irrefutable. Cuestión deportividad, menos evidente: el barco que nos había tocado en suerte les había tocado a ellos el día antes...

Esta experiencia muestra de forma patente el abismo que puede existir entre las mentalidades latina y anglosajona. Estaba claro que antes de la salida deberíamos haber llamado al jurado para indicarle que en nuestro barco faltaba el grillete del puño de escota.

Actualmente, franceses de gran competencia y mentalidad abierta como Gérard Bossé, Patrick Diebolt, Philippe Gómez o Bernard Bonneau –por no citar más que a algunos–, han adquirido una verdadera legitimidad en el plano internacional. Además, son invitados con regularidad para actuar como jurados o como árbitros en las más grandes pruebas (campeonatos mundiales disputados en el extranjero, Semanas olímpicas, etc.), ¡y por los ingleses! Bernard Bonneau lo reconoce: «El trabajo de fondo efectuado por la FFV, vía los consejeros técnicos regionales, los entrenadores y los regatistas, da sus frutos. El mejor conocimiento del Reglamento de regatas de la ISAF y de la función de un jurado ha cambiado la percepción de los regatistas...».

Ejemplo concreto: el pumping en las regatas de flota. Ahora que las infracciones a la regla 42.2 son juzgadas y castigadas en el agua, no es raro que dos adversarios, en cabeza y borda con borda, hagan pumping en las olas con total complicidad... a espaldas del jurado, rehuyendo discretamente la compañía del grueso de la flota, que en ese instante está vigilada de cerca por los árbitros.

En el más alto nivel, y sobre todo en el circuito mundial de match-racing, los regatistas tienen un conocimiento tan preciso del reglamento que lo integran totalmente en su estrategia.

Aún falta considerar la extrema dificultad del arbitraje en el agua, sobre todo en match-racing.

Su evolución parece a veces arriesgada: «Los pocos regatistas de la élite mundial de match-racing que jalonan los torneos prestigiosos son siempre seguidos por los mismos árbitros, explica Bernard Bonneau. Su excepcional conocimiento del reglamento, que integran totalmente en la estrategia, junto con un perfecto dominio de la maniobra y un singular sentido de la anticipación, les permiten realizar complejos golpes tácticos que sólo los árbitros que les siguen durante largos años están en disposición de juzgar adecuadamente. Los campeones que juegan siempre con un ligero adelanto sólo pueden ser arbitrados por un jurado que él también sepa anticipar. Además, los grandes especialistas del match-racing -Coutts, Gilmour, Baird, Pacé, Law o Cayard- ejercen un verdadero impacto psicológico sobre el jurado cuando en las eliminatorias se enfrentan a adversarios peor clasificados. Este "coleguismo" de alto nivel cierra la puerta a los regatistas y a los jueces árbitros menos aguerridos».

La gran dificultad del arbitraje directo en el campo de regatas es la de juzgar inmediatamente la reclamación, ¡incluso en las fases más delicadas de la regata!

Incluso se puede agregar que, durante la Copa América o en los campeonatos del mundo, los mejores timoneles dan prioridad a una estrategia específica en función de los árbitros que han aprendido a conocer.

Saben por ejemplo que se puede probar determinada opción táctica sin correr demasiado riesgo de penalización. «De la misma, el desfase creado por esta élite no es demasiado sano. Paradójicamente, el arbitraje en el agua, si bien ha permitido evitar las largas tardes frente a un jurado, no ha aportado todo lo que se esperaba de esa instancia», resume Bernard Bonneau.

Los tres consejos de Bernard Bonneau

• **No consideréis que las reglas de regata** son útiles frente a un jurado, sino que son fundamentales para regatear en el agua.

• **Comprended bien** que el único medio que tiene el jurado para determinar si se equivoca o tiene razón, es establecer los hechos... es decir, disponer de la verdad.

• **¡No mintáis!** Aquel que empieza a encerrarse en una defensa de falsedades debe ser absolutamente consciente de que cuanto más tiempo pase, más arriesga. Rechazar el funcionamiento de un jurado, es rechazar un sistema de equidad deportiva.

Bernard Bonneau, árbitro internacional y miembro del Racing Rules Comittee de la ISAF.

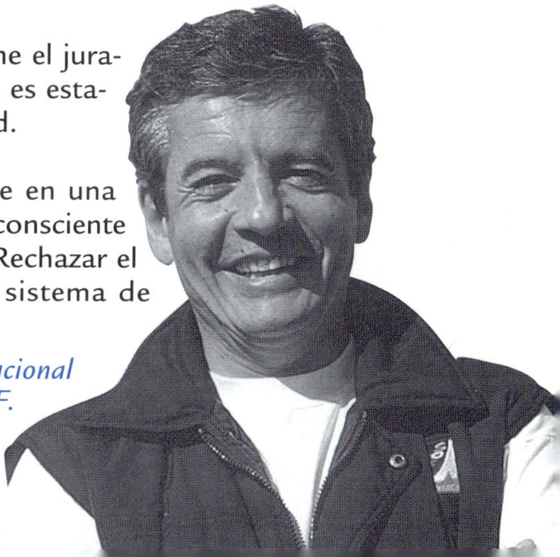

RECLAMACIONES

19.2. FRENTE AL JURADO: CLARIDAD Y CORTESÍA

¡Sin miedo! No estáis frente a un tribunal de lo criminal... El jurado está ante todo para velar por la equidad deportiva en la regata, no para reprender a cualquier precio. Id tranquilos pero sed puntuales, seguros de vosotros mismos sin dejar de ser corteses.

CONSEJOS DE LOS CAMPEONES

Las tres cualidades esenciales frente a un jurado

► **Jean-Yves Bernot.** «Conocer las reglas de la ISAF; hacer un relato preciso; estar convencido de la propia argumentación. Y agrego una cuarta, a veces muy útil: ¡tener notoriedad!»

► **Michel Desjoyeaux.** «Tener testimonios fiables que vayan a decir lo mismo que vosotros; hablar con claridad; conocer bien las reglas.»

► **Christine Briand.** «Ser educado, claro y tranquilo; analizar la defensa del otro buscando sus debilidades; ser persuasivo y decidido.»

► **Bertrand Pacé.** «Ser competente y riguroso; tener un testigo que cuente la misma historia que vosotros; conocer el reglamento.»

► **Franck David.** «Estar seguro de vuestra defensa (testigos, reglas...); repetir claramente los hechos; presentar un dosier con un esquema explícito.»

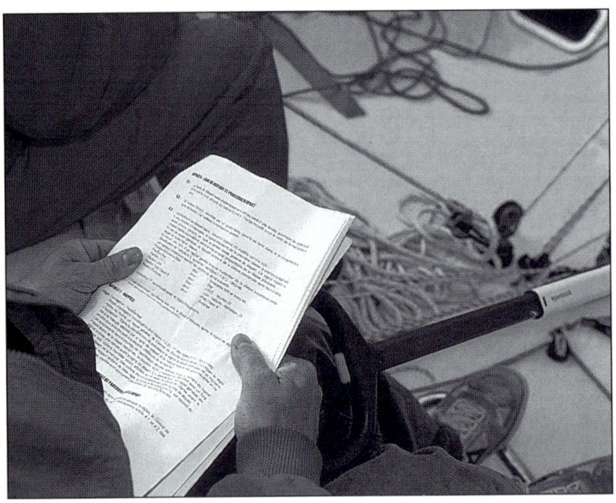

No esperéis a haber regresado a tierra: aprovechad la navegación hacia el puerto para preparar vuestra reclamación (ataque o defensa) utilizando si es necesario las reglas de la ISAF o, como aquí, las Instrucciones de regata.

► **Bertrand Chéret.** «Ser educado, claro y preciso.»

► **Marc Bouët.** «Ser claro y preciso; plantear las buenas preguntas al adversario; estar seguro de uno mismo y de tener la razón...»

► **Luc Pillot.** «No olvidar la sencillez; no estar demasiado relajado ni demasiado nervioso; dominar bien el procedimiento que sigue el jurado, para poder anticipar.»

► **Luc Gellusseau.** «Conocer el reglamento; preparar bien la reclamación (ataque o defensa); no perder la cortesía.»

► **Nicolas Hénard.** «Ser honesto; ser metódico; saber escuchar.»

► **Christophe Auguin.** «Conocer las reglas; ser claro y preciso en la explicación del caso juzgado; ser corteses.»

Christophe Auguin, vencedor de dos BOC Challenge y de la Vendée Globe 1996-1997.

Los tres defectos fundamentales que se deben evitar frente a un jurado

► **Luc Pillot.** «Dar demasiados argumentos y explicaciones que acaban perdiendo peso; ¡llegar frente al jurado pensando que la causa está clara!»

► **Christine Briand.** «Estar nervioso, ser maleducado y perder la sangre fría.»

► **Philippe Presti.** «Acudir al jurado demasiado a menudo y por cualquier razón (no se va frente a un jurado para aprender las reglas; esto no les gusta demasiado); tener un discurso agresivo y confuso (sobre todo si se tiene razón); reclamar contra el comité de regata (son colegas y suelen apoyarse a menudo...).»

► **Marc Bouët.** «Ser desordenado en la vestimenta, en la reclamación escrita (escritura casi ilegible y dibujo mal hecho) y en las palabras; cambiar de parecer o de posición; mentir o dar falso testimonio.»

► **Bertrand Chéret.** «Haber anotado mal la posición de los barcos en el momento del incidente (sobre todo los que no están implicados, pero pueden ser testigos); no insistir a los testigos para que estén presentes; dejarse llevar fuera de los hechos farfullando el reglamento.»

► **Luc Gellusseau.** «Desconocer el reglamento, no preparar la reclamación (ataque o defensa), ser maleducado.»

► **Michel Desjoyeaux.** «Temblar farfullando, recurrir a testigos mal colocados en el agua y ponerse nervioso por ser mal jugador (¡la regata es un juego!).»

► **Jean-Yves Bernot.** «Dejarse llevar, tomar al jurado por incompetente (aunque a veces sea verdad...), subestimar el ataque del adversario.»

► **Bertrand Pacé.** «Contradecirse, cometer un error de conocimiento de las reglas, mentir.»

Bertrand Pacé, skipper de 6e Sens en la Copa América 2000.

Cómo comportarse delante del jurado

► **Luc Pillot.** «Ante todo, ¡no hay que ir! No se ganan las regatas frente a un jurado; se hacen enemigos y se pierde el tiempo. Cuando estéis obligados a ir, cuidad vuestra preparación, preparad vuestras preguntas y, sobre todo, procurad tener la reclamación de vuestro adversario.»

► **Maud Herbert.** «¡No os dejéis impresionar!»

► **Thierry Péponnet.** «Llevad una vestimenta correcta, hablad clara y lentamente, jugad limpio y remitios textualmente a la regla lo más a menudo posible.»

► **Christophe Auguin.** «Verificad la reclamación dos veces mejor que una, identificad claramente la o las reglas puestas en duda y, sea cual sea la decisión del jurado, no olvidéis la cortesía: ¡corréis el riesgo de encontraros otra vez con sus miembros en cualquier otra regata!»

► **Bertrand Chéret.** «Sed honestos, ya que la verdad acaba sabiéndose; ¡lo contrario también!»

► **Franck David.** «Al principio, haceos ayudar por vuestro entrenador o un amigo experimentado para preparar vuestro dosier de reclamación.»

► **Marc Bouët.** «Reconstruid correctamente la situación sobre el papel.»

► **Nicolas Hénard.** «Preparad vuestra reclamación con alguien que sepa e intentad comprender bien la versión de vuestro adversario.»

► **Bertrand Pacé.** «¡Id lo menos posible! Es una pérdida de tiempo y a menudo queda como algo aleatorio.»

► **Christine Briand.** «Pedid primero las copias de las reclamaciones y llevad las reglas de la ISAF con vosotros. A menudo es apreciado.»

► **Philippe Presti.** «Estoy en mala posición para hablar del jurado, ya que no he ido practicamente nunca (en Finn, las infracciones se resuelven en el campo de regatas ¡o en el bar!).»

► **Michel Desjoyeaux.** «No dudéis en pedir consejo a regatistas experimentados antes de ir delante del tapete verde, no interrumpáis al adversario o a un miembro del jurado cuando estén hablando.»

► **Jean-Yves Bernot.** «Preparad bien vuestro asunto, incluso y sobre todo si parece estar "en el saco". Respetad a vuestro adversario... ¡o al menos dad esa impresión!»

► **Loïck Peyron.** «Sed claros, precisos y leales.»

Loïck Peyron, vencedor de la Ostar en 1992 y 1996 y de la Transat Jacques Vabre 1999: un campeón simpático, leal y apreciado por los jurados.

CAPÍTULO 20 - LA IMPORTANCIA DE LO MENTAL EN REGATAS

20.1 - Preparación mental; un trabajo muy personal 296

20.2 - La influencia psicológica 302

CAPÍTULO 20:

Sean cuales sean la prueba, lo que esté en juego y el nivel técnico de cada uno, el aspecto mental y psicológico es fundamental. Cada uno tiene su forma personal de manejar lo que está en juego, el estrés o la presión. Una cosa está clara: hoy en día los campeones también trabajan este aspecto esencial de la regata. He aquí cómo...

PSICOLOGÍA

20.1. PREPARACIÓN MENTAL; UN TRABAJO MUY PERSONAL

Son pocos los grandes navegantes solitarios que no sufren mareo la primera noche de regata... Son pocos los grandes campeones que no tienen manifestaciones de estrés antes de una gran cita. Algunos conviven con él, otros tienen necesidad de este estímulo. Algunos están apenas sometidos a él, o no lo demuestran. Todos los campeones que hemos preguntado tienen su propio método, sus «rituales» a veces. Esto queda en lo personal, es decir, lo íntimo. La mayor parte recurre a la visualización mental (conjunto de imágenes que representan hechos, situaciones...), la sofrología (método que intenta dominar las sensaciones de estrés, de malestar psíquico mediante una técnica de relajación cercana a la hipnosis), la relajación (disminución progresiva de la tensión)...

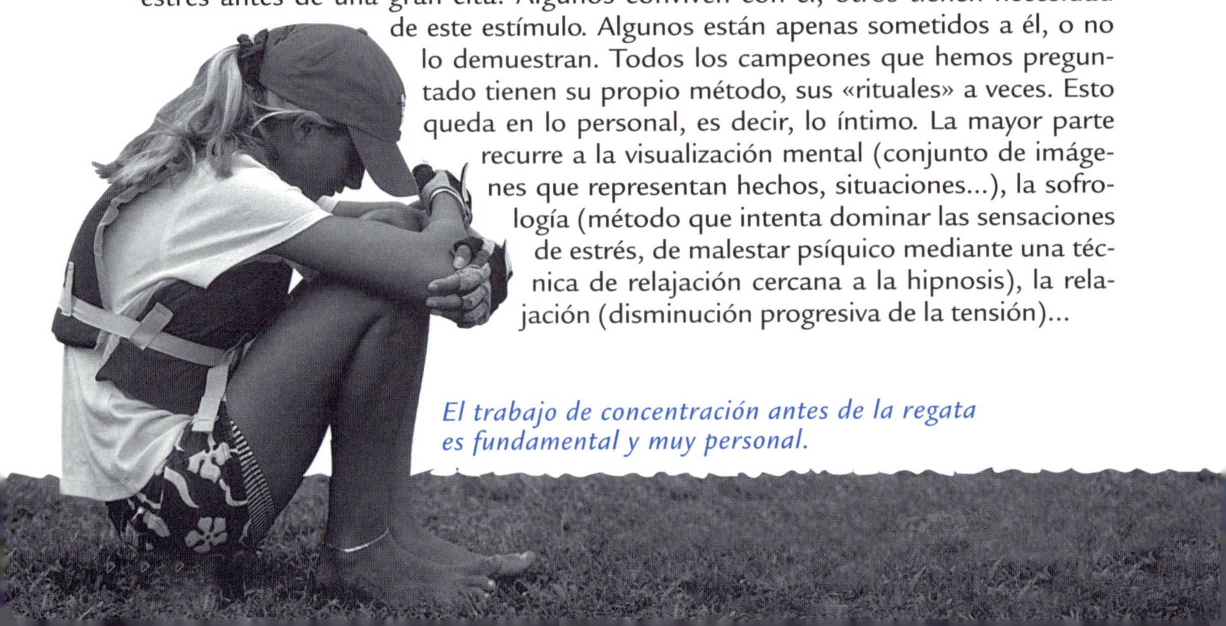

El trabajo de concentración antes de la regata es fundamental y muy personal.

Una cosa está clara: la preparación mental es esencial para el éxito en regata, tan importante como una buena elección táctica o una maniobra bien anticipada. No obstante, a menudo es subestimada, por no decir, francamente olvidada. Es cierto que no hay una receta: este trabajo personal es propio de cada uno, en función de sus necesidades.

ESTADÍSTICAS REGATISTAS

¿Cómo prepararse mentalmente antes de una regata?

Cada uno tiene su manera de prepararse antes de la regata. Este regatista de Optimist, más bien relajado, empieza alimentándose mientras va a la zona de salida.

► **Jean-Yves Bernot** utiliza la visualización mental y prioriza la conversación que permita dar confianza a la tripulación.

► **Michel Desjoyeaux** prefiere la relajación: «Si no lo consigo, me mantengo ocupado sin presionarme a fin de ocupar el espíritu sin saturar el cuerpo».

► **Alain Gautier** observa un período de distracción «el mayor tiempo posible», después se concentra diez minutos antes de la señal de atención.

► **Christine Briand** practica la sofrología; si no, se aísla antes de la regata; o, al contrario, desborda de actividad para olvidar el estrés.

► **Bertrand Pacé** tiene necesidad de aislarse; es un adepto de la relajación, practica la visualización mental y la sofrología.

► Aparte de la visualización mental, la sofrología y el aislamiento, **Nicolas Hénard** necesita tener la impresión de que todo lo hace perfectamente, desde el footing hasta la preparación del barco pasando por el estudio de la meteorología.

► **Maud Herbert** necesita calma y hace sofrología.

► A **Philippe Presti** le gusta aislarse antes de la regata; practica la visualización mental y la sofrología.

► A **Marc Bouët** también le gusta aislarse antes de la salida de una regata, al igual que **Franck David,** quien concreta que para él la respiración abdominal es importante.

► **Luc Gellusseau** procura respetar una rutina, a fin de preparar la salida, conversar de lo esencial y no retrasarse; reconoce que le gusta sacar una o dos «gilipolleces» ¡para ver si todo el mundo le sigue!

► **Bertrand Chéret** practica la visualización mental y la sofrología, y le gusta aislarse.

► Aparte de la visualización mental, antes de una regata **Loïck Peyron** necesita escuchar música a bordo; como Luc Gellusseau, no desdeña bromear.

► **Christophe Auguin** practica la sofrología, la visualización mental y procura informarse bien de la evolución meteorológica.

► **Thierry Péponnet** basa su preparación en la concentración: «Busco la paz interior, la serenidad y la liberación en relación a lo que está en juego».

► Por último, **Luc Pillot,** además de la visualización mental, cumple con cierto número de tareas necesarias; las realiza en un orden inmutable.

CONSEJOS DE LOS CAMPEONES

Cómo prepararse bien desde el punto de vista mental

► **Luc Pillot.** «¡No os disperséis! Tened un ritmo preciso con acciones que haréis regularmente, una especie de ritual. Distribuid bien las tareas para no sobrecargar el espíritu con pequeños problemas.»

► **Maud Herbert.** «No perdáis demasiado tiempo discutiendo en el párking. Más bien verificad vuestro material tranquilamente. Si la espera se prolonga, ¡aprovechad para leer o escuchar música!»

► **Marc Bouët.** «La preparación mental es una constante del éxito en el más alto nivel. Es un aspecto que hay que empezar a trabajar muy pronto; en Francia, tenemos un retraso considerable. Dedicaos pues rápidamente a este trabajo y, para emplearlo, no esperéis a haber alcanzado el más alto nivel técnico.»

► **Thierry Péponnet.** «A cada uno corresponde encontrar sus propias necesidades. Es peligroso confiar todo este aspecto a alguien exterior, a un mentor. Construid vuestro mundo; una especie de burbuja que sea a la vez psicológica, material y física.»

► **Loïck Peyron.** «¡De momento, estad más o menos convencidos de que sabéis hacer avanzar vuestro barco!»

► **Bertrand Chéret.** «Pienso que no hay reglas. Algunos van más allá, otros están paralizados. Con el hábito, podemos aislarnos mentalmente en medio de la agitación. Al principio, no perdáis vuestra energía en discusiones de párking. La puesta en escena de procedimientos inmutables, de los que podemos hacer evolucionar sus etapas en función de las necesidades, me parece un muy buen principio para dar salida a las preocupaciones y concentrarse en el tema.»

► **Luc Gellusseau.** «No tengáis complejos, pero continuad siendo humildes.»

► **Franck David.** «Aprended a conoceros, probad diferentes métodos y tened confianza en vosotros mismos y en vuestro material. La mejor preparación mental es el equilibrio, social, familiar o deportivo. ¡No despreciéis nada y dad caña!»

► **Nicolas Hénard.** «No intentéis cambiar vuestras costumbres de la noche a la mañana. Procurad conoceros mejor ¡y no actuéis contra las leyes de la naturaleza!»

► **Bertrand Pacé.** «Tened confianza en vuestras posibilidades...»

► **Christine Briand.** «Haced todo para que el barco esté listo a tiempo y no os dejéis influir ni molestar.»

► **Jean-Yves Bernot.** «Según mi parecer, la visualización mental es un procedimiento sencillo y eficaz. Intentad imaginar la regata "vista desde el aire"; eso os permitirá desbloquear rápidamente las ideas. Y no dudéis en conversar con dos o tres tripulantes sobre lo que puede pasar en el agua, para anticipar y memorizar situaciones.»

► **Michel Desjoyeaux.** «Decíos a vosotros mismos que la regata no es más que un juego en el que hay que disfrutar y, eventualmente, ¡regresar a puerto por la tarde con la sensación de haber aprendido algo!»

Michel Desjoyeaux es un ejemplo para los jóvenes regatistas.

► **Philippe Presti.** «Preved lo que puede pasar e imaginad las situaciones que pueden presentarse en función de las condiciones. La sofrología permite pasar de la visualización a la sensación, ¡pero os corresponde a vosotros experimentarlo! Cada uno tiene sus trucos, pero lo principal es prepararse para actuar.»

► **Alain Gautier.** «No os rompáis la cabeza inútilmente. ¡La regata es ante todo un juego!»

ANÉCDOTAS

Mental: cada uno tiene su truco

► **Luc Pillot.** «Algunos regatistas son contrarios a cualquier método. He visto que algunos aprovechan la sesión de relajación para hacer una pequeña siesta. ¿Por qué no?

► **Thierry Péponnet.** «En 1984, afrontaba la última regata de los Juegos Olímpicos de Los Ángeles en segundo lugar sin posibilidades de ganar el oro, conquistado ya por el español José Luis Doreste. Con Luc Pillot, lo teníamos todo para perder: ¡la plata y el bronce! Nunca habíamos estado en semejante situación. En el momento de esa decisiva salida, estábamos paralizados. Nos bastó una mala salida y un revolcón en la primera virada para encontrarnos en una situación psicológica inversa: nada que perder y todo por ganar. Pasamos de la décimo quinta posición en la boya de barlovento a la sexta en la llegada, justo lo que hacía falta para asegurar la medalla de bronce. Tomamos entonces verdadera conciencia de nuestras verdaderas posibilidades. Estábamos liberados y transformados, como en un film acelerado.»

Sofrología, relajación o pequeña siesta: todas están recomendadas cuando el viento está caprichoso y la salida se ha retrasado... algo bastante frecuente en las regatas.

► **Bertrand Chéret.** «En la selección para los juegos Olímpicos de Soling, habiendo salido pronto como de costumbre, recuerdo haberme dormido una media hora antes de la salida. ¡Suerte que Bernard y Jean-Yves, mis tripulan-

Cuando los bordos de navegación para llegar a la zona de salida son muy largos, deben ser aprovechados para relajarse y dar salida al estrés, ya sea leyendo o escuchando música... Lo esencial es llegar a la línea de salida perfectamente concentrado.

tes, estabán allí para despertarme! Hay que reconocer que a menudo dormía mal el día anterior a la regata...»

► **Luc Gellusseau.** «Puede parecer curioso, pero no son pocos los timoneles, tácticos o tripulantes que liberan un poco de estrés ¡orinando justo antes de la salida!»

► **Nicolas Hénard.** «Barcelona 1992, en la mañana de la última regata de los Juegos. Yves Loday y yo estamos terceros en la general, con posibilidades de ganar el oro... ¡y de acabar sextos! La regata que hubo a continuación, ideal y casi perfecta -ganamos-, la había imaginado tal cual en una sesión de relajación, en solitario al fondo de un contenedor. ¡Un sueño!»

► **Christine Briand.** «Recuerdo a Robert Nagy, en 1988, cuando estaba en preparación olímpica de tabla de surf en Hyeres, para la Semana preolímpica.

Aprovechad las esperas que impone la meteorología (calma o bruma) para afinar vuestra estrategia, imaginar el escenario táctico ideal o, como este tripulante, para relajaros sobre cubierta.

A veces me quedaba horas en el primer piso del Centro Nacional de Vela, frente al mar, con los cascos del walkman en los oídos, escuchando música...»

► **Jean-Yves Bernot.** «Mumm Admiral's Cup 1993 con el equipo de France Corum. Habíamos cogido la costumbre de hacer "juegos de rol", en el que un "animador" planteaba preguntas a toda velocidad. Esto permitía ver las lagunas con bastante rapidez y adquirir reflejos. Era un espectáculo frecuente, pero raro, hacia las 7 de la mañana, en el Solent, ver tres tipos y gestos extraños con las manos para memorizar situaciones complejas: "Llegas al Royal Yacht Squadron con marea entrante. ¿Hasta dónde vas? ¿Dónde se encuentra el límite de la corriente? ¿Regresas a la casa verde?" Además, permitía "hacer novillos" de la preparación física o el footing...»

► **Michel Desjoyeaux.** «La única presión que deberíamos conocer ¡es la de la cerveza que nos sirven en el bar! En 1992, disponía de un Figaro Beneteau que no estaba considerado como un buen barco. Acabé creyéndomelo, hasta el día que me dije que era un monotipo como los otros, y que ¡era yo el que no sabía hacerlo andar! Y, ese año, me llevé la solitaria del Figaro...»

INTOXICACIÓN

20.2. LA INFLUENCIA PSICOLÓGICA

Era de prever: los regatistas consideran que la influencia psicológica existe, y que incluso desempeña un papel fundamental... ¿Quién no ha tenido tendencia, al menos al principio, a calcar su estrategia de la del barco que dominaba la prueba? ¿Quién no ha virado –aún con derecho de paso– cuando podía cruzar a proa de un barco llevado por un campeón que está ganando en la clasificación general? Los ejemplos son numerosos...

En 1997, durante el Tour de Francia a vela, era sorprendente ver que algunas tripulaciones –aunque estaban muy lejos a popa– hacían las mismas maniobras que el CSC Sun Microsystem, gobernado por Bertrand Pacé (entonces vencedor), ¡en cuanto éste trasluchaba para librarse de un desvente o aprovechar una oscilación!

Esta influencia psicológica se manifiesta a menudo en las pruebas internacionales de match-racing –sobre todo en las salidas–, en las que ciertos campeones llegan a influir, es decir, modificar, las decisiones de los árbitros, ¡con un simple gesto, una mirada o un grito! Chris Dickson, Harold Cudmore, Dennis Conner o Chris Law, por no citar a otros, han ganado un buen número de salidas, de decisiones y de regatas gracias a esta técnica, acompañada de mucho morro e intoxicación.

Sea como sea, la influencia psicológica tiene un papel nada despreciable, sobre todo en ciertas fases de contacto. Conclusión: es esencial, incluso cuando se debuta, no dejarse impresionar ni manejar por regatistas más experimentados.

Además, la influencia psicológica es lo que permite cambiar a voluntad el comportamiento de la tripulación, unas veces defensivo, otras veces agresivo, como durante este duelo de viradas en el campeonato del mundo de 50 pies IOR.

ESTADÍSTICAS REGATISTAS

¿Cómo manejar la influencia psicológica cuando la tienen?

► **Philippe Presti.** «Hay dos formas de manejar esto. La primera, es no dejar ninguna oportunidad, de poner el cerrojo en los controles, de ser agresivo; esto impresiona a algunos y bajan los brazos, pero a mí, ¡más bien suele doparme! La segunda forma, que prefiero, es ser más flexible. Es bastante frustante navegar contra alguien que os da oportunidades (relativas), pero no las podéis aprovechar. No acabáis de entender lo que está pasando; cuanto más marcada es la influencia psicológica, más os respetan las personas...»

► **Michel Desjoyeaux.** «Me ocupo aún más de mi barco y de mí...»

► **Jean-Yves Bernot.** «Durante la regata, varío rápidamente mi comportamiento. Más bien agradable, después francamente agresivo, después otra vez agradable... No conviene que vuestros adversarios puedan anticipar lo que vais a hacer.»

► **Christine Briand.** «Disponer de influencia psicológica me hace confiada (e inversamente), me da más serenidad. Eso me ayuda a imponerme en una baliza, por ejemplo, y me permite aspirar a la "buena colocación" en una salida.»

- **Bertrand Pacé.** «De todas formas, me hago respetar; nunca hay que dudar en reclamar sus derechos en las boyas, por ejemplo.»

- **Nicolas Hénard.** «Presiono a los demás todo lo que puedo y les muestro que mi preparación para la prueba es perfecta. ¡Pero eso exige un gran esfuerzo!»

- **Marc Bouët.** «Para mí, lo mejor sigue siendo confirmar permanentemente esta influencia por medio de los resultados, y es difícil. A menudo esto permite estar más libre en la salida, pero no mucho más.»

- **Franck David.** «Si sé que tengo una influencia psicológica sobre la flota, no lo muestro. No exteriorizar nada constituye la mayor muestra de fuerza...»

- **Luc Gellusseau.** «Generalmente, esta influencia viene de la imagen adquirida mediante un palmarés o unos resultados conseguidos con el binomio tripulación-barco. Apenas se puede manejar, como no sea consiguiendo lo que se supone que debéis hacer. ¡Esto es lo que permite concretar esta ascendencia!»

- **Christophe Auguin.** «Sobre todo, ¡no cambio nada mi forma de navegar!»

- **Thierry Péponnet.** «Cuando estoy delante, intento poner al adversario en una situación en la que sólo pueda hacer lo que yo de verdad deseo. Cuando estoy detrás, aumento las situaciones en las que el adversario esté obligado a tomar una opción, esperando que sea la mala...»

- **Luc Pillot.** «Hay que utilizarla, sobre todo en la salida, para mantener la colocación. A veces, una simple mirada basta. Pero la influencia no significa menosprecio. Ya que el efecto puede ser el opuesto al deseado.»

- **Bertrand Chéret.** «Todos los grandes campeones que conozco tienen una sensibilidad particular. Pienso que sacan su talento y que no puede ser de otra forma. Simplemente, han aprendido a dominar o a no mostrar su fragilidad. Hay que saber mostrarse fuerte, y el otro se debilita.»

El norteamericano Ed Baird, skipper de Young America durante la Copa América 2000: un regatista temible, pero respetado por sus adversarios, como todos los grandes campeones.

ANÉCDOTAS

Influencia psicológica: ¡atención, frágil!

► **Thierry Péponnet.** «En 1984, llegamos a los Juegos como candidatos poco conocidos sin presión, en tanto que en 1988, nos presentamos en 470 como favoritos, ya que eramos campeones de Europa y del mundo. Aquí, había que enfrentarse a la presión y ganar con ella. Con Luc Pillot, cada uno por su lado, habíamos encontrado un equilibrio personal que nos permitía dominarla.»

Incluso al más alto nivel –aquí durante la Admiral's Cup 1993 que, a tenor de las primeras regatas, no tendría que habérsele escapado al italiano Mandrake–, la presión y lo que está en juego pueden llevar a maniobras suicidas... y a terribles colisiones.

► **Luc Gellusseau.** «Temporada 1995 en Mumm 36 con *Corum Watches*. A la vista del rendimiento del barco, es cierto que el rival que nos precedía estuvo presionado rápidamente. A veces, esto le llevaba a tomar decisiones un poco demasiado arriesgadas, ya que podía estar imperceptiblemente convencido de que acabaríamos adelantándole.»

► **Franck David.** «Juegos de Barcelona 1992. Después de una mala primera regata para todos los favoritos, el inglés, campeón del mundo 1991, me hace una señal como diciéndome que está "mosqueado". Yo estaba exactamente como él, pero no se lo demostré y esto me dio nueva vida. En los Juegos, un detalle siempre tiene su importancia.»

► **Marc Bouët.** «En Flying Dutchman, la elección del génova –ligero o medio– a menudo era primordial. Podíamos reconocerlos por el color de la relinga. En tiempos del dominio de Rodney Pattisson, todos habíamos adquirido la costumbre de mirar qué génova ponía él. Y de hacer lo mismo que hacía él. Rodney hizo entonces poner relingas del mismo color en sus génovas. ¡Todo el mundo andaba perdido!»

► **Nicolas Hénard.** «Juegos de Barcelona 1992. ¡La tripulación italiana escoge una vela distinta de la que fabrica y comercializa! Mantenemos el tipo y, en la regata de entrenamiento, le demostramos que nuestra vela –¡fabricada por él mismo!– tiene un gran rendimiento. Estaba acabado...»

► **Bertrand Pacé.** «Tour de Francia a vela 1988. De noche, nos cruzamos con un barco cerca del puente de la isla de Ré. Para intoxicar, gritamos: "¡Estribor!" Entonces vira ¡cuando era él quien llevaba estribor! En la clasificación general, estábamos ampliamente en cabeza; sin duda eso contribuyó a desestabilizarlo.»

► **Philippe Presti.** «Una vez me hice reprender por un regatista turco que me había seguido en una opción poco afortunada... Resumen del diálogo: "¿Pero qué diablos has hecho? Yo te seguía... Por tu culpa, ¡he perdido treinta puestos!" ¡Le prometí que en el futuro iría con más cuidado!»

► **Bertrand Chéret.** «Para mi generación de posguerra, el ídolo era Jacques Lebrun, un gran señor que, por su prestancia, se imponía a todos. ¡Aún nos impresionaba más porque era "nuestro" campeón olímpico! Las circunstancias de una regata afortunada nos habían llevado, a mi hermano mayor y a mí, en cabeza con él y destacados. Muy contentos de estar allí, nos preparábamos para nuestra segunda plaza, cuando vi que daba golpecitos en cubierta... Manifiestamente, le ponía nervioso ver que dos jovenzuelos le mantenían el tipo, favorecidos como estaban por su peso con vientos débiles. Se lo hice ver a mi hermano quien se concentró en la caña. Jacques Lebrun me oyó, se sintió perturbado... ¡y se quedó atrás! A pesar de todo el respeto que le debíamos, ¡fue así como ganamos!»

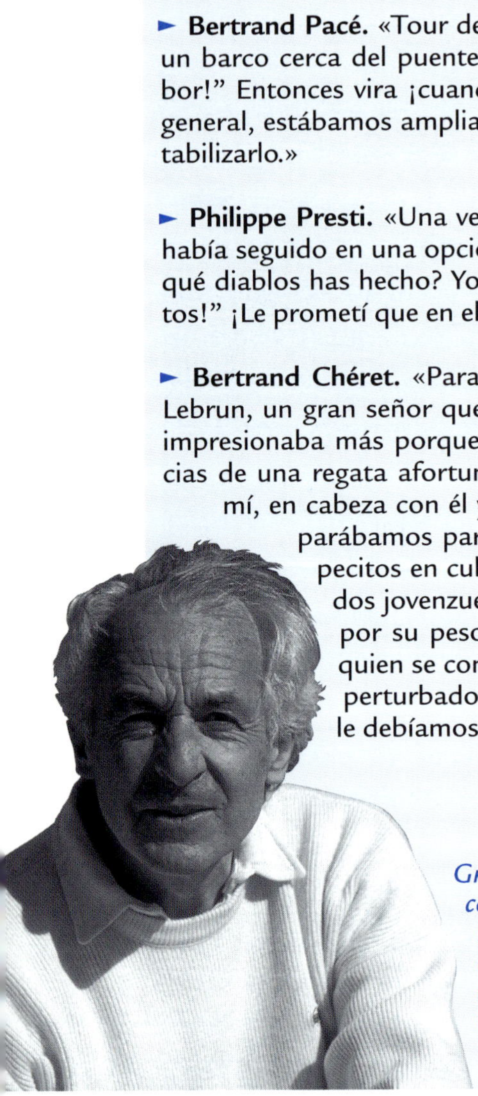

Gracias a treinta años de competición de alto nivel, Bertrand Chéret conoce todos los secretos que permiten sacar ventaja de la influencia psicológica.

CONCLUSIÓN

Lo hemos visto, el papel del táctico es apasionante, pero ingrato. Envidiable, pero delicado. A alto nivel, cuando la tripulación posee un dominio perfecto del barco, es a menudo el táctico el que marca la diferencia con la elección de una maniobra, con su capacidad de anticipación o con su aptitud para infundir confianza en la tripulación. Ocurre lo mismo en las disciplinas en solitario, con la única diferencia -importante- de que el marino debe manejar este aspecto además de todos los demás.

Un poco como la meteorología, la táctica y la estrategia no son ciencias exactas. Pero se trabajan en tierra, en el entrenamiento y mucho antes de cruzar la línea de salida.

Gracias a nuestra experiencia y a la de los regatistas que han aceptado trasmitirnos sus conocimientos, hemos tratado de ayudaros a comprender mejor este arte para poder progresar. Ya que en regata no hay placer más grande, sea cual sea el nivel que se practique, que tener la sensación de estar en sintonía con los elementos y el barco, sentir el viento y su evolución, tener éxito en una jugada táctica, aplicar la estrategia que uno ha imaginado. Es todo lo que os deseamos.

¡Buenos vientos y bellas regatas!

QUIÉNES HAN COLABORADO

17 CAMPEONES OS LIBRAN SU SABER

Christophe Auguin

45 años (1959). Vencedor del Figaro 1986, posteriormente ha efectuado una fabulosa carrera en solitario en los 60 pies Open, con tres vueltas al mundo victoriosas: dos Boc Challenge en 1990-91 (Groupe Sceta) y 1994-95 (Sceta Calberson) y la última Vendée Globe 1996-97 (Geodis). Este superregatista, profesor de tecnología de formación, gana sus regatas con método e inteligencia.

Jean-Yves Bernot

55 años (1949). Matemático y oceanógrafo de formación, Jean-Yves se ha convertido en uno de los especialistas mundiales de routage. Pedagogo con talento, ha formado en esta disciplina a seis de los nueve navegantes de la última Whitbread, sin contar los regatistas solitarios (Figaro, Vendée Globe, Boc Challenge...). Navegante y meteorólogo de altos vuelos, ha sido sobre todo el artífice de la victoria francesa en la Admiral's Cup 1991, y ha participado en la Volvo Ocean Race 2001-2002 después de haber disputado The Race como navegante en Team Adventure.

Marc Bouët

53 años (1951). Campeón de Europa de 470, campeón del mundo de FD y de Soling, Marc Bouët es uno de los cañas y tácticos más competentes que haya conocido Francia. Dos Copas América con Marc Pajot como táctico, y uno de los pocos franceses que se ha impuesto en las pruebas internacionales de match-racing. Marc está actualmente a cargo de la formación de los jóvenes regatistas en la Federación Francesa de Vela.

Christine Briand

45 años (1959). Después de muchos años en vela ligera y un título de campeona del mundo de 470 en el bolsillo, esta caña con talento ha navegado con el mismo éxito sobre barcos más grandes. Campeona del mundo IYRU sobre el monotipo J.22 en sus aguas de La Rochelle, es la mejor francesa en match-racing, y ha preparado los Juegos del 2004 en esta disciplina.

Ha disputado numerosos Tours de Francia a vela y la Whitbread 2001-02 sobre EF Education al lado de Christine Guillou.

Bertrand Chéret

67 años (1937). Curtido a lo largo de más de treinta años de competición a alto nivel, ya sea en 505, FD, Dragon, Soling, IOR, monotipos, con un palmarés excepcional, este fabricante de velas ha formado a su vez una pléyade de campeones. Caña y trimer destacable, posee una experiencia tal, que frente a cualquier situación táctica o estratégica, tiene siempre una respuesta. Ha sido también «coach» del equipo Francés en San Diego con ocasión de la Copa América.

Franck David

34 años (1970). La inteligencia pura de la regata. Aparte de poseer un verdadero don para el planeo, es su madurez táctica lo que le ha permitido sobre todo convertirse en campeón olimpico de tabla de windsurf en Barcelona en 1992, tras un recorrido absolutamente perfecto. Su concepción de la vela en general, y de la regata en particular, es un modelo para los windsurfistas, que tienen tendencia a centrarse en el rendimiento puro en detrimento de la estrategia y de la táctica.

Michel Desjoyeaux

39 años (1965). Marino ecléctico, su trayectoria es tan brillante que, con él, la regata parece un juego fácil. Doble vencedor del Figaro, ha disputado dos Whitbread, conquistado la Twostar en trimarán con Jean Maurel, y ganado campeonatos en monotipo como caña o táctico. Varias veces campeón de Francia de solitarios, ganó la Vendée Globe 2000-2001 a bordo del 60 pies Open PRB.

Alain Gautier

39 años (1962). Un formidable marino, nacido casi sobre un velero, que ha compensado siempre su pequeña constitución por un sentido agudo de la regata. Vencedor de la Solitario del Figaro (su regata fetiche), ha disputado tres vueltas al mundo en solitario en cuatro años con una victoria en la segunda Vendée Globe, se encuentra igual de cómodo con tripulación que en solitario, y disfruta con la regata de contacto de los triángulos olímpicos. Navegando actualmente a bordo del multicasco Foncia, ha conquistado el Challenge Mondial Assistance 2001.

Luc Gellusseau

51 años (1953). Antiguo fabricante de velas, debutó con el Fireball y el 470 antes de pasar por todas las categorías de cruceros y con el mismo éxito. Vencedor de la One Ton Cup, del campeonato del mundo de Mumm 36, de OD 48 y de la Admiral's Cup, ha animado el equipo Corum durante más

de diez años, con un palmarés inigualado en Francia. Responsable de las velas sobre French Kiss en 1987, dirige el desafío francés para la Copa América 2002-2003, y continúa regateando en IMS al más alto nivel internacional.

Philippe Gomez

47 años (1957). Profesor de educación física, Philippe Gomez es, desde hace varios años, consejero técnico nacional en la FFV en materia de reglamento. Su gran conocimiento de la regata y de las reglas de regata ha sido una ayuda preciosa para los regatistas franceses que disputan las pruebas del circuito mundial de match-racing. Philippe Gomez asesora al equipo de Francia durante grandes pruebas como la Copa América o los Juegos Olímpicos, y ha sido uno de los «coaches» de 6e Sens.

Nicolas Hénard

40 años (1964). Tras haber debutado en Laser, Nicolas Hénard, en dos olimpiadas, ha conseguido lo que ningún regatista francés había realizado jamás: conquistar sucesivamente los Juegos Olímpicos de Seúl (1988) y de Barcelona (1992) en Tornado, llevando como caña a Jean-Yves el Déroff, y posteriormente a Yves Loday: un resultado más alla de cualquier comentario. Aparte de una gran inteligencia, rigor e intuición, Nicolas Hénard posee esa diferencia que hace a los grandes campeones.

Maud Herbert

30 años (1974). Maud navega en otro mundo en cuanto el viento alcanza los 15 nudos, y sus cinco títulos mundiales en plancha de windsurf no hacen más que confirmar este auténtico don que demuestra sobre un flotador. Toda su táctica está basada en la gran maestría técnica que posee, aderezada con una constitución excepcional. Intuitiva, utiliza la táctica también con sus pies y sus manos, y su plancha de windsurf parece estar continuamente jugando con los elementos. Maud disputó los Juegos Olímpicos de Atlanta en 1996.

Bertrand Pacé

43 años (1961). Un regatista y un caña sin parangón: su percepción del viento a menudo deja atónito. Ingeniero de formación, empezó practicando la tabla de windsurf. Vencedor de la Admiral's Cup 1991, de la Quarter Ton Cup 1985 y de la One Ton Cup 1999, del Tour de Francia (¡seis veces!), es el numero uno francés en match-racing desde hace cinco años, y aparece en el «top 3» mundial. Ha sido campeón del mundo de match-racing por delante de Paul Cayard en 1994 en La Rochelle, subcampeón del mundo en 1998 y 1999 y ha disputado cuatro Copas América, como navegante, táctico, y después patrón. Numero uno mundial de match-

racing, actualmente vive en Auckland, y ha sido uno de los cañas del Team New Zealand de la Copa América 2003.

Thierry Péponnet

45 años (1959). Campeón olímpico en Seúl en 470, tras una medalla de bronce en Los Ángeles, Thierry ha reinado en esa clase olímpica durante muchos años (con Luc Pillot), antes de pasar al Soling, y después al match-racing. Es también un táctico excepcional, que ha llevado, con Marc Pajot, Bertrand Pacé y Luc Gellusseau, Citroën Carat a la victoria en el campeonato del mundo de 50 pies IOR en 1993 y a la One Ton Cup 1999 y 2000. En Auckland, ha sido el táctico del Clase América francés.

Loïck Peyron

45 años (1959). Tras su apariencia relajada de joven enrollado, hay uno de los más brillantes regatistas de altura de su generación. Doble vencedor de la Transat inglesa en solitario (como Eric Tabarly) en 1992 y 1996, empalma las victorias en el Tour de Europa, en el campeonato de multicascos ORMA o en el Trofeo de los Campeones con una facilidad aparente tal que uno olvida que es ante todo un regatista excepcional y un fino estratega. Conquista la Transat Jacques Vabre 1999, y acaba segundo de The Race en 2001.

Luc Pillot

45 años (1959). Tripulante de Thierry Péponnet en 470, posee el mismo impresionante palmarés olímpico. Como su excaña, Luc ha efectuado una preparación olímpica en Soling, pero esta vez a la caña. Con igual discreción que talento, campeón de Francia de match-racing y vencedor del Tour de Francia 1998, ha disputado dos Admiral's Cup como patrón. Ha corrido la Copa América 1987, ha terminado subcampeón del mundo de match-racing al lado de Paul Cayard en 1994 y ha conquistado el campeonato de Europa en 1999. Ha estado varios años entre los diez mejores del mundo de match-race.

Philippe Presti

39 años (1965). Tras debutar en Laser, Philippe Presti pasa al Finn y se impone como uno de los más brillantes solitarios de los años noventa. Doble campeón del mundo –un resultado excepcional–, desde entonces efectúa una preparación olímpica en Soling con un éxito apabullante, colocándose en dos años entre los cinco mejores del mundo. Paralelamente, se ha permitido el lujo de conquistar los Internacionales de Francia 1997, antes de ser calificado mejor regatista mundial en 1998 en Soling. Fue seleccionado para representar a Francia en los Juegos de Sydney en 2000, ha navegado con el desafío francés 2003 y se ha preparado para competir en los Juegos de Atenas 2004.

GLOSARIO

A

Ábaco: datos de referencia en forma de cifras relativos al rendimiento óptimo del barco. Ejemplo: ábaco de ceñida a 35° del viento = 6,75 nudos.

Abatir: acción de separarse del eje del viento (= caer) *(ver orzar)*.

Abrirse: el viento se abre cuando gira hacia la popa del barco *(ver cerrarse)*.

Admiral's Cup: campeonato del mundo de regata de altura por equipos de tres barcos (50, 40 y 36 pies), disputado los años impares en Cowes, en el Sur de Inglaterra.

Alidadas: referencias en forma de líneas que encontramos en los compases que se trazan en cubierta, para efectuar cálculos de ángulos.

Amainar (viento): disminución temporal del viento medio. Hablamos también de calma (contrario de una racha, *ver* esta palabra).

Amurado a babor: cuando el barco recibe el viento por babor (por la izquierda).

Amurado a estribor: cuando el barco recibe el viento por estribor (por la derecha).

Around Alone (ex-Boc Challenge): vuelta al mundo en solitario con escalas, disputada a bordo de monocascos de 50 o 60 pies Open.

AWA: Apparent Wind Angle. Es el ángulo del viento aparente.

B

Backing: decimos que el viento hace *backing* cuando rola hacia la izquierda de un observador colocado cara al viento *(ver veering)*.

Barlovento-sotavento (recorrido): define un recorrido fondeado en el eje del viento, con una boya a barlovento y otra a sotavento.

Bandera B (reclamación): según el Código internacional de señales, bandera de color rojo que permite reclamar contra un rival.

Bandera I (reconocimiento de falta): según el Código internacional de señales, bandera de color amarillo y negro que permite reconocer la propia falta.

Barco comité: es el barco que dirige la regata sobre el agua y da la salida. Marca el extremo derecho de la línea de salida para un observador colocado cara al viento.

Boya: en la salida, lo más frecuente es que marque el extremo izquierdo para un observador colocado cara al viento. Durante la regata, las boyas son marcas del recorrido que pueden ser fijas (boyas de señalización o balizas) o móviles (boyas hinchables).

C

Caer: *ver abatir.*

Cerrarse: el viento se cierra cuando gira hacia la proa del barco *(ver abrirse).*

Circling: acción de efectuar rotaciones pequeñas (círculos) con el barco, durante la fase de salida en match-racing, con el objetivo de controlar al adversario colocándose y permaneciendo detrás de él.

Compás: utensilio que permite conocer el rumbo (del barco, del viento, etc.) con relación al norte magnético. Encontramos compases de burbuja, electrónicos, de mamparo, o de cubierta.

Copa América: la más vieja competición deportiva del planeta. La prueba, que se disputa en forma de duelo, no ha sido conquistada más que cuatro veces -en 150 años- por un país no americano: Australia en 1983, Nueva Zelanda en 1995 y 1999 y Suiza en 2003.

Cuadro: *ver layline.*

D

Derecha (del campo de regatas): es la parte de la derecha del campo de regatas para un observador colocado cara al viento.

E

Eslora (del barco): es la longitud del barco. Hablamos de eslora(s) en el momento de un compromiso al acercarse a una boya.

Estrategia: busca definir la mejor ruta a seguir en función de la evolución de los acontecimientos (viento, corriente, clasificación, etcétera).

F

FFV: Federación Francesa de Vela. En Francia, la autoridad nacional en todo lo que concierne a vela.

G

GPS (Global Positioning System): sistema militar americano de posicionamiento por satélites, que permite conocer con gran precisión y de forma permanente su posición, así como numerosas informaciones como la velocidad sobre el fondo. El GPS diferencial permite afinar aún más la precisión del punto (a unos 10 metros aproximadamente).

I

Inshore: regata costera. Las regatas *inshore* se disputan dentro de una bahía cerca de la costa *(ver offshore).*

IR: Instrucciones de regata. Son las reglas que regulan una prueba (programa, horarios, recorrido, clasificaciones, etc.). Se las denomina «IR» en el argot de la competición.

ISAF: International Sailing Federation. Con sede en Inglaterra, es la autoridad internacional de la vela.

Izquierda (del campo de regatas): es la parte de la izquierda del campo de regatas para un observador colocado cara al viento.

L

Layline: en ceñida, las laylines (o bordes del cuadro) son los límites en el interior de los cuales debemos permanecer para no tener que abatir llegando a la boya de barlovento. En portante, las laylines son los límites en el interior de los cuales debemos permanecer para no tener que orzar llegando a la boya de sotavento.

O

Offshore: regata de altura. Las regatas *offshore* (más de 50 millas) se disputan fuera de bahías protegidas *(ver inshore)*.

Olímpica: el 470, el 49, el Star, el Soling, el Finn, el Europa, el Laser, el Tornado y la tabla de windsurf son las nueve clases olímpicas de vela, que se disputan en los Juegos cada cuatro años.

Open (categoría): categoría libre. En monocasco o multicasco, en 50 o en 60 pies, la categoría Open autoriza una gran libertad, no limitando más que algunos parámetros (la eslora, por ejemplo).

Orzar: acción de aproximarse al eje del viento (ver abatir y caer).

Oscilación (del viento): un viento oscila cuando evoluciona a un lado y a otro de una dirección media (ver rolada). Un viento puede también rolar oscilando.

Ostar (rebautizada Europa 1-NewManStar y actualmenteThe Transat): regata transatlántica inglesa entre Plymouth y Newport, creada en 1960, reservada a los monocascos y multicascos de más de 10 metros.

R

Racha: incremento temporal del viento medio (contrario de amainar).

Rating: handicap asignado a cada barco en función de sus características (eslora, manga, superficie vélica, equipo, edad, etc.), que permite clasificar juntos barcos diferentes.

Rolada (de viento): un viento rola cuando gira regularmente (a la derecha o a la izquierda) con relación a una dirección media (ver oscilación).

Ruta del Ron: regata transatlántica francesa entre Saint-Malo y Pointe-à-Pitre, creada en 1978 y reservada a los monocascos y multicascos de más de 10 metros.

S

Speed-test: son bordos de velocidad pura, largos, durante los cuales dos barcos (o más) pueden compararse y medirse navegando de la misma amura con el mismo ángulo de viento.

Sinóptico (viento): un viento sinóptico generalmente está relacionado con el estado del aire y el campo de presión. Es el viento generado por las depresiones y los anticiclones. Sopla desde las altas hacia las bajas presiones.

T

Táctica: concierne a la posición del barco en relación a la flota, y en el corto plazo.

Térmico (viento): un viento térmico generalmente está relacionado con las variaciones de temperatura entre la tierra y el mar y a los efectos del relieve. Puede combinarse con el viento sinóptico. Ejemplo: una brisa de mar diurna (que sopla durante el día).

Timing: cronología detallada de un proceso. Hablamos de un buen o de un mal timing en la salida o en la preparación de una maniobra.

TWA: *True Wind Angle.* Es el ángulo de viento real.

TWS: *True Wind Speed.* Es la velocidad de viento real.

V

Veering: decimos que el viento hace *veering* cuando rola hacia la derecha de un observador colocado cara al viento *(ver backing).*

Vendée Globe: vuelta al mundo en solitario, sin asistencia y sin escalas con salida en Sables d'Olonne, a bordo de monocascos de 60 pies Open.

Viento de tierra: viento que sopla desde tierra hacia mar.

VMG: *Velocity Made Good.* Es el mejor compromiso rumbo/velocidad de remontar el viento, o de descender el viento.

CRÉDITOS FOTOGRÁFICOS

Didier RAVON: páginas 5, 9, 15, 16, 19, 21, 23, 24, 25, 28, 29, 31, 32, 33, 34, 35, 36, 37, 43, 44, 48, 49, 50, 51, 54, 55, 56, 57, 59, 60, 61, 62, 63, 66, 67, 69, 70, 76, 81, 84, 85, 86, 87, 88, 89, 90, 91, 93, 94, 95, 96, 98, 100, 102, 104, 107, 108, 110, 111, 115, 118, 119, 125, 127, 129, 130 , 131 , 132, 137, 139, 143, 146, 147, 148, 152, 154, 155, 157, 158, 162, 164, 167, 169, 171, 174, 176, 177, 178, 181, 191, 201, 202, 205, 206, 209, 210, 211, 212, 213, 214, 215, 222, 223, 227, 229, 230, 231, 232, 233, 234, 237, 238, 240, 245, 247, 248, 251, 254, 259, 260, 267, 268, 274, 277, 283, 284, 285, 287, 291, 292, 296, 297, 298, 299, 300, 301, 304, 307, 309, 317.

Gilles MARTIN-RAGET: páginas 5, 7, 25, 27, 30, 39, 45, 53, 71, 73, 77, 80, 83, 97, 99, 109, 113, 117, 121, 123, 134, 141, 151, 187, 192, 196, 217, 218, 220, 225, 243, 263, 269, 270, 271, 273, 275, 288, 289, 290, 293, 303, 305, 313, 320.

François SALLE: páginas 68, 153, 160, 194, 278, 286.

D.R.: páginas 65, 145, 149, 276, 281, 306.
Portada: foto Gilles MARTIN-RAGET
Contraportada: fotos Gilles MARTIN-RAGET, Didier RAVON, D.R.

BIBLIOGRAFÍA

• *Reglamento de Regatas a Vela.* La obra indispensable por excelencia para quien quiere regatear. Es el texto oficial de la International Sailing Federation (ISAF, Federación Internacional de vela), que incluye todas las reglas de regata en vigor (2001-2004).

• *Cas ISAF, interprétation des règles de course pour voiliers.* Editorial FFV-ISAF. La obra que todo táctico que se precie debe tener además de las reglas mencionadas anteriormente. En francés (FFV) o en inglés (ISAF).

• *Call book,* Editorial FFV-ISAF. Esta obra trata de los casos de jurisprudencia internacionales para el match racing. En francés (FFV) o en inglés (ISAF).

• *Règles de course,* Bernadette Delbart, Editorial FFV Voiles-Gallimard. Un libro muy completo, didáctico e ilustrado con abundantes dibujos, permitiendo comprender mejor y utilizar las reglas de regata actuales.

• *Voile et régate,* Yves y Marc Pajot, Editorial ENOM-Neptune. Un libro de referencia para los regatistas de vela ligera, a pesar de ser de los años 75.

• *Les cahiers de régate,* Editorial G-Nautics. Estos boletines trimestrales, muy bien concebidos por el equipo de "La Lettre de la Course au Large" y por regatistas como Lus Pillot, Jean-Yves Bernot o Christian Dumard, son una mina para los regatistas. Por suscripción.

• *Vent et régates: les stratégies* y *Météorologie locale: croisière et régates,* Jean-Yves Bernot, Collection Biblio Voile, Edition FFV-Chiron. Para aquellos que quieren ir más lejos en meteorología, por uno de los regatistas con mayor reputación en materia de navegación, routage y estrategia meteorológica.

Wind Strategy, Stuart Walker, Editorial Norton (Nueva York). Una excelente obra, sobre todo la parte concerniente a los numerosos campos de regata.

Advanced Racing Tactics, Stuart Walker, Editorial Norton (Nueva York). Una obra de referencia sobre táctica y estrategia.

The Tactics of Small Boat Racing, Stuart Walker, Editorial Norton (Nueva York). Una obra interesante para todos los regatistas, incluso de crucero: los principios son los mismos sea cual sea el tamaño del barco.

Champioship Tactics, Gary Jobson y Tom Whidden, Editorial Sant-Martin's Press (Nueva York). Este libro firmado por dos grandes tácticos americanos, ganadores de la Copa América al lado de Dennis Conner, está muy centrado en la táctica, y permanece como texto de referencia.

Speed and Smarts, Dave Dellenbaugh, Editorial Speed and Smarts. Esta edición trimestral sobre la táctica y la estrategia escrita y editada por Dave Dellenbaugh, táctico a bordo de América^3, vencedor de la Copa América 1992, es destacable, con gran número de trucos. En inglés y por suscripción. Fax (00-1) 203.371.0103.

Match Racing, Bryan Willis y John Doerr, Editorial Adlard Coles Nautical. Una obra de referencia sobre las técnicas del match racing.

Tactics, Rodney Pattison, Editorial Fernhurst Books. Un libro accessible escrito por un gran campeón de vela ligera.

Wind strategy, David Houghton, Editorial Fernhurst Books. Un muy buen libro sobre estrategia en función de los efectos de relieve y de brisa térmica.

The Winning Mind, John Whitmore, Editorial Fernhurst Books. Una excelente obra sobre los aspectos psicológicos de la regata.

L'Aérodynamique de la voile et l'art de gagner les régates, Manfred Curry, Collection Biblio Voile, Editorial Chiron-FFV. La primera obra que ha tratado la táctica sigue siendo una referencia, tanto más cuando ciertos principios de base siguen siendo todavía actuales.

L'art de la guerre, Sun Tse. La obra del gran maestro chino de la guerra: ¡Indispensable!

Et le kangourou terrassa l'aigle, John Bertrand, traducido y adaptado por Mélanie Troublé, Édition Gallimard. Un balance apasionante, vivido desde el interior, sobre todos los aspectos de la Copa América y sobre todo la relación de fuerza entre los participantes.

Y también:

Tactique de course, Daniel Nottet, Editorial Voiles Gallimard.

Pratique de la planche à voile, Mazer-Target-Valentin, Editorial Voiles Gallimard.

Cours de navigation des Glénans, Éditions du Seuil.

Match racing: le départ, le prés, le portant, articles techniques de Marc Bouët, aparecidos en Voiles y Voiliers en 1987 y 1988.

Las Velas. Compresión, trimado y optimización, Bertrand Chéret, Editorial Juventud (Barcelona).

AGRADECIMIENTOS

Gracias a todos los que han contribuido a esta obra, empezando por los regatistas que han aportado sus conocimientos. Gracias a Hervé Hillard, Jean-Luc Paulou, François Chevalier, Fabienne Ploquin por su trabajo y su paciencia, la tripulación de Voiles et Voiliers y CyberOuest. Gracias a vosotros, lectores, por haber llegado al término de esta obra a veces un poco técnica...

Gracias a:
Robert y Monique Dumas, por haberme hecho descubrir la vela, Gérard Devillard que me ha trasmitido el virus de la regata, Pierre Saint-Marty, Gilles Gantelme y Hervé Quénaon de la Escuela Nacional de Vela, Frédéric Laurent, Gilles Barbanson, Daniel Allisy, Marc Pajot y toda la tripulación de French Kiss, Bertrand Pacé, Pierre Mas, Marc Bouët, Thierry Poirey, Laurent Cordelle, Isabelle Autissier, Luc Gellusseau, Jean-Yves Bernot, Luc Pillot, Bernard Mallaret, Alain Fédensieu, Jimmy Pahun, Hervé y Vincent Borde, el Corum Sailing Team, el Yacht Club de Sète... con quien navegar ha sido un verdadero privilegio.
Gracias también a mis padres, a mis hermanos, a Adeline y William.

Didier Ravon

Gracias a:
Todas las personas que me han permitido navegar y con quien he pasado maravillosos momentos en el mar y, de forma más particular, Yves Boucher por haberme enseñado a navegar, Luc Gellusseau y todo el Corum Sailing Team por los hermosos años transcurridos regateando sobre los barcos amarillos y grises, el equipo del Team Marc Pajot, Team Data General y Pierre le Maout, Bertrand Pacé y Pierre Mas, Dominic Bourgeois y Jean-Michel Carpentier con quien embarqué para las primeras regatas del RORC, Jimmy Pahun, Jean-Pierre Salou y todo el equipo de Francia de Tornado.
Gracias también a mis padres, a mi hermana, a Marie-Odile, Clara y Nils.

Christian Dumard